欠发达地区职业教育文化自信研究

韦国忠　韦伟松　著

立德：做最美好的自己
立行：做最规范的自己
立技：做最强大的自己
立业：做最幸福的自己

北京理工大学出版社
BEIJING INSTITUTE OF TECHNOLOGY PRESS

版权专有　侵权必究

图书在版编目（CIP）数据

欠发达地区职业教育文化自信研究／韦国忠，韦伟松著．—北京：北京理工大学出版社，2020.8

ISBN 978-7-5682-8992-4

Ⅰ.①欠… Ⅱ.①韦…②韦… Ⅲ.①不发达地区-职业教育-研究-中国 Ⅳ.①G719.2

中国版本图书馆 CIP 数据核字（2020）第 163761 号

出版发行 ／ 北京理工大学出版社有限责任公司

社　　址 ／ 北京市海淀区中关村南大街 5 号

邮　　编 ／ 100081

电　　话 ／ （010）68914775（总编室）

　　　　　　（010）82562903（教材售后服务热线）

　　　　　　（010）68948351（其他图书服务热线）

网　　址 ／ http://www.bitpress.com.cn

经　　销 ／ 全国各地新华书店

印　　刷 ／ 北京虎彩文化传播有限公司

开　　本 ／ 787 毫米 × 1092 毫米　1/16

印　　张 ／ 11　　　　　　　　　　　　　　　　责任编辑 ／ 李慧智

字　　数 ／ 240 千字　　　　　　　　　　　　　　文案编辑 ／ 李慧智

版　　次 ／ 2020 年 8 月第 1 版　2020 年 8 月第 1 次印刷　　责任校对 ／ 周瑞红

定　　价 ／ 59.00 元　　　　　　　　　　　　　　责任印制 ／ 施胜娟

图书出现印装质量问题，请拨打售后服务热线，本社负责调换

Preface 序言

  文化自信是中华民族生存和发展的根基。

  习近平总书记在党的十九大报告中指出，文化自信是更基础、更广泛、更深厚的自信，是更基本、更深沉、更持久的力量。职业教育文化自信是中国特色职业教育走向现代化的应有之义。职业教育现代化的攻坚应在文化上下功夫，形成其现代化的更基本、更深沉、更持久的力量。一方面，建立和提升职业教育的文化自信，对职业教育现代化问题进行文化研究，有利于发展和完善我国职业教育现代化的理论；另一方面，我国职业教育的现代化鼓励社会多方参与建设，只有职业教育文化的自信、创新与积淀提升了，职业教育才能得到社会更多的认可，吸引更多的企业及社会同人给予职业教育更多的资金投入。然而，出于多种缘由，我国职业教育的文化功能常被忽视，长期以来缺乏文化自觉，影响了职业教育走向现代化的进程，因此提升职业教育的文化自信势在必行。本书的出版对于经济欠发达地区坚持文化自信、发展职业教育具有重要的理论价值和实践价值。

  河池是全国闻名的经济欠发达地区，是广西贫困人口最多、贫困面最广、贫困程度最深的设区市，是广西乃至全国脱贫攻坚的主战场之一。为了使河池近百万贫困人口早日摆脱贫困，历届市委、市政府领导克难攻坚、千方百计发展职业教育，把发展职业教育作为民生工程抓紧、抓好。河池基本建成以广西现代职业技术学院为代表的高等职业教育和以河池市职业教育中心学校为龙头的中等职业教育体系，河池的职业教育得到快速、持续发展，为河池经济社会发展提供了不可缺少的人才支撑。河池职业教育的发展得益于职业教育文化自信的内驱动力。

  本书作者从事职业教育教学数十年，亲身经历了河池地区农业机械化学校—河池地区机电工程学校—河池市机电工程学校—河池市职业教育中心学校的历史变革，目睹了河池市职业教育几十年的发展变化，对河池市职业教育坚持文化自信所取得的喜人成就感触颇深，体会深刻，收获独特。作者基于立德树人根本任务的时代背景，从职业教育坚持文化自信这一根本点出发，立足于经济欠发达地区——禀赋丰裕的革命老区红色文化和多彩瑰丽的民族文化的河池，积极探索具有河池老区特质和民族特点的德育建设和文化育人创新体系，提炼形成了"河池模式"。

  由河池市职业教育中心学校德育建设和文化育人实践凝练、升华形成的"河池模式"，内容丰富，极具时代性、革命性、科学性和可持续发展性，具有职教特色、河池革命老区特质、民族特点、中华传统优秀文化儒家风范和企业元素。"河池模式"是习近平道路自信、理论自信、制度自信、文化自信思想的重要实践载体，是广西职业教育改革创新发展的又一重大成果，具有重要的理论价值、实践价值和推广应用价值。

其理论价值在于丰富、完善和发展了职业教育理论，创新了欠发达地区职教发展的理念、动力、特色，开辟了欠发达地区职业教育发展新路径。其实践价值在于办学理念的可学性，从"河池模式"中学习学校发展精准定位，从"河池模式"中学习学校发展策略，从"河池模式"中学习搭建改革创新平台。"河池模式"具有推广借鉴性，其中的政府主导推动、"政行企校、四方联动"协同机制可以借鉴，"引企入校、校企合作、工学结合"可以借鉴，构建特色德育为学校发展提供强大支撑和推动力可以借鉴。"河池模式"的可持续发展潜力展示了推广前景，"河池模式"具有长效性、发展性、特色性、创新性。"河池模式"可助推河池的职业教育立足河池、唱红广西、名扬全国、走向世界。

是为序。

张　毅

2020 年 6 月 26 日

（序作者系广西河池市教育党工委书记，河池市教育局党组书记、局长，中共河池市委教育工作领导小组办公室主任）

Contents 目 录

第一章 文化自信 1
- 第一节 文化自信的形成及发展 1
- 第二节 文化自信的科学内涵 4
- 第三节 中国特色职业教育需要文化自信 17

第二章 职业教育文化自信"河池模式" 39
- 第一节 "河池模式"形成的历史背景 40
- 第二节 "河池模式"的形成过程 46
- 第三节 "河池模式"的基本内容 52

第三章 以"德行技业"为内核的校园文化 60
- 第一节 职业教育品牌探寻与品牌理念提升 60
- 第二节 "德行技业"校园文化为德育立魂 78

第四章 独具特色、特质、特点的德育体系 88
- 第一节 职教特色的德育体系 88
- 第二节 重构学校德育创新体系 98
- 第三节 构建"六位一体"思政课堂教学模式 116

第五章 "引企入校",产教融合 126
- 第一节 政府搭桥,引企入校 126
- 第二节 校企合作、工学结合的课程模式 132
- 第三节 政府主导,校企共育"双师型"队伍 143

第六章 "河池模式"成效与价值 　　146
第一节 "河池模式"的成效 …… 146
第二节 "河池模式"的价值 …… 157

参考文献 　　166

第一章 文化自信

习近平总书记在十九大报告中提出："坚定文化自信，推动社会主义文化繁荣兴盛。"他说，文化自信是一个国家、一个民族发展中更基本、更深沉、更持久的力量。没有高度的文化自信，没有文化的繁荣兴盛，就没有中华民族伟大复兴。要坚持中国特色社会主义文化发展道路，激发全民族文化创新创造活力，建设社会主义文化强国。坚持社会主义核心价值体系。

习近平指出，中国特色社会主义文化，源自中华民族五千多年文明历史所孕育的中华优秀传统文化，熔铸于党领导人民在革命、建设、改革中创造的革命文化和社会主义先进文化，植根于中国特色社会主义伟大实践。发展中国特色社会主义文化，就是以马克思主义为指导，坚守中华文化立场，立足当代中国现实，结合当今时代条件，发展面向现代化、面向世界、面向未来的，民族的科学的大众的社会主义文化，推动社会主义精神文明和物质文明协调发展。要坚持为人民服务、为社会主义服务，坚持百花齐放、百家争鸣，坚持创造性转化、创新性发展，不断铸就中华文化新辉煌。

第一节 文化自信的形成及发展

一、文化自信的提出

（一）"文化"的内涵

"文化"一词，是人文社会科学领域中颇具多义性和模糊性的概念之一，国内外学者从不同的角度对"文化"的内涵有不同的理解。第一，我国《辞海》对"文化"是这样定义的："从广义上说，文化是指人类社会历史实践过程中所创造的物质财富与精神财富的总和。"文化是一种历史现象，每一种社会形态都有与其相适应的文化，并随着社会物质生产的发展而发

---

* 基金项目：河池市人民政府资助社会科学出版项目。河池市2019年资助哲学社会科学研究课题《产教融合背景下河池市职业教育发展研究》（课题编号：hcsk2019-1）研究成果。

展。作为意识形态的文化，是一定社会的政治和经济的反映，又影响和作用于一定社会的政治和经济。在有阶级的社会中，它具有阶级性。随着民族的产生和发展，文化具有民族性。通过民族形式的发展，形成民族的传统。文化的发展具有历史连续性，社会物质生产发展的历史连续性是文化发展的历史连续性的基础。无产阶级文化是批判地继承人类历史优秀文化遗产和总结阶级斗争、生产斗争和科学实验的实践经验而创造发展起来的。第二，文化泛指一般知识，包括语文知识在内。例如，"学习文化"就指的是学习文字和求取一般知识，又如，对个人而言的"文化水平"，也是指一个人的语文和知识程度。第三，文化是指中国古代封建王朝所施的文治和教化的总称。南齐王融《曲水诗序》："设神理以景俗，敷文化以柔远。"

1871年，英国文化人类学家泰勒在《原始文化》一书中提出："文化或文明，就其广泛的民族学意义来说，乃是包括全部的知识、信仰、艺术、道德、法律、风俗以及作为社会成员的人所掌握和接受的任何能力与习惯的复杂整体。"他强调，文化是在一定社会的历史条件下形成的价值、信仰、精神等的总和。从这个角度看"文化自信"，宏观而言，是指对本民族文化的自我认可和自豪感；具体而言，文化自信是指一个国家的人民群众对本民族优秀的传统文化和理想的一种尊崇、一种坚守。

通俗地说，文化是指广泛的知识并将之活学活用与根植内心的修养。文化是相对于政治、经济而言的人类全部精神活动及其产品。文化是智慧群族的一切群族社会现象与群族内在精神的既有、传承、创造、发展的总和。它涵括智慧群族从过去到未来的历史，是群族基于自然基础上的所有活动内容，是群族所有物质表象与精神内在的整体。文化可划分为物态文化、制度文化、行为文化和心态文化四个层面。

（二）文化自信研究综述

什么是文化自信？国内专家学者提出了自己的看法。沙蕙认为，文化自信是一个民族、一个国家、一个政党对自身所拥有的文化及其价值的充分肯定和积极践行，是对自身文化生命力的坚定信心和对自身优秀传统文化的坚守与创新。何星亮认为，文化自信是对自身历史文化成就的崇敬与自豪，是尊重历史、尊重传统、尊重祖先智慧的一种表现，是对先进的政治文化的认可和自觉。陶银鹦认为，文化自信本质上是一种文化自觉心理认同感，具体表现在文化发展和对比中，一个国家、一个民族或一个政党能正确看待本民族文化，理解本民族文化的内涵与价值，对此充满信心，能有兼容并蓄的包容态度看待其他外来文化。以上三位学者的观点包含四点共同之处：一是文化自信是对自身文化的充分肯定；二是文化自信是对自身优秀传统文化的继承和创新；三是文化自信是对自身文化的未来发展充满信心和期待；四是文化自信对国家、民族的发展有重要的意义。

关于文化自信的历史底蕴问题。中国特色社会主义文化自信的基础是中华上下五千年的优秀民族传统文化，博大精深、源远流长，有着深厚的文化历史底蕴。习近平总书记指出："中华文化源远流长，积淀着中华民族的精神追求，代表着中华民族独特的精神标识，为中华民族生生不息、发展壮大提供了丰富的滋养。"各位学者对中国特色社会主义文化自信的历史底蕴问题进行了探讨，认为中华优秀传统文化是中华民族的根脉，是中华民族的基因，植根于中国人的内心，潜移默化地影响着中国人的思想方式和行为方式。

（三）文化自信的政治意义

新时代，文化自信是一个极为重要的政治问题。文化自信不单纯是一个学术问题。习近平总书记指出："文化自信，是更基础、更广泛、更深厚的自信。"[5] 没有文化自信、道路自信、理论自信、制度自信，我们中国人就没有自信，没有精神支柱。文化自信是道路自信、理论自信和制度自信的主心骨，文化自信决不单纯是基于学术或理论的考量，而是有着极为重要的政治意义。如果脱离中国历史和当代现实，只把文化自信理解为学术问题，那就忽视了它的政治意义。

文化自信是包容开放、兼收并蓄的自信。我们的文化自信，绝不是夜郎自大的自信，更不是唯我独尊、拒斥一切的封闭式自信，而是以文化自觉为基础的包容开放、兼收并蓄的自信。当下，最为重要的是，如何看待马克思主义与以儒学为主导的中国传统文化之间的关系。如果单纯从文化的角度来理解，两者之间的关系说不清楚，必须将其上升到社会变革的高度加以深刻地认识。中国社会从以儒学为指导发展到以马克思主义为指导，不是封建王朝更替的结果，而是社会形态发生根本性变革的产物，中国革命和社会主义建设、改革开放取得的伟大胜利，是马克思主义中国化的结晶，是马克思主义与中国实际相结合的产物。我们必须高举马克思主义旗帜不动摇。同时，我们又必须要进一步继承和弘扬中华优秀传统文化。它是我们中华民族的精神血脉，其中蕴含着古代中国人丰富的治国理政、立德化民的智慧，是建设中国特色社会主义的思想宝库和精神源泉。我们应该从中国优秀传统文化中汲取营养，不断创新、丰富、发展马克思主义的中国特征、民族特色。我们坚定文化自信，不能简单理解为单纯对中国优秀传统文化的自信，而是应该包括对革命红色文化、社会主义先进文化的自信，它是一个系统、持续、发展的过程。

二、马克思主义文化自信的提出

马克思主义唯物史观就文化与经济、政治的辩证关系有深入的分析和科学的阐述。马克思在肯定以道德、观念等形式出现的文化必然为生产方式所决定的前提下，也强调前者对后者的"反作用"。1875年，马克思在《哥达纲领批判》中指出："权利决不能超出社会的经济结构以及由经济结构所制约的社会的文化发展。"马克思认为，一个由旧社会内部成长起来的新社会在各方面会存在一些旧的事物，比如，一些旧的文化很可能会形成某种阻碍作用，即文化对一个社会有着重要的作用。此外，马克思还强调文化对于个人的改造作用。1871年，马克思在《法兰西内战》中指出，未来社会的实现在客观上"必须经过一系列将把环境和人都加以改造的历史过程"，其中必然包含一种因社会变迁导致并且需要的文化的改造，不可否认，文化在"化"人和育人方面起着重要作用。

马克思在《共产党宣言》中指出，资本主义时代之所以不同于过去的时代，在于生产在不断变革，社会状况永远处于不安定和动荡的状态。由此所带来的所有固定的僵化的关系以及与之相适应的因素都被新的观念消除了，并且新形成的关系还没固定下来就已陈旧。中国要破除旧的文化心态，应该从社会生产关系的变革入手，为我国坚定文化自信心提供动力源泉。

马克思主义通过对资本逻辑的批判和否定，实现了对当代西方文化的超越。当代西方文化在本质上是追逐资本利益的资本主义文化，具有资本逻辑裹挟下的文化扩张本性。在马克思主义指导下，我们坚持文化上的独立自主，为人类文明的发展提供了科学构想。马克思主义为中华优秀传统文化的创造性转化、创新性发展提供了思想武器。

三、中国共产党文化自信的提出

中国共产党自成立以来，就十分注重文化对经济、政治和社会的重要作用。1940年，毛泽东在《新民主主义论》中强调："一定的文化（当作观念形态的文化）是一定社会的政治和经济的反映,又给予伟大影响和作用于一定社会的政治和经济。"毛泽东强调当时的任务是把中国"变为一个被新文化统治因而文明先进的中国"。邓小平同样重视文化建设的重要地位,明确指出精神文明建设的好坏会影响物质文明建设的好坏,"两个文明"都要搞好,"这才是中国特色的社会主义";"两手抓,两手都要硬"。江泽民指出:"有中国特色社会主义的文化,是凝聚和激励全国人民的重要力量,是综合国力的重要标志……它反映我国社会主义经济和政治的基本特征,又对经济和政治的发展起巨大的促进作用",即一个国家的综合国力必然包括文化软实力。胡锦涛在中国文联第八次全国代表大会上强调:"当今时代,文化在综合国力竞争中的地位日益重要。谁占据了文化发展的制高点,谁就能够更好地在激烈的国际竞争中掌握主动权。"

四、习近平总书记文化自信的提出

党的十八大以来,习近平总书记先后在多个场合提出文化自信。2014年2月,习近平总书记在中央政治局第十三次集体学习会上提出"要增强文化自信"的时代新命题。

2014年全国两会期间,习近平总书记在参加贵州代表团审议时指出:"我们要坚持道路自信、理论自信、制度自信,最根本的还有一个文化自信",首次提出文化自信是"三个自信"的根本。2016年在庆祝中国共产党成立95周年大会讲话中习近平总书记再次强调:"坚持不忘初心,继续前进,就要坚持中国特色社会主义道路自信、理论自信、制度自信、文化自信……文化自信,是更基础、更广泛、更深厚的自信。"习近平总书记在党的十九大报告中强调指出:"文化是一个国家、一个民族的灵魂。文化兴国运兴,文化强民族强。没有高度的文化自信,没有文化的繁荣兴盛,就没有中华民族伟大复兴。要坚持中国特色社会主义文化发展道路,激发全民族文化创新创造活力,建设社会主义文化强国。"习近平新时代中国特色社会主义文化思想,是十八大以来党的理论创新的重要成果,是习近平新时代中国特色社会主义思想的重要内容和有机组成部分。自建党以来,首次把文化自信提升到前所未有的战略高度,这是我们党在新时期的重大战略定位。文化的虚脱和断层,必然带来政治定力和战略定力的损毁和丧失。没有文化自信,就会缺乏中国特色社会主义的底气。习近平新时代中国特色社会主义思想反映了中国共产党人在文化建设的历史进程中的真心诚意与理论自觉,凸显了中国特色社会主义的文化根基、文化本质和文化理想,标志着中国共产党对中国特色社会主义有了更加明确而开阔的文化建构。

第二节 文化自信的科学内涵

一、文化自信

(一)文化自信的科学含义

文化是民族的精神家园,文化自信则是身处其间的民族、国家、政党对自身文化价值的充分肯定和积极践行,并对其文化的生命力持有的坚定信心。习近平总书记在十九大报告中指出:"文化自信是一个国家、一个民族发展中更基本、更深沉、更持久的力量。""文化兴国运兴,文化强民族强。没有高度的文化自信,没有文化的繁荣兴盛,就没有中华民族伟大复兴。"这为新时代坚定文化自信提供了基本遵循,深刻理解这一思想内涵,对推进新时代中国特色社会主义事业和实现中华民族伟大复兴具有重要意义。

继党的十八大提出全党要坚定中国特色社会主义"道路自信、理论自信、制度自信"之后,习近平总书记在庆祝中国共产党成立95周年大会上的重要讲话中进一步强调:"要坚持中国特色社会主义道路自信、理论自信、制度自信、文化自信";党的十八届六中全会要求全党同志必须"坚定对中国特色社会主义的道路自信、理论自信、制度自信、文化自信"。文化自信的提出,使坚定中国特色社会主义自信由"三个自信"增加到"四个自信",这是我党对中国特色社会主义发展规律认识的进一步深化,对中国特色社会主义文化理论的重大发展。因而,深刻把握中国特色社会主义文化自信的理论内涵、内在逻辑,对于坚定中国特色社会主义自信,切实推进中国特色社会主义文化建设,具有重要的理论和现实意义。

(二)文化自信的重要性

为什么我们在"三个自信"之外还需要增加"文化自信"?为何文化自信如此重要?习近平总书记早已给出答案。

因为"文明特别是思想文化是一个国家、一个民族的灵魂。无论哪一个国家、哪一个民族,如果不珍惜自己的思想文化,丢掉了思想文化这个灵魂,这个国家、这个民族是立不起来的";因为中国优秀传统文化,"可以为治国理政提供有益启示,也可以为道德建设提供有益启发""我国今天的国家治理体系,是在我国历史传承、文化传统、经济社会发展的基础上长期发展、渐进改进、内生性演化的结果";更因为"只有坚持从历史走向未来,从延续民族文化血脉中开拓前进,我们才能做好今天的事业""没有文明的继承和发展,没有文化的弘扬和繁荣,就没有中国梦的实现"。

"文化自信"的底气是什么?

我们提倡的"文化自信",不是一个口号,更不是一个理论名词。我们所提倡的"文化自信",有着可以践行的坚实基础,有着其深厚的根基。中华民族有五千年博大精深的优秀传统文化底蕴,有一百多年在中国革命、建设、改革的伟大实践过程中孕育的革命文化和社会主义先进文化。这种在优秀传统文化基础上的继承和发展,夯实了我们文化建设的根基,奠定了我们文化自信的强大底气。

中华民族上下五千年的优秀传统文化,能"增强我们做中国人的骨气和底气",是我们最深厚的文化软实力,是我们文化发展的母体,积淀着中华民族最深沉的精神追求。诸如,"自强不息"的奋斗精神,"精忠报国"的爱国情怀,"天下兴亡,匹夫有责"的担当意识,"舍生取义"的牺牲精神,"革故鼎新"的创新思想,"扶危济困"的公德意识,"国而忘家,公而忘私"的价值理念等,一直是中华民族奋发图强的精神动力。"天人合一""天下为公"的社会理想,"以人为本""民为邦本"的治国理念,"载舟覆舟""居安思危"的忧患意识,"止戈为武""协和万邦"的和平思想,"与人为善""己所不欲,勿施于人"的处世之道,"儒法并用""德刑相辅"的治理思想,"和为贵""和而不同"的东方智慧,一直是中华民族治国理政的思想渊源。当下,我们正在努力建设的小康社会的"小康"概念,也是出自《礼记·礼运》,是中华民族自古以来追求的理想社会状态。

我们的文化自信,不仅来源于历史文化的积淀、传承与创新、发展,更来自当今中国特色社会主义的蓬勃生机,来自实现中国梦的光明前景。改革开放40多年,我们创造了举世瞩目的成就。国家兴旺,文化必然兴盛,特别是党的十八大以来,我们党把建设社会主义文化强国放在更加突出的位置，中华文化正迎来一个繁荣发展的黄金时期。

文化的优秀、国家的强大、人民的力量，就是我们文化自信的强大底气，文化自信的水之源、木之本。正如习近平总书记所说："站立在960万平方公里的广袤土地上，吸吮着中华民族漫长奋斗积累的文化养分，拥有13亿中国人民聚合的磅礴之力，我们走自己的路，具有无比广阔的舞台，具有无比深厚的历史底蕴，具有无比强大的前进定力。中国人民应该有这个信心，每一个中国人都应该有这个信心。"的确，我们没有理由不自信。

二、新时代文化自信的基本内涵

中国正在"强起来"。按党的十九大部署的三个重要时间节点，我们正沉稳矫健地大踏步走向世界：第一，从十九大到二十大，全面建成小康社会，乘势而上，开启全面建设社会主义现代化国家新征程；第二，从2020年到2035年，在全面建成小康社会的基础上，再奋斗15年，基本实现社会主义现代化；第三，从2035年到本世纪中叶，在基本实现现代化的基础上，再奋斗15年，建成富强民主文明和谐美丽的社会主义现代化强国。

习近平总书记在十九大报告中指出："文化自信是一个国家、一个民族发展中更基本、更深沉、更持久的力量。"文化是民族的精神家园，文化自信则是身处其间的民族、国家、政党对自身文化价值的充分肯定和积极践行。

中华文化最核心的内容，一是自强不息、厚德载物的思想，支撑着中华民族生生不息、薪火相传，成为中华民族最基本的文化基因；二是中华民族充满变革和开放精神，成为我们改革开放再出发、关键时期再冲刺的历史渊源和深厚的文化根基。

中国"强起来"，就要有"强力"。习近平总书记说："江河之所以能冲开绝壁夺隘而出，是因其积聚了千里奔涌、万壑归流的洪荒伟力。"中国这"强力"，有引领、迸发它的"思想穿透力"。德国诗人海涅说过："思想走在行动之前，就像闪电走在雷鸣之前一样！"而"雷鸣之前"的闪电，来自今天中华民族最广泛、最深层、最基础的文化自信——中国强起来的文化自信。其始于"站起来"之时，立于"富起来"之际，强于"强起来"之中，聚为民族伟大复兴的电闪雷鸣。

笔者认为，新时代坚定文化自信，至少应该包括以下四个方面的基本内容：

（一）传统文化是文化自信的根基

5000千年博大精深、灿烂辉煌的中华传统文化，是我们文化自信的底气。

中华传统文化是中华文明成果根本的创造力，是民族历史上道德传承、各种文化思想、精神观念形态的总体。中华传统文化是以老子、孔子为代表的道儒文化为主体，中国约五千年历史中延绵不断的政治、经济、思想、艺术等各类物质和非物质文化的总和。中华传统文化亦叫华夏文化、华夏文明，是中国五千年优秀文化的统领。而流传年代久远，分布广阔，文化是宇宙自然规律的描述，文化是道德的外延；文化自然本有，文化是生命，生命是文化；文化是软实力，是决定一切的内在驱动力；文化又是社会意识形态，是中华民族思想精神，是社会政治和经济的根本。中国优秀传统文化是民族强大和团结的源泉，也是国家建设和发展的推动力。中华传统文化，经过数千年的演绎与扬弃，已深深融入全体华人的思想意识和行为规范之中，渗透到社会政治、经济，特别是精神生活的各个领域，成为影响社会历史发展，支配人们思想行为和日常生活的强大力量。因此，作为传承中国传统文化的主要阵地的高中职院校，要想更好地实现传统文化教育，首先应透彻了解传统文化的基本内涵和特点。

1. 传统文化的基本内涵

中国传统文化作为概念，不仅是指"文化"，更是强调"文化"与"传统"的结合。

文化有广义和狭义之分。广义的"文化"，指人区别于动物，人类社会区别于自然界的本质特征，是人类生活的总和，包括精神生活、物质生活和社会生活等极其广泛的方面。狭义的"文化"，则是排除了人类社会历史生活中有关物质创造活动及其成果的部分，即只包括精神创造及其成果，是意识、观念、心态和习俗的总和。我们通常利用和研究的文化，主要指狭义的文化。中国文化是中华民族在生息繁衍中形成和创造的文化。所以，这里我们要突出中国文化的传统性。

"传统"是指世代传承的具有自身特点的社会历史因素，是历史延传下来的思想文化、制度规范、风俗习惯、宗教艺术乃至思维方式、行为方式的总和，具有时间上的历史性、延续性以及空间上的拓展性和权威性的特点。

将"传统"与"文化"有机结合起来的中国传统文化，从纵向探析主要指本国传统社会的文化，到清朝晚期之前的文化；从横向来看主要指中国传统社会中民族的整体生活方式和价值系统，除儒家、道家、法家和佛家学说外，还包括自然科学、人文科学的各个门类，如艺术、法律、哲学、道德等以及历史、地理、医药学、天文、农学等古籍文书。总之，中国传统文化可概括为"以中华民族为创作主体，于清晚期以前，在中国这片土地上形成和发展起来的，具有鲜明特点和稳定结构的、世代传承并影响整个社会历史的宏大的古典文化体系"。

2. 中国传统文化的特点

中国传统文化丰富多样，居中心地位的是以儒家伦理道德为核心的，以扬善抑恶、以真善美相统一，以文化教化为目的的伦理政治型文化。它是一种德智统一、以德摄政的文化，是带有一种民族的、独特的、重伦理价值取向的特色。中国传统伦理政治思想，不仅决定了中国古代人的文化人格，而且决定了中国传统文化的民族特征。除了伦理政治型文化这一总的特征之外，中国传统文化还具有以下特点：

第一，具有顽强的生命力和发展创新性。

在世界四大文明古国中，中华文明是唯一延续时间最长、未曾中断的文化系统。它不像埃及、巴比伦、印度等文化那样无以为继，更不像古希腊、罗马文化那样中经蹂躏以至荒芜。中华民族自夏代进入文明社会，历经各朝代，传统文化代代相传，经久不衰，这都展现了它所具有的顽强生命力和应变能力，这正是中国传统文化的一个重要特征。

中国传统文化不仅在漫长而曲折的过程中顽强地传承下来，而且经历了无数个后人继承前人又发展前人，虚心学习前人又丰富前人，依据时代需求又超越前人，这样一个周而复始、连续不断的接力运动，在历史的长河中不断得到充实、丰富、发展和创新。

第二，具有较强的融合性和凝聚性。

中国的传统文化是多元化的。传统中国社会，儒、道、佛等多种思想体系并存，这就决定了中国传统文化有着汇集百川优势、兼容八方智慧的显著特点。中国地域辽阔，民族众多，各民族在生活方式和文化理念上存在很大的差异。在中国历史上出现了几次大规模的民族融合。中国文化历经艰辛，在数千年的发展中经历了多民族、各地域文化的融合发展，以汉民族文化为主体、以中原文化为核心的中国传统文化，逐渐融合其他少数民族文化和周围地域文化，形成了同一性与多样性相结合的发展态势。

3. 对传统文化，应该加以扬弃地传承

中华历史文化作为不同历史时期文化的集萃，需要以科学的态度来对待。坚定文化自信，就要传承和弘扬民族优秀思想文化。新时代继承和弘扬民族文化一定要坚持古为今用、推陈出新，有鉴别地加以对待，有扬弃地加以继承。传统文化赖以产生发展的社会土壤已经发生了变迁，现代社会生产生活方式的变化，要求人们对之做出合理的选择，这就需要在甄别的基础上继承和弘扬那些与现代社会精神、价值观念、制度理念相契合的部分。

服务今人今时是传承创新的旨归。推动中华优秀传统文化创造性转化、创新性发展是新时期文化自信的基本要求。尊重传统本身还要求礼敬历史文化传统，这就需要适时推动历史文化的创新，这也是中华文化自有的应变致用的思想特质。传统文化的"创造性转化"即需要从现实文化的特点和要求出发，甄别出于今仍有现实意义的传统文化价值元素，并改造那些不合时宜的表现形式，赋予其新的时代内涵、表现形式。"创新性发展"则需要遵照现实的发展和进步，丰富拓展民族优秀传统文化的具体内涵，提升传统文化的现代气息，使之与现代社会相适应，凸显传统文化的当代价值。

紧扣党的十九大提出的"两个一百年"战略、全面建成小康社会和实现社会主义现代化强国，提高文化软实力，事关国运。

中国虽然有强大的文化根基和强劲的文化发展势头，但有一个事实我们必须承认，中国目前还不是文化强国。我们文化软实力的表现与物质硬实力的日益强大并不相称。如何提高文化软实力？践行文化自信，让中华文化走向世界。习近平总书记指出："提高国家文化软实力，要努力展示中华文化独特魅力"，要"把跨越时空、跨越国度、富有永恒魅力、具有当代价值的文化精神弘扬起来，把继承传统优秀文化又弘扬时代精神、立足本国又面向世界的当代中国文化创新成果传播出去"。习近平总书记指出："要以理服人，以文服人，以德服人，提高对外文化交流水平，完善人文交流机制，创新人文交流方式，综合运用大众传播、群体传播等多种方式展示中华文化魅力。"至今已开办十余年的孔子学院，便是我们推行中华文化走出去的良好实践。据报道，截至 2020 年 7 月，中国已在 162 个国家和地区建立了 541 所孔子学院、1 170 个中小学孔子课堂。我们有理由相信，中华文化之花，已借孔子学院及其他诸多实践之力，开遍世界。

文以化人、文以载道，让中华民族的文化理念走出国门，让文化自身说话，使其成为不同语种、不同地域、不同国家和平交流沟通的媒介。在展现中华文化风采的同时，更重要的是呈现中国和平发展、和平崛起的理念，阐明"中华民族的血液中没有侵略他人、称霸世界的基因，中国人民不接受'国强必霸'的逻辑，愿意同世界各国人民和睦相处、和谐发展，共谋和平、共护和平、共享和平"，从而为中国的发展营造良好的国际氛围。

习近平指出："提高国家文化软实力，关系'两个一百年'奋斗目标和中华民族伟大复兴中国梦的实现。"一个国家如果硬实力不行，可能一打就败；而如果软实力不行，则可能不打自败。践行文化自信，提高文化软实力，事关全局，刻不容缓。

（二）革命文化是文化自信的重要源头

党的十八大以来，习近平总书记在不同场合多次讲到文化自信。他强调："文化自信，是更基础、更广泛、更深厚的自信。在五千多年文明发展中孕育的中华优秀传统文化，在党和人民的伟大斗争中孕育的革命文化和社会主义先进文化，积淀着中华民族最深层的精神追求，代表着中华民族独特的精神标识。"诞生于革命战争年代的革命文化处于承前启后、承上启下的重要地位，始终保持着旺盛的生命力，是中国特色社会主义文化自信的重要源头。

1. 何谓"革命文化"

革命文化，就是中国共产党领导中国人民在伟大革命斗争中构建起来的文化。它以马克思主义为指导，以"革命"精神为内核和价值取向，继承中华优秀传统文化，借鉴世界优秀文明成果，是具有鲜明中国特色的先进文化。它是革命实践的伟大创造，是中国革命事业的精神遗产和文化传承，是中国共产党人和广大人民群众的优良传统和品格风范的集中体现，是推进中华民族伟大复兴的强大精神动力。革命文化起源于五四新文化运动和中国共产党成立时期，形成于新民主主义革命时期，丰富发展于社会主义革命与建设以及改革开放时期。

2. 革命文化的主要内容

革命文化是中国共产党人运用马克思主义、领导中国人民为实现党的政治追求和完成近代中国历史主题而不断开拓进取、艰苦卓绝奋斗的文化结晶，是在长期革命实践中积淀与孕育形成的所有物质文化与精神财富的总和。具体而言，其主要内容应该包括以下四项构成要素：

（1）以马克思主义为指导的革命思想。

马克思主义思想体系和核心要义是消灭生产资料私有制，建立一个没有阶级制度、没有剥削、没有压迫，社会资源共有、共同劳动、共同分享劳动成果，实现人类自我解放、人民当家作主的社会，即社会主义和共产主义社会。中共一大"纲领"明确规定党以马克思主义为指导思想，以社会主义和共产主义为党的奋斗目标；中共二大、三大制定了严明的纪律。中国共产党的这些理念贯彻了中国革命和建设的全程。以马克思主义为革命的指导思想，是中国革命取得胜利的根本保证，是中国共产党鲜明的政治特色，是革命文化的核心内容之一。

（2）中国革命的理论、路线、方针、政策。

中国社会半殖民地半封建的性质，决定了中国革命的特殊性。中国共产党在领导中国革命的过程中，把马克思主义中国化，不断地探索前进，修正错误，勇于创新，解决了无产阶级政党在东方落后国家如何取得革命胜利的一系列问题。如农村包围城市、武装夺取政权、革命统一战线、中国农民的土地政策、人民战争的战略战术、卓有成效的宣传动员和文化艺术工作等，这些在政治、经济、军事、文化等领域的举措，是革命文化的重要组成部分。

（3）辉煌的革命业绩和不朽的革命精神。

中国革命，是在敌强我弱、条件极为悬殊的情况下进行的，是在艰难困苦中搏击前进的，过程极端艰辛。从本质意义上看，中国革命文化与红色文化是一致的。相对而言，红色文化是革命文化更加形象的表述。红色是血与火的颜色，中国人民赋予其特定的文化内涵，象征希望、热烈、勇敢、创造、奋斗、牺牲等。红色是中国共产党党旗、中国人民解放军军旗和中华人民共和国国旗的颜色。红色，作为特定颜色意味着，与中国共产党人的理想信念、革命精神、品格情操和价值诉求形成完美的"同构"关系。中国共产党人在红色信念的指引下，坚守信念，不畏艰险，不怕牺牲，英勇拼搏，前赴后继，战胜强大的敌人，创造无数克难攻坚的奇迹，如震撼世界的长征、敌后抗日游击战、东北抗日联军14年坚韧抗战等奇迹；涌现无数可歌可泣的英雄，如李大钊、林祥谦、夏明翰、方志敏、韦拔群等革命英烈；在革命战争中形成了光照千秋的井冈山精神、长征精神、延安精神、西柏坡精神等革命精神；形成了理论联系实际、密切联系群众、批评与自我批评、团结一心、艰苦奋斗、实事求是等优良作风。这些体现中国共产党人坚强革命意志、不朽革命业绩、高尚革命情操和英雄形象的物态的、精神的、行为的，以及心态的文化遗存，成为中国共产党和中华民族文化的瑰宝，是革命文化的重要内容。

（4）革命文物和文学艺术作品。

在长期的革命斗争中，党领导各级组织、人民军队和人民群众，开展各种各样的斗争，进行了艰苦卓绝的战役战斗，创建了许多革命根据地和红色政权，因此留下了大量的革命遗址、遗迹和革命纪念物，如重要事件、重要会议、重要战役战斗及人物活动纪念地，革命领导人故居，革命烈士陵园和烈士墓等各类革命遗址，以及大量的革命遗物等。革命文艺工作者创作了一大批宣传、动员革命和鼓舞革命斗志的文艺作品，如小说、诗歌、戏剧、音乐、歌曲、舞蹈、美术、标语口号、石刻等，人民群众有感于党和革命，创作了大量民间艺术作品，如革命故事、歌谣等。这些革命文物和文学艺术作品，是中国革命斗争历史的重要见证，是革命文化的重要载体和有机组成部分。

革命文化的价值长存。革命文化是基于革命、由革命而发展兴盛的文化，又服务于革命，反作用于革命，在革命过程中发挥了极其重要的作用。一是强劲地宣传了中国共产党的革命思想、革命主张及其路线方针政策，引领了实行革命和发展革命的方向，发挥了普及革命理论和思想的作用。二是做了广泛的革命舆论动员。三是提升了人民群众对中国共产党的认识。革命文化形象地、艺术地展现了中国共产党人的世界观、政治观、革命观、价值观与群众观，鲜明地表达了中国共产党的价值追求，在传播革命思想的同时，拉近了人民群众与党的关系，促进了人民群众对党、对革命的认同和支持。特别是革命文化蕴涵的完全献身中华民族、为之奋斗不息的政治信念、革命精神和革命情操、革命风范，是引领我们为党、国家和中国人民努力奉献的楷模，永远值得后人敬仰、汲取和效仿。

（三）民族文化是文化自信的重要内容

1. 中国各民族的名称

在960万平方公里的中华大地上，生活着汉族、蒙古族、回族、藏族、维吾尔族、苗族、彝族、壮族、布依族、朝鲜族、满族、侗族、瑶族、白族、土家族、哈尼族、哈萨克族、傣族、黎族、傈僳族、佤族、畲族、高山族、拉祜族、水族、东乡族、纳西族、景颇族、柯尔克孜族、土族、达斡尔族、仫佬族、羌族、布朗族、撒拉族、毛南族、仡佬族、锡伯族、阿昌族、普米族、塔吉克族、怒族、乌孜别克族、俄罗斯族、鄂温克族、德昂族、保安族、裕固族、京族、塔塔尔族、独龙族、鄂伦春族、赫哲族、门巴族、珞巴族、基诺族共56个民族。几千年来，各民族在华夏大地上休养生息、团结协作，共同谱写五千年华夏文明史，创造出博大精深、丰富多彩的民族文化。

2. 民族文化

民族文化是某一民族在长期共同生产生活实践中产生和创造出来的能够体现本民族特点的物质和精神财富的总和。民族文化反映该民族历史发展的水平。饮食、衣着、住宅、生产工具属于物质文化的内容；语言、文字、文学、科学、艺术、哲学、宗教、风俗、节日和传统等属于精神文化的内容。语言是民族文化的重要组成部分，同时也是民族文化的表现形式。如历史、文学（包括口头文学）、历法、医药、科学技术等，都是用一定的语言表现出来的。宗教在不同的社会历史时期对精神文化的其他方面起着不同的作用。在早期的阶级社会中，宗教对文化的影响很大，波及人们社会生活的许多方面。随着社会的发展，宗教在民族文化中的影响逐渐减弱。

民族文化作为意识形态是一定社会政治、经济的反映，在阶级社会里，每一种民族文化中都有剥削阶级的与被剥削阶级的两种文化，反映着两个对立阶级的利益、思想和世界观。在社会主义社会里，民族文化是具有社会主义内容和民族形式的新文化。

3. 民族文化的价值意义

所谓民族文化的国家意义，是指中华民族在漫长的历史中形成了自己灿烂的文化，这种文化对于民族的延续，对于国家的存亡，有着特别重要的意义。从一般的认识来说，在中国古代史上，民族文化中的不少思想观念与精神因素对于巩固和延续封建的国家秩序起着重要的作用，因而受到自近代以来人们的强烈批判。然而，其中的精华部分所蕴含的哲学意识、道德观念和艺术见解，又都在培育民族的优秀精神品格方面起着其他方式难以替代的重要作用。虽然从20世纪以来，中国已经发生文化转型的重大历史演进，传统的民族文化受到了严峻的挑战，大有以西方文化取代传统的民族文化的"革命"之势。但是，经过一个历史阶段的剧烈动荡和时间淘汰之后，多数人还是清醒地认为，传统的民族文化及其所包含的民族精神，它的精华不仅凝结成了它的过去，也可以滋生出新的未来。尤其是其中所包含的中华民族特有的优秀精神品质，对于这个民族的发展，对于我们国家的进步，都是必不可少的。因而，它的国家意义、民族意义便得到了普遍认可。从文化本身来看，人们所主张的只有民族的才是世界的，保护民族文化的特色，才会使民族文化具有世界意义的观点，也同样意味着民族文化在任何一个国家都具有不可或缺的国家意义、民族意义。

所谓民族文化的教育价值，是指将民族文化的一系列具体内容作为学校教育的重要内容，它又具有一般的知识教育、技能教育所不具备的教育功能。

首先，民族文化中蕴含的优秀精神品质可以在经过动态解读之后，与现代思想相结合，在形成民族精神的过程中起到非常深刻也非常直接的作用。无论是中华民族历史上形成的哲学、政治、道德观念，还是它所创造的音乐、绘画、书法、舞蹈等艺术作品，或者是它在建筑艺术、园林艺术、风俗习惯中所凝结的审美意识等，都可以汇聚成人们自身的素养，逐渐积淀为民族心理、民族品格，使我们的民族获得持续不断的精神力量，而不至于因为精神力量的疲软或坍塌失去生存与发展的动力。

其次，民族文化中作为其中最具有民族性、最富于艺术特征的部分，如古典绘画、古典音乐、古代书法、古典建筑等，不仅包涵了我们民族特有的审美观念、审美表现意识，而且包涵了理解自然，理解人生，明智地处理人与自然、人与社会之间关系的许多有益的启迪。这些启迪在现代化程度比较发达的今天，不仅没有失去意义，反而彰显出它的不朽价值。

最后，更为重要的是，在以民族文化进行教育的过程中，必然存在的重新解读，积极思辨，这本身也是开启我们心智的过程。爱国精神、民族精神、人文素质的教育固然可以有多种方式和多种渠道。但是，恐怕最容易为学生所接受，也最容易发挥作用的，是这些以审美的艺术教育为特征的文化教育，它可以把学生带入我们民族文化的艺术宫殿，在那里阅读我们民族的艺术史、审美史、心灵史，在那里发现真、善、美，逐渐形成优秀的精神品质。

4. 民族文化反思

按照一般理解，我们所说的民族文化是指中华民族在过往的历史中形成的具有明显特色的传统文化。而对民族文化进行深刻的反思，又是近代以来，尤其是20世纪80年代以来，非常重要的学术思潮和社会思潮。我们可以看到，在一系列的文化反思过程中，对民族传统文化的精华虽也有诸多的肯定，但更多的是对民族传统文化中的负面因素进行理性的清算，以求厘清传统文化对中国历史前进的阻碍性所在。以今天的目光来看，不论是对其精华的肯定，还是对其负面因素的清算，目的都不是为了简单地继承或割裂，而是为了把在事实上割不断的传统文化扬弃之后，得以有效地延续，并创造出新的民族文化。

然而，在所谓的全球文化以铺天盖地的气势滚滚而来，威胁着民族文化的延续与生存，而与之相关联的民族精神的更生和重塑也出现了许多令人忧虑的问题时，又促使我们必须对民族文化做出反思之后新的反思，并且做出理性的选择。所谓理性的选择，即是说，在文化自信视域下，我们应该用新的眼光、新时代的标准来推动和发展民族文化，我们不仅意识到民族文化在培育我们下一代民族精神时的重要意义，从而坚定一个基本的立场，那就是要弘扬民族文化的精华，延续民族文化的命脉，将民族文化推向世界，与世界的先进文化文明成果交融，创造与时俱进的新的民族文化，我们还必须强化对民族文化的研究，扩大民族文化对下一代的教育机会，使我们的民族文化以宣传和学校教育的基本方式传达给我们的受教育者，让祖先遗留下来的民族文化瑰宝发挥应有的作用。

（四）社会主义先进文化是文化自信的灵魂

文化思想是习近平新时代中国特色社会主义思想的重要组成部分。习近平总书记在党的十九大报告中指出："中国特色社会主义文化，源自于中华民族五千多年文明历史所孕育的中华优秀传统文化，熔铸于党领导人民在革命、建设、改革中创造的革命文化和社会主义先进文化，植根于中国特色社会主义伟大实践。"

1. 社会主义先进文化

社会主义先进文化是指以马克思主义为指导，以培养有理想、有道德、有文化、有纪律的四有公民为目标的面向现代化、面向世界、面向未来的，民族的、科学的、大众的社会健康积极向上的具有中国特色社会主义的文化。面向世界、面向未来、面向现代化的民族的、科学的、大众的文化，这一表述表达了两方面的内涵：一是提出了社会主义先进文化的要求，即三个面向；二是说明了社会主义先进文化的特征，即民族的、科学的、大众的。习近平总书记指出，要弘扬社会主义先进文化，推动社会文化大发展大繁荣，朝着建设社会主义文化强国的目标不断前进。在中华民族从站起来、富起来到强起来的历史性飞跃中，社会主义先进文化新范式的建立与发展，推动着中国社会深度转型中的精神文明重建，彰显了中国文化软实力。社会主义先进文化是当代中国的新文化。它是以马克思主义为指导，以社会主义核心价值观为灵魂，以培育有理想、有道德、有文化、有纪律的社会主义公民为目标，是面向现代化、面向世界、面向未来的，民族的、科学的、大众的文化。

社会主义先进文化的基本内涵：要牢牢把握先进文化的前进方向，坚持为人民服务、为社会主义服务的方向和百花齐放、百家争鸣的方针，贴近实际、贴近生活、贴近群众，创新内容、创新形式、创新手段，努力铸造中华文化的新辉煌，为激励人民奋勇前进提供强大的精神动力和智力支持。一句话，中华优秀传统文化、革命文化和社会主义先进文化共同构成了新时代中国特色社会主义文化的基本内涵。

2. 社会主义先进文化建设历程与文化自信偕行

我国社会主义文化建设是从中华人民共和国成立开始的，中华民族的文化自信也伴随着社会主义文化建设经历了一段艰难而曲折的发展历程。如果从文化自信发展的角度看社会主义文化建设阶段的话，中华人民共和国成立后的文化建设经历了对引领先进文化建设的信心满怀，到怀疑争论，再到重建自信以及自信绽放四个阶段。

第一阶段（1949—1957年），党和人民对引领社会主义文化建设信心满怀阶段。在第一届全国政协会议上，毛泽东庄严宣告："随着经济建设的高潮的到来，不可避免地将要出现一个文化建设的高潮。中国人被人认为不文明的时代已经过去了，我们将以一个具有高度文化的民族出现于世界。"1956年4月中共中央确定"百花齐放、百家争鸣"为科学和文化工作的重要方针，随后中共八大又进一步强调要求予以坚持贯彻。在这一时期，我国在社会主义先进文化建设方面取得了巨大成就：一是确立了社会主义文化建设的重要战略地位，明确了文化建设的性质，提出了文化建设的目标和任务；二是提出了文化建设的原则和方针；三是颁布了一系列文化建设的新政策，开展了教育领域扫盲运动、全国高校院系调整及学制改革；四是开展了一系列推进文化建设的运动。以毛泽东为核心的中国共产党人对社会主义先进文化建设的地位、方针、策略进行了有益的探索，展现了这一阶段共产党人和中华民族对先进文化建设的信心满怀。

第二阶段（1957—1978年），文化自信受挫与社会主义文化建设的曲折发展阶段。从1957年的"反右"运动开始，由于受"左"的错误思想影响，文化界接连进行了"反右"扩大化、反修正主义以及"文化大革命"，社会主义文化建设进入了曲折发展阶段。从文化自信角度看，"'文化大革命'推行的文化领域内的'破旧立新''全面专政''教育改革''文艺改革'等都没有起到建设和发展社会主义文化的作用"，它使我们在建国初期获得的文化自信"得而复失"，特别是十年动乱中文化思维里存在的"形而上学猖獗，唯心主义盛行，无政府主义、极端个人主义和派性严重泛滥"等问题引起了党和人民的警惕、质疑和反思，这为我们后来从文化自觉到文化自强再到文化自信提供了条件。在这一时期，我们艰难地打破了西方的封锁，战胜了苏修霸权和入侵，成功恢复了联合国合法席位，完成了既定国内建设计划，做好了应对核战争的准备。在这一时期，涌现了大量平民背景的英雄模范人物，铸就了以"铁人精神""大寨精神""红旗渠精神""雷锋精神""焦裕禄精神""两弹一星精神"为代表的艰苦奋斗、奋发图强的社会主义文化精神。这些蕴藏在人民群众中宝贵的精神文化资源为我们在社会主义文化建设挫折中奋起、重塑文化自信提供了不竭的动力。

第三阶段（1978—2000年），重构文化自信、建设中国特色社会主义文化阶段。1978年，党的十一届三中全会胜利召开，结束了社会主义建设20余年艰难曲折的探索历程，开启了以改革、开放和创新为特征的新时代，社会主义文化建设迎来了春天，中华民族的文化自信得以重构。1992年春天，邓小平南方谈话吹响了进一步改革开放的号角。这一阶段的文化建设主要做了三件大事：一是创立了社会主义精神文明理论；二是确立了社会主义初级阶段文化纲领和科学理论体系；三是提出了"三个代表"重要思想，诠释了先进文化的概念和内涵，为重构文化自信做好了理论准备。这些思想催生了这一时期国内"文化热"和"国学热"的文化现象。随着香港、澳门陆续回到祖国怀抱，中华民族的自信心和自豪感逐渐壮大。但我们当时在国际上的文化实力还略显不足，还没有取得与我国大国地位相符的文化话语权。

第四阶段（2000年至今），文化自信绽放与社会主义先进文化逐步走向辉煌阶段。2000年"先进文化"概念被提出之后，"三个代表"重要思想内涵在纪念建党80周年庆祝大会上得到系统阐述，先进文化论的时代课题应时而出。而随着中国加入世界贸易组织、上海合作组织的建立、中非合作的加强，多边外交关系得到发展，中国在国际事务和国际舞台上的话语权和文化影响力得到提升。党的十八大以来，以习近平同志为核心的党中央对文化自信做出重要论述。中国共产党人提出了中华民族伟大复兴的"中国梦"以及"四个全面"战略布局，并且将"中华优秀传统文化""革命文化""社会主义先进文化"并列提出，认为它们"积淀着中华民族最深层的精神追求，代表着中华民族独特的精神标识"。这就很好地解决了继承传统和展望未来的文化承接转换关系，为中华民族的文化自信指明了奋斗方向。2016年杭州G20峰会和2017年北京"一带一路"高峰论坛更是在世界各国首脑面前绽放了中国文化的魅力和自信，中国在国际上的强大的话语权和文化影响力成为我们民族的骄傲和世界各国认同、称赞的焦点。2017年在党的十九大上，习近平总书记在代表十八届中央委员会所作的报告中庄严宣布新的历史时代的到来，系统阐述了"新时代中国共产党的历史使命"，全面提出"新时代中国特色社会主义思想和基本方略"，彰显了我们党的社会主义建设理论和实践的全面成熟和伟大自信。

3. 文化自信的成长根基：文化的传承、转换与对接

社会主义先进文化对中华传统文化加以扬弃性地传承、创造性转化，对新民主主义革命文化进行了创新性的发展。党的十九大指出："推动中华优秀传统文化创造性转化、创新性发展，继承革命文化，发展社会主义先进文化，不忘本来、吸收外来、面向未来，更好构筑中国精神、中国价值、中国力量，为人民提供精神指引。""我们要以更大的力度、更实的措施加快建设社会主义文化强国，培育和践行社会主义核心价值观，推动中华民族优秀传统文化创造性转化、创新性发展，让中华文明的影响力、凝聚力、感召力更加充分地展示出来。"这些阐述高屋建瓴，高度概括了中国特色社会主义文化的基本内涵，阐明了在新时代我们对待中华优秀传统文化的科学态度，是继承发展中华优秀传统文化的基本方针，具有重要的现实指导意义。深入挖掘中华优秀传统文化蕴含的思想观念、人文精神、道德规范，结合时代要求继承创新。一是让优秀传统文化生动起来；二是要深入挖掘优秀传统文化的底蕴；三是要努力去实现生活和社会认同这种传承、发展这种传承；四是赋予优秀传统文化以时代特征。实现优秀传统文化与新时代文化的对接性，既是形式的对接，又是思想的对接。把传统文化转化、发展成为有"影响力、凝聚力、感召力"的文化。

社会主义先进文化实现了与西方文化的对接。一是文化价值理念对接。文化是一定族群在特定历史时空条件下积淀形成的生存方式和思维方式，具体包括文化样态、文化模式和文化精神。其中蕴含文化价值理念的文化精神是文化的精髓和实质，它决定着文化样态和文化模式的存在和发展方向。我们以积极加入世界贸易组织、加入世界气候和环境保护组织，担负起应负的责任的实际行动，来向世界诠释中国传统的和合文化理念，以构筑人类命运共同体的胸怀和实际行动来实现与西方文化理念的对接，达成了最大限度的文化共识，化解了文化冲突，展现了中国智慧和文化自信。二是文化生存和传播方式对接。当前，中国政府在全世界各国试办孔子学院来传播中国文化或许是一种以西方文化传播方式来获得文化生存的尝试。三是文化差异包容对接。中国在融入经济全球化的过程中，正经历一个文化现代化的过

程。包容多样性和差异性是发挥社会主义先进文化引导作用的前提。在对外开放的过程中，各种社会思潮的涌入也在所难免，只有积极发挥先进文化的主导作用去合理引导，尊重差异性，包容多样性，才能顺利实现文化差异包容对接。尊重差异，包容多样，这是先进文化的特质，也是先进文化发展的必由之路。从文化对接的实践层面看，我们在2005年联合国成立60周年首脑会议上提出了"努力建设持久和平、共同繁荣的和谐世界"的倡议；在2008年北京奥运会提出"同一个世界，同一个梦想"的口号；在2015年第70届联合国大会上倡议"打造人类命运共体"；在2015年气候变化巴黎大会上提出"包容互鉴""合作共赢"的倡议；在2017"一带一路"高峰论坛上继续倡议"五通"（政策沟通、设施联通、贸易畅通、资金融通、民心相通）。我们这些倡议得到国际社会广泛认同和赞赏。在党的十九大上，习近平总书记进一步全面系统地提出了"推动构建人类命运共同体"的理念，这些文化价值理念对接的实践有力地促进了世界的文化和谐，提升了文化认同，化解了文化冲突，为全球文化融合做出了中国贡献，展现了文化大国的风采。

4. 彰显文化理念、实力、动因、胸怀的自信

一是社会主义先进文化为文化自信提供了自信的理论基础——价值认同。文化自信首先表现在文化理念的自信，文化理念自信的精髓在于价值认同。认同是一个存异求同的过程。在异质文化交往的过程中，文化的自信来源于不同文化种属的文化认同，而异质文化间的文化认同的核心在于它们之间的文化价值的认同。文化价值认同具体包括对文化样态、文化模式和文化精神在价值立场、价值标准和价值取向上的肯定、接受和认可，它是主体对自身所处文化境遇的能动反应。在族群文化层面，文化价值认同是组成群体的个体间的文化价值共识。社会主义先进文化正是站在广大人民的价值立场上，顺应了生产力发展的社会潮流，通过宣传教育、对话交往、文化实践等形式，引导人们广泛树立社会主义核心价值观，共同践行中国梦，为世界贡献了中国智慧和中国方案，从而赢得了文化自信和价值认同。

二是社会主义先进文化为文化自信夯实了自信的物质根基——文化实力。文化自信的物质基础在于文化实力的自信，文化实力的自信依赖于文化生产力、文化引领力、文化传播力以及文化安全防御力。中国共产党早期领导文化运动的目标就是战争动员、政治宣传、文化启蒙。中华人民共和国成立后，由于长期受"左"倾思想影响，文化生产力的发展受到限制。直到2001年，"文化产业"的概念才见诸报端。2002年，党的十六大报告才首次将"文化产业"作为国民经济和社会发展的重要战略组成部分，文化生产力才得以迅猛发展起来。2004年，《中共中央关于加强党的执政能力建设的决定》出台，文化引领力得到充分重视。我们在2001年成功加入世界贸易组织，使中国在经济全球化进程中获得了参与制定规则和竞争的有利位置；从2008年到2010年，我们成功举办了奥运会、世界博览会，"神舟七号"实现太空行走，并在应对世界金融危机，组织抗震救灾，打击暴力恐怖势力、民族分裂势力和宗教极端势力，维护民族团结和社会稳定等方面，中国共产党都表现出强大的领导能力，展现了中华民族先进文化建设的伟大自信心和自豪感。

三是社会主义先进文化为文化自信植入了自信的动力基因——文化创新。文化自信的核心在于文化创新，先进文化之所以比别的文化先进，就在于它具备核心的原始创新的能力（简称"原创力"）。从国家层面看，我国文化原创力主要包括理念创新、内容形式创新、体制机制创新、传播手段创新等内容。党的十七大报告明确指出："在时代的高起点上推动文化内容形式、体制机制、传播手段创新。"文化创新各要素中，理念创新是先导，内容创新

是核心，形式创新是表现，体制机制创新是关键。文化创新是个自觉的过程，文化创新的前提是文化自觉。理念创新就是自觉解放思想、突破旧观念的束缚，进行文化理念的变革。为什么我们会有这种自觉呢？因为我们的文化是为人民服务的，这种立场决定了我们的制度选择只能是社会主义制度，即所谓"立场决定制度"。我们选择社会主义道路，社会主义本质和性质从方向上保证了我们会不断朝先进的方向前进，即所谓"方向激发意识"。为什么社会主义具有先进性呢？因为我们选择的理论具有科学性。我们选择了马克思主义作为理论指导，它保证了我们理论方法的科学性，即所谓"科学支撑理论"。在党的十九大报告中，习近平总书记进一步提出了"坚持以人民为中心"的倡议，正是由于我们的人民立场、科学理论方法指导，我们不断创新，在创新中彰显我们的民族性特色，在创新中凸显中国风格和中国气派。

四是社会主义先进文化为文化自信生就了自信的开放包容心态——文化胸怀。文化自信最终表现在文化胸怀的自信。这种胸怀表现在以文化魅力牢牢掌握文化领导权、以人民为中心的文化创新、以开放包容的胸怀对待古今中外文化的态度等三个方面。首先，可以从文化领导权的掌握情况看文化胸怀。文化领导权的本质就是获取民众广泛的"同意"，就是通过"非暴力"形式使被统治阶级信仰统治阶级的价值观，就是意识形态的领导权。在延安革命时期，毛泽东始终注重文化领导权问题。他认为，所谓领导权，不是要一天到晚当作口号去高喊，也不是盛气凌人地要人家服从我们，而是以党的正确政策和自己的模范工作，说服教育，使他们愿意接受我们的建议。这些正确的认识和思想在中国共产党的后续实际工作中得以继承和发扬。例如，邓小平曾说："我们说改善党的领导，其中最主要的，就是加强思想政治工作。"习近平也认为："能否做好意识形态工作，事关党的前途命运，事关国家长治久安，事关民族凝聚力和向心力。……必须一刻也不能放松和削弱意识形态工作。"我们可以看出中国共产党的几代领导人都很重视文化领导权问题，由于文化领导权获得的"非暴力性"和"非强制性"，使中国共产党在人民群众中拥有了文化自信。其次，可以从对人民文化创新的态度看文化胸怀。先进文化的生命力在于在历史长河中不断发展和创新。"创新能力是检验一种文化是否先进的一个重要标准。"而先进文化的创造主体是人民大众。人民群众是历史创造者的思想，是马克思主义群众观的一个最基本的内容，也是中国共产党的群众路线的理论依据。人民群众不仅是社会物质财富的创造者，也是社会精神财富的创造者以及社会变革的决定力量。对此，毛泽东曾说："人民，只有人民，才是创造世界历史的动力。"习近平指出："人民是创造历史的动力，我们共产党人任何时候都不要忘记这个历史唯物主义最基本的道理。"只有坚持这一基本原理，才能把握历史前进和文化创造发展的基本规律；只有尊重规律、按文化创造规律办事，才能无往而不胜。党的十九大报告明确提出："人民是历史的创造者，是决定党和国家前途命运的根本力量。必须坚持人民主体地位，坚持立党为公、执政为民，践行全心全意为人民服务的根本宗旨，把党的群众路线贯彻到治国理政全部活动之中，把人民对美好生活的向往作为奋斗目标，依靠人民创造历史伟业。"中国共产党在中国特色社会主义先进文化建设的实践中充分认识到要坚持人民主体地位，充分尊重人民所表达的意愿、所创造的经验、所拥有的权利、所发挥的作用，尊重人民的首创精神，尊重、信任和支持人民群众的历史创造和文化创新。自觉拜人民为师，向能者求教，向智者问策，从群众中汲取无穷的智慧和力量，才得以将我们的文化事业不断推向前进，在这个过程中，我们文化的软实力逐步提升。再次，可以从传承包容的文化发展策略看文化胸怀。全球化的浪潮让各种文化多元共存、交流互鉴、各领风骚，完全没有必要因为种族偏见而厚此薄彼。只有以一种开放包容的胸怀面对所有文化，取长避短，和谐共处，文化的繁荣局面才能出现。我们在学习借鉴外族文化时谦虚谨慎又不自卑，不失去自我文化的本色，在现代交流中保持自己文化主体意识；在向外传播中国文化大国风采时也不自傲，充分尊重外族文化的差异性和民族性，以宽广的胸怀与不同的文化和谐共生，才能彰显我们的文化自信。近十年来，我们在文化包容性建设方面取得了令人喜悦的进展，例如，2017年在北京"一带一路"高峰论坛上，习近平总书记指出："我们推进'一带一路'建设不会重复地缘博弈的老套路，而将开创合作共赢的新模式；不会形成破坏稳定的小集团，而将建设和谐共存的大家庭"，他还代表中国政府向世界庄严承诺：中国将加大对"一带一路"建设资金支持；中国将积极同"一带一路"建设参与国发展互利共赢的经贸伙伴关系，促进同各相关国家贸易和投资便利化，建设"一带一路"自由贸易网络，助力地区和世界经济增长。中国愿同各国加强创新合作，启动"一带一路"科技创新行动计划，开展科技人文交流、共建联合实验室、科技园区合作、技术转移行动；中国将在未来3年向参与"一带一路"建设的发展中国家和国际组织提供援助，建设更多民生项目。习近平总书记的这些表态就充分展现了我国文化包容的胸怀，他代表中国所提出的合作共赢发展倡议得到世界各国广泛认同和赞赏，这更显示出我们中华民族和合文化在国际舞台上的辉煌魅力，这些成就使得我们党和人民在世界人民面前更充满了文化的自信。

第三节 中国特色职业教育需要文化自信

一、中国特色的职业教育

中国特色的职业教育是指中国的职业教育在符合世界职业教育共同发展趋势的情况下回归本土、走向现实，在遵循职业教育内在发展规律的条件下超越现实、突破常规，办出令中国人民满意的、和谐的、可持续发展的、独具中国特色的、一流的职业教育。

当前，我国正处于全面建设小康社会、加快推进现代化的关键阶段，经济和社会发展面临许多重大而艰巨的任务，大力发展职业教育既是推进我国工业化、现代化的迫切需要，又是促进社会就业和解决"三农"问题的重要途径，也是完善现代国民教育体系的必然要求。当今世界，教育同产业的结合越来越密切，无论是发达国家还是新兴工业化国家，都把发展职业教育作为振兴经济、增强国力的战略选择。那么，办什么样的职业教育，又如何办职业教育，已然是一个十分重要而紧迫的理论与实践问题。2005年11月7日，温家宝在全国职业教育工作会议上提出，当前我国应大力发展中国特色的职业教育。这已经从战略高度给我国职业教育的发展指明了方向。

职业教育既有上层建筑的属性，又有经济基础的属性。从上层建筑的角度来看，职业教育的办学理念和人才培养具有鲜明的社会制度性质，主要服务于统治阶级，这主要决定了职业教育的办学性质和办学目的。从经济基础的角度来看，职业教育产生并服务于经济建设和社会生产，具有鲜明的职业性和生产性，这主要决定了职业教育的办学方式和人才培养模式。中国特色职业教育应该是职业教育共性与个性的辩证统一。共性主要是指中国特色职业教育应该遵循并符合职业教育的内在发展规律，能和其他国家职业教育的发展寻求平等对话与沟通。比如，职业教育应该具有地方性和行业性，培养的人才应该服务于社区发展和地方经济建设；再比如，职业教育应该是终身教育的重要组成部分，注重受教育者生存能力、就业能力和创业能力的提高。个性主要是指中国特色职业教育在遵循共性的基础上应该注重自己的发展模式和办学经验，人才培养目标和培养模式都应该符合中国国情，甚至从一定意义上来讲应该是中国独创的，是世界上独一无二的。我们所说的中国特色职业教育主要就是指这种个性。

二、十八大以来中国特色现代职业教育理念发展

党的十八大以来，以习近平同志为核心的党中央基于我国经济社会发展目标，提出了一系列职业教育新的发展理念，为我国职业教育发展提供了思想指引。这些理念包括：高度重视、加快发展，职业教育要为中华民族伟大复兴的中国梦提供人才支撑的职教战略观；惠及全民、阻断贫困代际传递，职业教育要成为全面建成小康社会推动力量的职教公平观；人人皆可成才、人人尽展其才，职业教育要满足个人成功成才及实现美好生活愿望的职教人才观；全面深化改革、创新发展模式，实现职业教育治理体系和治理能力现代化的职教道路观；建设中国特色、世界水平的现代职业教育体系，全面推进教育现代化，推动我国迈入人力资源强国和人才强国行列的职教任务观；工学结合、知行合一，职业教育要培育具有专业技能与工匠精神的高素质劳动者的职教培养观。

（一）职业教育与教学理念

1. 理念

理念是指人们对于某一事物或现象的理性认识、理想追求及其所形成的观念体系。理念是行动的先导。《辞海》（1989）对"理念"一词的解释有两条，一是"看法、思想、思维活动的结果"，二是"理论、观念（希腊文 idea），通常指思想，有时亦指表象或客观事物在人脑里留下的概括的形象"（《辞海》第1367页）。理念与观念关联。上升到理性高度的观念叫"理念"。人类以自己的语言形式来诠释现象——事与物时，所归纳或总结的思想、观念、概念与法则，称之为理念。如人生理念、哲学理念、学习理念、时空认知理念、成功理念、办学理念、推销理念、投资理念或教育理念等。著名主持人董卿在第四季《中国诗词大会》开场白中第一句："人生自有诗意，诗意美在四季。"这就是酷爱古诗词的中国人对古代中国诗词的理念。在人生理念中，有："种瓜得瓜，种豆得豆。""一年之计在于春，一日之计在于晨，一家之计在于和，一生之计在于勤。""得忍且忍，得耐且耐，不忍不耐，小事成灾。""易涨易退山溪水，易反易复小人心。"……

理念的特性：理念具有区域性、概括性、客观性、间接性、逻辑性、深刻性、灵活性等特性。

观念指观点、看法、想法，是中性词；而理念指绝对正确的观点，可以作为道理、真理来形容。信念是自己认为可以确信的看法，引申为对某人或某事信任、信赖或有信心的一种思想状态。

2. 教育理念

教育理念是教育主体在教学实践及教育思维活动中形成的对"教育应然"的理性认识和主观要求。哈佛大学哲学家、著名分析教育学者谢弗勒（Israel Scheffler）在他的《教育

的语言》一书中认为有三种定义性陈述：一是规定性定义，指创制的定义，即作者所下的定义。在同一著作中要求被界说的术语始终表示这种规定的含义；二是描述性定义，指适当描述被界说的对象或使用该术语的方法；三是纲领性定义，它或明或暗地说明"事物应当是什么"。我们对教育理念的定义应当属于规定性定义和纲领性定义的综合。教育理念既可以是系统化的也可以是非系统的、单一或彼此独立的理性概念或观念，取决于教育主体对"教育应然"即教育现实的了解和研究程度，以及它们指导教育实践的需要。无论是系统的还是非系统的教育理念，均对教育主体的教育实践发生影响。教育理念是人们对教育实践及其教育观念的理性建构，是教育改革发展的思想先导。即关于教育方法的观念，是教育主体在教学实践及教育思维活动中形成的对"教育应然"的理性认识和主观要求，包括教育宗旨、教育使命、教育目的、教育理想、教育目标、教育要求、教育原则等内容。

现代教育的主要理念有 10 种。

(1) 以人为本的理念。

体现以人为本的时代精神。现代教育强调以人为本，把重视人、理解人、尊重人、爱护人、提升和发展人的精神贯注于教育教学的全过程、全方位，它更关注人的现实需要和未来发展，更注重开发和挖掘人自身的禀赋和潜能，更重视人自身的价值及其价值的实现，并致力于培养人的自尊、自信、自爱、自立、自强意识，不断提升人们的精神文化品位和生活质量，从而不断提高人的生存和发展能力，促进人自身的发展与完善。

(2) 全面发展的理念。

现代教育以促进人的自由全面发展为宗旨，因此它更关注人的发展的完整性、全面性。表现在宏观上，它是面向全体公民的国民性教育，注重民族整体的全面发展，以大力提高和发展全民族的思想道德素质和科学文化素质，提高民族的知识创新和技术创新能力，增强包括民族凝聚力在内的综合国力为根本目标；表现在微观上，它以促进每一个学生在德、智、体、美、劳等方面的全面发展与完善，造就全面发展的人才为己任。这就要求人们在教育观念上实现由精英教育向大众教育、由专业性教育向通识性教育的转变，在教育方法上采取德、智、体、美、劳等几育并举，整体育人的教育方略。

(3) 素质教育的理念。

现代教育扬弃了传统教育重视知识的传授与吸纳的教育思想与方法，更注重教育过程中知识向能力的转化工作及其内化为人们的良好素质，强调知识、能力与素质在人才整体结构中的相互作用、辩证统一与和谐发展。针对传统教育重知识传递、轻实践能力，重考试分数、轻综合素质等弊端，现代教育更加强调学生实践能力的锻造，全面素质的培养和训练，主张能力与素质是比知识更重要、更稳定、更持久的要素，把学生综合素质的培养与提高作为教育教学的中心工作来抓，以帮助学生学会学习和强化素质为基本教育目标，旨在全面开发学生的诸种素质潜能，使知识、能力、素质和谐发展，提高人的整体发展水准。

(4) 创造性理念。

现代教育强调教育教学过程是一个高度创造性的过程，以点拨、启发、引导、开发和训练学生的创造力才能为基本目标。它主张以创造性的教育教学手段和优美的教育教学艺术来营造教育教学环境，以充分挖掘和培养人的创造性，培养创造性人才。现代教育主张，完整的创造力教育是由创新教育（旨在培养学生的创新精神、创新能力与创新人格）与创业教育（旨在培养学生的创业精神、创业能力与创业人格）二者结合而形成的生态链构成。因此，加强创新教育与创业教育并促进二者的结合与融合，培养创新、创业型复合性人才成为现代教育的基本目标。

（5）主体性理念。

现代教育是一种主体性教育，它充分肯定并尊重人的主体价值，高扬人的主体性，充分调动并发挥教育主体的能动性，使外在的、客体实施的教育转换成受教育者主体自身的能动活动。主体性理念的核心是充分尊重每一位受教育者的主体地位，"教"始终围绕"学"来开展，以最大限度地开启学生的内在潜力与学习动力，使学生由被动的接受性客体变成积极的、主动的主体和中心，使教育过程真正成为学生自主自觉的活动和自我建构过程。为此，它要求教育过程要从传统的以教师为中心、以教材为中心、以课堂为中心转变为以学生为中心、以活动为中心、以实践为中心，倡导自主教育、快乐教育、成功教育和研究性学习等新颖活泼的主体性教育模式，以点燃学生的学习热情，培养学生的学习兴趣和习惯，提高学生的学习能力，使学生积极主动地、生动活泼地学习和发展。

（6）个性化理念。

现代教育强调尊重个性，正视个性差异，张扬个性，鼓励个性发展，它允许学生发展的不同，主张针对不同的个性特点采用不同的教育方法和评估标准为每一个学生个性的充分发展创造条件。它把培养完善个性的理念渗透到教育教学的各个要素与环节之中，从而对学生的身心素质特别是人格素质产生深刻而持久的影响力。个性化理念在教育实践中首先要求创设和营造个性化的教育环境和氛围，搭筑个性化教育大平台；其次在教育观念上它提倡平等观点、宽容精神与师生互动，承认并尊重学生的个性差异，为每一位学生个性的展示与发展提供平等的机会和条件，鼓励学习者各显神通；再次在教育方法上，注意采取不同的教育措施施行个性化教育，注重因材施教，实现从共性化教育模式向个性化教育模式转变，给学生个性的健康发展提供宽松的生长空间。

（7）开放性理念。

当今时代是一个空前开放的时代，科学技术的日新月异、信息的网络化、经济的全球化，使世界日益成为一个联系更加紧密的有机整体。它包括教育观念、教育方式、教育过程的开放性，教育目标的开放性，教育资源的开放性，教育内容的开放性，教育评价的开放性，等等。教育观念的开放性即民族教育要广泛吸取世界一切优秀的教育思想、理论与方法为我所用；教育方式的开放性即教育要走国际化、产业化、社会化的道路；教育过程的开放性即教育要从学历教育向终身教育拓宽，从课堂教育向实践教育、信息网络化教育延伸，从学校教育向社区教育、社会教育拓展；教育目标的开放性即教育旨在不断开启人的心灵世界和创造潜能，不断提升人的自我发展能力，不断拓展人的生存和发展空间；教育资源的开放性即在教育活动中要充分开发和利用一切传统的、现代的、民族的、世界的、物质的、精神的、现实的、虚拟的等各种资源，以激活教育实践；教育内容的开放性即教育要面向世界、面向未来、面向现代化设置教育教学环节和课程内容，使教材内容由封闭、僵化变得开放、生动和更具现实包容性与新颖性；教育评价的开放性即打破传统的单一文本考试的教育评价模式，建立多元化的更富有弹性的教育评价体系与机制。

（8）多样化理念。

现代社会是一个日益多样化的时代，随着社会结构的高度分化，社会生活的日益复杂和多变，以及人们价值取向的多元化，教育也呈现出多样化发展的态势。这首先表现在教育需求多样化,为适应经济社会发展的要求,人才的规格、标准必然多样化;其次表现在办学主体多样化、教育目标多样化、管理体制多样化;再次还表现在灵活多样的教育形式、教育手段,衡量教育及人才质量的标准多样化;等等。这些都为教育教学过程的设计与管理提出了更高的要求与挑战,它要求根据不同层次、不同类型、不同管理体制的教育机构与部门进行柔性设计与管理,它更推崇符合教育教学实践的弹性教学与弹性管理模式,主张为教育事业的发展提供更加宽松的社会政策法规体系与舆论氛围,以促进教育事业的繁荣与发展。

(9) 生态和谐理念。

自然物的生长需要良好的自然生态环境,人才的健康成长同样也需要宽松和谐的社会生态环境。现代教育主张把教育活动看作是一个有机的生态整体,这一整体既包括教育活动内部的教师、学生、课堂、实践、教育内容与方法诸要素的亲和、融洽与和谐统一,也包括教育活动与整个育人环境设施和文化氛围的协同互动、和谐统一,把融洽、和谐的精神贯注于教育的每一个有机的要素和环节之中,最终形成统一的教育生态链整体,使人才健康成长所需的土壤、阳光、营养、水分、空气等各种因素产生和谐共振,达到生态和谐地育人目的。所以,现代教育倡导"和谐教育",追求整体有机的"生态性"教育环境建构,力求在整体上做到教学育人、管理育人、服务育人、环境育人,营造出人才成长的最佳生态环境,促进人才的健康和谐发展。

(10) 系统性理念。

随着知识经济的来临,学习化社会的到来,终身教育成为现实。教育成为伴随人的一生的最重要的活动之一。因而,教育不再仅仅是学校单方面的事情,也不仅是个人成长的事情,而是社会进步与发展的大事,是整个国民素质普遍提高的事情,是关乎精神文明建设及两个文明协调发展的全局性、战略性大业,它是一项由诸多要素组成的复杂的社会系统工程,涉及许多行业和部门,所以需要全社会普遍参与、共同努力才能搞好。与传统教育不同,转型时期我国正在形成的是一种社会大教育体系,它需要在系统工程的理念指导下进行统一规划、设计和一体化运作,以培养人们的学习能力,提升人们的生存和发展能力为目标,以实现社会系统内部各环节、各部门的协调运作、整体联动为基础,把健全教育社会化网络作为构成教育环境的中心工作来抓,促进大教育系统工程的良性运行与有序发展,以满足学习化社会对教育发展的迫切要求。

3. 职业教育理念

职业教育是指对受教育者实施可从事某种职业或生产劳动所必需的职业知识、技能和职业道德的教育,包括职业学校教育和职业培训。职业学校教育是学历性的教育,分为初等、中等和高等职业学校教育。

2017年10月18日,习近平总书记在十九大报告中指出,优先发展教育事业。完善职业教育和培训体系,深化产教融合、校企合作。加快一流大学和一流学科建设,实现高等教育内涵式发展。健全学生资助制度,使绝大多数城乡新增劳动力接受高中阶段教育、更多接受高等教育。

职业教育就是就业教育。一是适应社会经济发展、劳动力市场需求,培养具有一定技能、技术的合格劳动者,解决社会就业问题是职业教育的主要目标。二是面向地区经济建设和社会发展需要,培养生产、服务、管理一线的实用人才。三是《职业教育法》规定的"全面提高受教育者的素质":职业教育是思想教育、文化基础教育、职业技能训练的有机结合，其中，"思想教育是灵魂，基本文化教育是基础，职业训练是特色"。

职业教育是创业教育。一是培养学生合理的知识结构、素质，发展学生个性。二是培养学生创新意识与创业技能。

职业教育是终身教育。一是职业教育已从"终结性"转向"终身性"，从单纯满足"就业需要"走向"就业与创业并举"。二是职业教育内涵从"职业预备教育"延伸拓展为"职业预备教育和升学预备教育"或"人生预备教育"。

由于职业教育的时代性要求，职业教育的教师必须具备以下基本素质：一是专业知识，包括学科知识（知识内容、学科的理论体系、学科的发展知识）、普通文化知识、教育科学知识；二是专业技能，包括教育教学的基础能力、教育教学的专业能力；三是现代教育教学必备的信息化综合能力；四是专业精神，包括敬业精神、人文精神（人道精神、人本精神）、科学精神（客观精神、理性精神）。

据教育部资料统计显示，截至 2017 年年底，我国有各级各类学校共计 51.38 万所，在校生共计 2.70 亿人，专任教师有 1 626.89 万人。我国已建成世界上最大的教育体系，其中，高中阶段教育共有学校 2.46 万所，在校生有 3 970.99 万人，年招生 1 382.49 万人；中等职业教育共有学校 1.07 万所，在校生有 1 592.50 万人，年招生 582.43 万人，毕业生 496.88 万人；高职（专科）院校共有 1 388 所；全国各类职业技术培训机构共计 8.92 万所，教职工共计 51.50 万人。中国正在举办世界上规模最大的职业教育。职业院校的招生规模总数已经达到 1 100 万人，在校学生总数已超过 3 000 万人。中等职业教育和高等职业教育分别占据了高中阶段和高等教育的一半。

4. 教学理念

相对于基础教育而言，职业教育有其自身的特性。总结起来，职业教育的本质至少应该包含四个方面：一是以人为本，二是因材施教，三是科学管理，四是文化塑造。

现代职业教育理念主要包括职业教育现代化、职业教育社会化、职业教育产业化、职业教育终身化共四个方面。

（1）职业教育现代化理念。

现代化有广义和狭义之分。广义的现代化指的是工业革命以来现代生产力导致的社会生产方式的变革，引起世界经济加速发展和社会与之相适应的过程；狭义的现代化则是现代工艺以及科技革命推动了整个人类社会向工业社会的转变，使工业化渗透到经济、政治、文化、思想等各个领域并引起社会组织和行为的深刻变革。教育现代化的实质是指以整个社会现代化的客观需要为动力，用社会文化的全部最新成就武装教育的各个方面，使教育具备适应和促进整个社会现代化的能动力量。一般来讲，教育现代化包括三个层面：一是教育内容、教育技术手段的现代化；二是教育制度和教育管理的现代化；三是人的教育观念以及教育行为的现代化。这三个层面存在相互依赖、相互影响、相互制约的辩证关系。

所谓职业教育现代化，指的是要以转变人们的职业教育观念为基础，以完善职业教育体制为根本，以现代化的教育内容及教育手段为中介，建立为国民经济发展培养大批合格的劳动者的社会主义现代职业教育体制。其包括职业教育观念的现代化、职业教育体制的现代化、职业教育内容的现代化、职业教育手段的现代化。

（2）职业教育社会化理念。

所谓社会化，指的是社会通过各种方式，使自然人逐渐学习社会知识、技能与规范，从而形成自觉遵守与维护社会秩序、价值观念与行为方式,成为社会人的过程。教育社会化的基本内容就是系统地对个体进行有关生产与生活基本知识和基本技能的传授,授以行为规范,确立人生目标,培养人的社会角色。教育社会化就是要构建学习化社会。

职业教育社会化有其特定的含义。它主要包括四个方面:一是保证女性接受职业技术教育与培训的机会均等;二是为失业者和各种处境不利人群提供各种正规与非正规TVET(技术和职业教育与培训);三是对社会所有成员进行职业指导和咨询;四是促进弹性入学,以实现终身学习与培训。

(3)职业教育产业化理念。

明确产业与教育产业的概念界定。产业是指能在国民生产总值形成过程中提供净收入的行业。我们认为,教育产业的界定主要依据教育在一定历史发展阶段所具有的准公共产品和私人产品的属性。职业教育是教育产业化的重要组成部分。职业教育产业化包括教育规律与经济规律相统一、教育的宏观统一性和微观多样性相结合、合理分担教育成本与多渠道筹措教育经费相结合三个基本原则。总结起来,教育产业化有五种思路:一是多主体办学;二是以市场为导向建立灵活的职业教育运行机制;三是实行产业化经营;四是办好校办产业;五是法人应具有良好的管理、经营才能。

(4)职业教育终身化理念。

终身教育是人的一生中所受到的各种教育的总和。可以将终身教育的特点概括为:终身教育具有整体性特点,它面向全体社会成员,并且把一切具有教育功能的机构(组织)联系起来。终身教育是持续的,它贯穿于人的一生的全过程。正规教育及非正规教育要呈现一体化。

职业教育终身化是指每一个社会成员一生中都要接受职业教育。它包括四个原则:职业教育"终身"原则、职业教育与普通教育相结合原则、正规教育组织和非正规教育组织相结合原则、人人受教育与人人办教育相结合原则。

(二)中国特色的职业教育理念

1. 职教战略观

高度重视,加快发展,职业教育要为实现中华民族伟大复兴的中国梦提供人才保障。职教战略观主要解决职业教育在经济社会发展中的定位问题。作为国家技能型人才成长发展的主渠道,面对国家、社会发展的伟大目标和挑战,职业教育应发挥什么作用,采取什么发展战略,这是十八大以来以习近平同志为核心的党中央高度关注的问题。2014年,习近平总书记专门对职业教育工作做出重要指示,各级党委和政府要把加快发展现代职业教育摆在更加突出的位置,更好地支持和帮助职业教育发展,为实现"两个一百年"奋斗目标和实现中华民族伟大复兴的中国梦提供坚实人才保障。这是改革开放以来党和国家最高领导人首次对职业教育的战略地位、重大作用和发展方向做出的判断,为职业教育赋予了国家富强、民族振兴、人民幸福的伟大历史使命。

从国际视野来看,近年来,面对经济停滞、气候危机、贫富差距扩大等一系列复杂的挑战,世界各国纷纷从社会可持续发展的角度制定职业教育发展战略,强调充分发挥职业教育在实现经济社会可持续发展中的作用。2015年9月25日,联合国可持续发展峰会通过具有里程碑意义的《2030年可持续发展议程》,在这一议程下,职业教育要以一种更积极的方式支持和促进所有可持续发展目标的实现,这已经成为国际社会的共识。

2. 职教公平观

惠及全民、阻断贫困代际传递，职业教育要成为全面建成小康社会的推动力量。公平是教育发展的永恒追求。教育公平的重大意义不仅是自身的公平，还是实现社会公平的重要手段。为实现这一目标，党中央做出到2020年在现行标准下农村贫困人口实现脱贫的庄严承诺，农村贫困人口脱贫成为全面建成小康社会最艰巨的任务。习近平总书记指出，"消除贫困，自古以来就是人类梦寐以求的理想，是各国人民追求幸福生活的基本权利"。"授人以鱼，不如授人以渔。扶贫必扶智，让贫困地区的孩子们接受良好教育，是扶贫开发的重要任务，也是阻断贫困代际传递的重要途径"。"教育跟不上世世代代落后，学一技之长才能有更好保障"。2014年6月，习近平总书记在对职业教育的指示中强调，要加大对农村地区、民族地区、贫困地区职业教育的支持力度，努力让每个人都有人生出彩的机会。坚持共享发展，加强对贫困和农村地区职业教育发展的支持，通过技能培训实现贫困人口有效就业，阻断贫困代际传递，增强贫困地区人民获得感，成为十八大以来职业教育发展的重要理念。2014年9月，中央民族工作会议指出，教育投入要向民族地区、边疆地区倾斜，实行免费中等职业教育。要培养有文化、懂技术、会经营的新型农民，加大农业职业教育和技术培训力度，把培养青年农民纳入国家实用人才培养计划。2015年6月，国务院扶贫办、教育部、人力资源和社会保障部联合下发《关于加强雨露计划支持农村贫困家庭新成长劳动力接受职业教育的意见》。2015年11月，习近平总书记在中央扶贫开发工作会议上指出，"一个贫困家庭的孩子如果能接受职业教育，掌握一技之长，能就业，这一户脱贫就有希望了"。在这一理念的指导下，职业教育精准扶贫已经逐步成为我国职业教育政策的重心。2016年10月，教育部印发《职业教育东西协作行动计划（2016—2020年）》，计划以职业教育和培训为重点，以就业脱贫为导向，瞄准建档立卡贫困人口精准发力，启动实施三大行动：一是实施东西职业院校协作全覆盖行动，实现东部地区职教集团、高职院校、中职学校对西部地区的结对帮扶全覆盖；二是实施东西中职招生协作兜底行动，东部地区兜底式招收西部地区建档立卡贫困家庭子女接受优质中职教育，毕业后根据学生意愿优先推荐在东部地区就业，实现就业脱贫；三是支持职业院校全面参与东西劳务协作，帮助每个有劳动能力且有参加职业培训意愿的建档立卡贫困人口，都能接受适应就业创业需求的公益性职业培训。2016年11月，国务院印发《"十三五"脱贫攻坚规划》，规划提出开展贫困地区培训工程。重点实施新型经营主体培育、新型职业农民培育、农村实用人才带头人和大学生村官示范培训、致富带头人培训等专项工程。2017年1月，国务院印发的《国家教育事业发展"十三五"规划》提出，全面推进教育精准扶贫、精准脱贫，加大职业教育脱贫力度。启动实施职教圆梦行动计划，省级教育行政部门统筹协调国家示范和国家重点中职学校，选择就业好的专业，单列招生计划，针对建档立卡贫困家庭子女招生，确保他们至少掌握一门实用技能，提升贫困家庭自我发展的"造血"能力。

从国际视野来看，通过职业教育减轻贫困问题是世界职业教育改革发展的共同愿景。2015年，联合国发展峰会通过的《世界可持续发展议程》的一个关键目标就是"确保实现充分和生产性就业及人人有体面工作"，并把职业教育作为减贫的关键策略。这一理念与十八大以来习近平总书记所倡导的通过职业教育与培训阻断贫困代际传递的理念不谋而合，职业教育精准扶贫的理念更是对整个世界教育公平理念的重大创新，是对整个世界减贫思想的丰富和发展。

3. 职教人才观

人人皆可成才、人人尽展其才，职业教育要满足个人成功成才及实现美好生活的愿望。习近平总书记一直强调，中国梦就是民族梦，就是个人实现美好生活的梦想。习近平总书记在对职业教育的指示中提出，要树立正确人才观，培育和践行社会主义核心价值观，着力提高人才培养质量，弘扬劳动光荣、技能宝贵、创造伟大的时代风尚，营造人人皆可成才、人人尽展其才的良好环境，努力培养数以亿计的高素质劳动者和技术技能人才。习近平总书记立足于职业教育的技能技术积累和多样化人才培养功能，一方面强调通过职业教育实现促进国家繁荣、民族振兴的国家梦想，另一方面重视通过职业教育实现个人成才、职业成功、生涯进步与生活幸福的个人梦想，可以说，这是职业教育作为教育的最终发展旨趣与意义所在。这一理念实现了职业教育在发展中长期存在的社会本位论与个体本位论的统一。人才是第一资源，是衡量一个国家综合国力的重要指标，人人皆可成长、人人尽展其才的理念，不仅有利于职业教育社会影响力和吸引力的提升，还有利于整个社会形成以能力为本位的人才发展观。从以促进经济发展为主要目的，到把社会公平、人的幸福和可持续发展作为重要关注维度，我国职业教育理念不断走向成熟，回归到教育本身的意义。在职教人才观理念的引领下，人人皆可成才、人人尽展其才的制度环境也有了很大进展。自2015年起，每年5月的第二周为"职业教育活动周"。"职业教育活动周"的设立，目的是要在全社会形成"崇尚一技之长、不唯学历凭能力"的良好氛围。2016年3月，中共中央印发的《关于深化人才发展体制机制改革的意见》提出，到2020年，在人才发展体制机制的重要领域和关键环节上取得突破性进展，形成与社会主义市场经济体制相适应、人人皆可成才、人人尽展其才的政策法律体系和社会环境。研究制定技术技能人才激励办法，探索建立企业首席技师制度，试行年薪制和股权制、期权制。健全以职业农民为主体的农村实用人才培养机制。弘扬劳动光荣、技能宝贵、创造伟大的时代风尚，不断提高技术技能人才经济待遇和社会地位。

4. 职教道路观

全面深化改革，实现职业教育治理体系和治理能力现代化。职业教育的发展战略和任务确定后，应该走什么样的发展道路，这是关系到职业教育发展战略和任务能否实现的问题。长期以来，我国对职业教育发展道路进行了积极探索。2002年，国务院召开全国职业教育工作会议，时任朱镕基总理对未来一个时期职业教育发展的基本道路做了阐述：一是坚持面向社会、面向市场；二是着力提高教育质量；三是加强与劳动就业的联系；四是深化体制改革。这是国家高层领导人首次明确提出职业教育的道路选择和"中国特色"属性。

2005年，国务院召开进入新世纪后的第二次全国职业教育工作会议。温家宝同志首次提出了"坚持走中国特色的职业教育发展路子"的重大命题。他用了"四个必须"来概括：必须服务于社会主义现代化建设；必须满足城乡居民对职业教育的多样化需求；必须与社会主义市场经济体制相适应；必须与生产劳动和社会实践紧密结合。在新的发展背景下，职业教育应坚持什么样的发展道路，习近平总书记给出了鲜明回答，即全面深化改革。2012年11月，党的十八大报告明确提出"深化教育领域综合改革"。2013年11月，十八届三中全会通过《关于全面深化改革若干重大问题的决定》。首先，加强职业教育实施的基本制度和标准建设。形成了涵盖学校设置、专业教学、教师队伍、学生实习、经费投入、信息化建设等一系列制度和标准，具体包括生均拨款制度、职业教育督导制度、教学工作诊断与改进制度、年度质量报告制度等，从根本上提升了职业教育运行的规范化水平。其次，全面改革职业教育考试招生制度。2013年4月，教育部发布《关于积极推进高等职业教育考试招生制度改革的指导意见》，提出了六种需要构建或完善的高等职业教育考试招生方式。2014年9月，国务院发布《关于深化考试招生制度改革的实施意见》，这是我国自恢复高考以来最为全面和系统的一次考试招生制度改革。2016年高职分类考试招生人数占当年高职招生计划总量的比例从2013年的43%提高到50%以上。再次，全面推进职业教育校企合作、产教融合。习近平总书记在对职业教育的指示中提出，坚持产教融合、校企合作，坚持工学结合、知行合一。这一要求触及我国职业教育发展中长期面临的企业参与不足的问题，并把行业企业参与作为中国特色职业教育体系建设的关键问题，也是习近平总书记基于职业教育作为一种教育类型的基本特征为职业教育发展提出的要求。围绕这一要求，《中共中央关于全面深化改革若干重大问题的决定》提出，加快现代职业教育体系建设，深化产教融合、校企合作，培养高素质劳动者和技能型人才。《中华人民共和国国民经济和社会发展第十三个五年规划纲要》提出，推行产教融合、校企合作的应用型人才和技术技能人才培养模式，促进职业学校教师和企业技术人才双向交流。推动专业设置、课程内容、教学方式与生产实践对接。把产教融合发展作为教育现代化的核心内容。提出支持百所高职院校和千所中职学校加强校企合作，共建职业教育实习实训设施。2016年3月，中共中央印发的《关于深化人才发展体制机制改革的意见》提出，建立产教融合、校企合作的技术技能人才培养模式。创新技术技能人才教育培训模式，促进企业和职业院校成为技术技能人才培养的"双主体"，开展校企联合培养试点。

从国际视野来看，2012年5月，联合国教科文组织（UNESCO）在中国上海召开的主题为"培养工作与生活技能：TVET转型"的第三届国际职业技术教育大会提出，单纯通过扩大现有模式的职业技术教育与培训办学来惠及更多青年和成年人并非解决之道，职业技术教育与培训的概念化、管理、供资和组织必须发生深刻变革，这就是从整体上推进职业技术教育与培训转型的思路。总体来看，全面深化改革的基本理念与第三届国际职业技术教育大会提出的"职业教育转型"的基本理念不谋而合。

5. 职教任务观

建设具有中国特色、世界水平现代职业教育体系，全面推进教育现代化，推动我国迈入人力资源强国和人才强国行列。"发展具有中国特色、世界水平的现代教育"是我国教育发展的理想、方向和目标。习近平总书记在第二十九个教师节慰问信中提到，希望全国广大教师"为发展具有中国特色、世界水平的现代教育做出贡献"。"具有中国特色、世界水平的现代教育"，是"两个一百年"奋斗目标和实现中华民族伟大复兴中国梦的重要组成部分，也是一个完整的科学概念，包含着我国教育发展应当具有的中国特色、国际视野、时代特征等深刻内容。长期以来，我国始终坚持大力发展职业教育的方针，加快推进以培养高素质劳动者和技术技能人才为根本任务的现代职业教育体系建设。1985年，《中共中央关于教育体制改革的决定》提出，调整教育结构，逐步建立起一个从初级到高级、行业配套、结构合理又能与普通教育相互沟通的职业技术教育体系。1991年，国务院发布的《关于大力发展职业技术教育的决定》提出，未来10年中，初步建立起有中国特色的，从初级到高级、行业配套、结构合理、形式多样、又能与其他教育相互沟通、协调发展的职业技术教育体系基本框架。2014年，国务院出台的《关于加快发展现代职业教育的决定》提出，到2020年，形成适应发展需求、产教深度融合、中高职衔接、职业教育与普通教育相互沟通，体现终身教育理念，具有中国特色、世界水平的现代职业教育体系，这成为未来一段时期我国职业教育改革发展的根本任务，也是对多年来我国职业教育体系建设目标的深化。第一，牢固确立职业教育在国家人才培养体系中的重要位置。第二，现代职业教育体系建设必须以经济社会的发展需求为出发点。"服务发展、促进就业"是习近平总书记提出的职业教育办学的基本方向。第三，现代职业教育体系建设必须以公民终身学习为关照维度。第四，现代职业教育体系建设必须把上下衔接、横向沟通作为关键目标。第五，现代职业教育体系建设必须走开放发展的道路。

从国际视野来看，近年来，很多发达国家和国际组织都提出了建立完善职业教育或技能开发体系的目标。韩国提出，要构筑"从学校向工作岗位、从工作岗位向学校"灵活转换的、贯穿终身的、职业能力开发导向的、开放的职业教育体系。英国提出，要建立以学生为中心的、有清晰晋升路径的、适应社会需求的、高质量、透明、灵活、世界水平的继续教育与技能开发体系。澳大利亚提出，要建立一个惠及全民、高效灵活的职业教育与培训体系。欧盟提出，要建立吸引力更强，更具适切性、生涯导向、创新性，更容易获得高质量、灵活、开放、现代、包容并有利于实现终身学习的职业教育与培训体系。从国际社会的发展战略来看，虽然各国职业教育体系的建设目标和重点存在差异，但如下三个方面是国际职业教育体系发展共同强调的核心内容：一是以终身教育理念为基础，强调职业教育体系的包容性、开放性、灵活性；二是从促进国家经济发展的角度出发，强调职业教育体系的劳动力市场适应性；三是从学习者的角度出发，以提高质量和促进流动性为核心，强调各层次职业教育间及职业教育与其他类型教育间的衔接沟通，为学习者提供畅通、便捷的教育转换和晋升路径。可以看出，这些理念与思路在不同程度上都与我国现代职业教育的发展方向具有一定的重合性。

6. 职教培养观

工学结合、知行合一，职业教育要培育具有专业技能与工匠精神的高素质劳动者。十八大以来，为解决我国经济高增长、低效率、靠大量投资支撑的不可持续发展问题，综合分析世界经济增长周期和我国发展的阶段性特征，习近平总书记提出了经济新常态的理念。新常态的特征体现在：增长速度要从高速转向中高速，发展方式要从规模速度型转向质量效率型，经济结构从增量扩能为主转向调整存量、做优增量并举，发展动力从主要依靠资源和低成本劳动力等要素投入转向创新驱动。在这一背景下，2015年5月19日，国务院印发《中国制造2025》，这一战略的核心目标是加快推进制造业创新发展、提质增效，实现我国从制造大国向制造强国转变。习近平总书记强调，要"推动中国制造向中国创造转变、中国速度向中国质量转变、中国产品向中国品牌转变"。如何使职业教育培养出适应经济新常态下产业转型升级及新型制造业发展需要的人才，并使职业教育在新的经济发展模式中发挥积极作用，形成现代职业教育与经济发展间紧密协调、互相促进的关系，成为职业教育改革发展关注的核心问题。

十八大以来，职业教育的人才培养目标有了更加深刻的内涵。习近平总书记在对职业教育的指示中提出，要树立正确的人才观，努力培养数以亿计的高素质劳动者和技术技能人才。2016年，李克强总理在政府工作报告中提到，要"鼓励企业开展个性化定制、柔性化生产，培育精益求精的工匠精神，增品种、提品质、创品牌"。"我们要用大批的技术人才作为支撑，让享誉全球的'中国制造'升级为'优质制造'"。在职业教育中培养学习者精益求精的工匠精神已经成为新时期我国职业教育发展的核心关注点，成为十八大以来职业教育人才培养的新理念、新要求。具体来说，工匠精神是指对自己的产品精雕细琢、精益求精、追求完美的精神理念。具体到职业教育人才培养中，其基本要求是把提高职业技能和培养职业精神高度融合，不仅要培养学习者娴熟、高超的操作技能，而且要让受教育者牢固树立敬业守信、精益求精等职业精神。这对于职业教育的课程和教学都提出了新要求。根据这一要求，推进工匠精神进校园、进课堂，帮助学生树立崇高的职业理想和良好的职业道德，培养崇尚劳动、敬业守信、精益求精、敢于创新的高技能人才，成为新时期我国职业教育人才培养的重要目标。2017年初，教育部等三部委联合印发的《制造业人才发展规划指南》提出，大力培育工匠精神，制造业企业要把培育精益求精的工匠精神作为职工继续教育的重要内容，增强职工对职业理念、职业责任和职业使命的认识与理解，推进工匠精神进校园、进课堂，帮助学生树立崇高的职业理想和良好的职业道德，培养崇尚劳动、敬业守信、精益求精、敢于创新的制造业人才。《国家教育事业发展"十三五"规划》提出，强化大国工匠后备人才培养，着力提升职业学校人才培养质量，加强职业精神培育，推进产业文化、优秀企业文化、职业文化进校园、进课堂，促进职业技能和职业精神高度融合，着力培养崇尚劳动、敬业守信、精益求精、敢于创新的工匠精神。这表明，培养精益求精的工匠精神已经成为新时期我国职业教育人才培养目标的重要维度。人才培养目标是对教育所要培养的人的规格的总要求，即回答了把受教育者培养成什么样人的问题。长期以来，关于职业教育人才培养目标的论述是我国职业教育关注的重要方面。关于职业教育人才培养目标，先后经历了技术型人才、实用型人才、应用型人才、技能型人才等多种不同定位，这些关于人才培养目标的表述都把学习者的职业技能作为人才培养的重心。十八大以来我国对于工匠精神的强调是对长期以来我国对以技术技能为主的职业教育人才培养目标的进一步完善和升华。从国际视野来看，近年来，在新科技革命和劳动力市场快速变化的背景下，职业教育的人才培养规格正实现深刻转型，其具体要求是把侧重点由岗位技能训练转向综合职业能力培养，使学习者实现职业生涯的可持续发展。这表现为除了特定的专业技能外，关键能力或核心素养正成为职业教育人才培养的核心目标。目前，世界各国都从不同角度对关键能力进行了界定，在各国对于关键能力的分析中，普遍认为职业态度和价值观是一个重要因素。这表明，对于职业精神的培养已经成为国际职业教育发展的重要关注点。而十八大以来，我国对于工匠精神的重视，更是基于我国悠久的历史传统，是对于职业教育职业精神培养的一种特色理念和具体化要求，也符合国际职业教育的发展趋势。

三、中国特色职业教育的基本特征

职业教育具有生产性、职业性、社会性、地方性和行业性，这是职业教育的共性特征。中国特色职业教育除了应具有这些共性特征外，还应该有自身的个性特征，即所谓的"中国特色"。这里的"中国特色"是建立在中国国情基础之上的，也就是说中国特色职业教育应符合中国人口多的国情，符合中国正处于社会主义市场经济体制健全与完善、产业结构和就业结构发生重大调整与变革的国情，符合广大劳动者迫切需求接受教育、提高自身素质的国情。其实，我们的发展过程也是一个"谦虚"地向外学习的过程。无论是高等职业教育，还是中等职业教育，我们非常认真地学习过澳大利亚的TAFE模式，我们十分虔诚地借鉴过德国的"双元制"，我们还不断地学习考察过加拿大的"能力为本"办学模式，学习参照过英国的"三明治"人才培养模式，我们也常常派人员去学习新加坡的教学工厂模式，美国社区学院也曾被广泛推崇。直到后来，又有人告诉我们世界上真正使用"高等职业教育"这个词的只有两个国家，一个出现在中国1996年颁布的《职业教育法》里，另一个出现在瑞士2004年颁布的新《职业教育法》中。这就提出了一个十分尖锐的命题，中国高职教育的发展是参照模仿还是学习借鉴？中国特色高职教育的文化根基是什么，文化自信在哪里？这也是我国高职文化建设之根本。衡量职业教育的"中国特色"的主要测度指标，应该从十个方面精准识别。

（一）体系完善，教育与培训互融

2014年，《国务院关于加快发展现代职业教育的决定》提出，加快现代职业教育体系建设，深化产教融合、校企合作，培养数以亿计的高素质劳动者和技术技能人才。做强中职、做优高职、做大培训、做好职业启蒙，优化要素和布局结构，促进职业教育内部各要素之间、职业教育与其他教育之间的沟通与衔接，真正形成适应发展需求、产教深度融合、中职高职衔接、职业教育与普通教育相互沟通，体现终身教育理念，具有中国特色、世界水平的现代职业教育体系。十九大报告提出"完善职业教育和培训体系"，即在加快现代职业教育体系建设的同时，也要加快发展职业培训体系建设。2014年，习近平总书记对职业教育做出重要批示，"职业教育是国民教育体系和人力资源开发的重要组成部分"。作为人力资源开发的重要组成部分，职业教育是以促进就业为导向的，同时强调了职业教育作为培养人的社会活动的价值，而职业培训强调了就业导向，其实为就业直接服务的，为经济社会服务更直接、更便捷。十九大报告提出，"就业是最大的民生。大规模开展职业技能培训，注重解决结构性就业矛盾，鼓励创业带动就业"。这就要求，各级各类职业学校要更好地发挥职业学校的培训功能，把学校办成学历职业教育与职业培训并重，职前职后沟通的综合性职业教育培训中心，为解决就业改善民生发挥积极有效的作用。

（二）产教融合

十九大报告指出："深化产教融合、校企合作。"校企合作是职业教育的基本办学模式。《国务院关于加快发展现代职业教育的决定》指出，健全企业参与制度，研究制定促进校企合作办学有关法规和激励政策，深化产教融合，鼓励行业和企业举办或参与举办职业教育，发挥企业重要办学主体作用。《中共中央关于深化人才发展体制机制改革的意见》（中发〔2016〕9号）进一步指出，建立产教融合、校企合作的技术技能人才培养模式。创新技术技能人才教育培训模式，促进企业和职业院校成为技术技能人才培养的"双主体"，开展校企联合培养试点。这是党中央国务院政策文件中，首次明确提出职业教育办学"双主体"，具有重要的历史意义和现实意义。随着政策的持续深入推动，《国务院办公厅关于深化产教融合的若干意见》的出台，新时代必将形成产教深度融合，把产业最先进的元素融入职业教育人才培养全过程，校企深度合作"双主体"培养人才的职业教育办学新局面。

（三）继续教育体系完善

十九大报告指出："办好继续教育。"《国务院关于加快发展现代职业教育的决定》指出，积极发展多种形式的继续教育。面向未升学的初高中毕业生、残疾人、失业人员等群体广泛开展职业教育和培训。推进农民继续教育工程，加强涉农专业、课程和教材建设，创新农学结合模式。新时代中国特色职业教育要求，职业院校要坚持学历教育与非学历教育并举，广泛开展各类继续教育，积极办好继续教育和体系完善的职业教育。

（四）核心价值观引领，师德师风良好

十九大报告指出："要以培养担当民族复兴大任的时代新人为着眼点，发挥社会主义核心价值观对国民教育、精神文明创建、精神文化产品创作生产传播的引领作用，把社会主义核心价值观融入社会发展各方面，转化为人们的情感认同和行为习惯。"社会主义核心价值观是当代中国精神的集中体现，职业教育是培育和践行社会主义核心价值观的重要平台和基地，要发挥好培育和践行主阵地功能，把社会主义核心价值观融入教育教学全过程，转化为学生的情感认同和行为习惯。

2014年9月9日，习近平总书记在北京师范大学强调"百年大计，教育为本。教育大计，教师为本"，并提出广大教师要做"四有"好教师。2016年，习近平在北京八一学校考察时指出，"广大教师要做学生锤炼品格的引路人，做学生学习知识的引路人，做学生创新思维的引路人，做学生奉献祖国的引路人"。他在全国高校思想政治会议上要求，要加强师德师风建设，教师要以德立身、以德立学、以德施教。他要求各级党委和政府要从战略高度来认识教师工作的极端重要性，把加强教师队伍建设作为基础工作来抓，满腔热情关心教师，改善教师待遇，维护教师权益，使教师成为最受社会尊重的职业。十九大报告指出："加强师德师风建设，培养高素质教师队伍，倡导全社会尊师重教。"新时代中国特色职业教育要更加重视教师工作，切实把教师视为中国的立教之本、兴教之源，建设一支师德师风良好的高素质职业教育教师队伍。

（五）弘扬传统文化，完善道德体系

十九大报告指出："深入挖掘中华优秀传统文化蕴含的思想观念、人文精神、道德规范，结合时代要求继承创新，让中华文化展现出永久魅力和时代风采。"新时代要全面实施对每一个学生的中华优秀传统文化教育，引导学生了解、认识我国的基本国情，继承中华民族的历史传统、文化积淀，提升学生文化素养，培养中华优秀传统文化的继承者和弘扬者，推动文化传承和创新。"人民有信仰，国家有力量，民族有希望。"十九大报告指出："加强思想道德建设。广泛开展理想信念教育，深化中国特色社会主义和中国梦宣传教育，弘扬民族精神和时代精神，加强爱国主义、集体主义、社会主义教育，引导人们树立正确的历史观、民族观、国家观、文化观。"新时代中国特色职业教育要发挥和加强思想道德建设、培育社会道德的主阵地作用，在落实"立德树人"根本任务中，以德育为首，全面加强思想道德建设并建立完善的思想道德教育体系。

（六）发展素质教育，培养中国工匠

《国家中长期教育改革和发展规划纲要（2010—2020年）》提出，坚持以人为本、全面实施素质教育是教育改革发展的战略主题，是贯彻党的教育方针的时代要求，其核心是解决好培养什么人、怎样培养人的重大问题。十九大报告指出："要全面贯彻党的教育方针，落实立德树人根本任务，发展素质教育，推进教育公平，培养德智体美全面发展的社会主义建设者和接班人。"素质教育从提出实施，到全面实施，都强调面向每一个学生的素质教育。发展素质教育是此前提出的全面实施素质教育的战略提升。进入新时代，我国教育事业进入全面发展素质教育新阶段。2016年3月，李克强总理作政府工作报告时强调，要大力弘扬工匠精神，厚植工匠文化，恪尽职业操守，崇尚精益求精，培育众多中国工匠。十九大报告指出："建设知识型、技能型、创新型劳动者大军，弘扬劳模精神和工匠精神。"职业教育的人才培养要承载劳模精神和工匠精神的培养，并把大力弘扬劳模精神和工匠精神落实到技

术技能人才培养教育教学的全过程,要办好技能大赛活动,把提高学生职业技能和培养职业精神高度融合,切实提高技术技能人才培养质量,为新时代社会主义建设培养一大批具有"劳模精神""工匠精神"的技术技能人才和一批"大国工匠"。

(七)劳动光荣,平衡发展

2014 年,习近平总书记对职业教育做出重要批示,"要弘扬劳动光荣、技能宝贵、创造伟大的时代风尚"。要改变传统社会对劳动的偏见,需要加大职业教育宣传力度,加强职业学校自身建设,以舆论影响社会,以贡献影响社会。十九大报告指出:"营造劳动光荣的社会风尚和精益求精的敬业风气。"劳动光荣的社会风尚和精益求精的敬业风气将会在新时代积极推动、逐步形成,促进新时代中国特色职业教育的发展。习近平总书记指出:"人民群众对美好生活的向往,就是我们的奋斗目标。"十九大报告指出:"我国社会主要矛盾已经转化为人民日益增长的美好生活需要和不平衡不充分的发展之间的矛盾。"职业教育与其他各类教育一样,同样存在发展不平衡不充分的问题,就是人民日益增长的对公平而有质量的职业教育需要和职业教育发展不平衡不充分之间的矛盾。解决职业教育发展不平衡不充分的过程应分两步走:第一阶段,首先解决职业教育发展中的不平衡不充分的问题,使得职业教育可以均衡发展;第二阶段,要在职业教育方方面面均衡发展的基础上,通过职业教育充分平衡的城乡一体化发展,努力让每个孩子都享有公平而有质量的教育,实现习近平总书记2014 年对职业教育重要批示中的要求,"努力让每一个人都有人生出彩的机会"。

(八)大幅提升人才培养质量

十九大报告指出:"我国经济已由高速增长阶段转向高质量发展阶段。"职业教育是与经济结合最紧密的教育,这就要求职业教育要从规模发展转向质量发展。《国家中长期教育改革和发展规划纲要(2010—2020 年)》提出,把提高质量作为教育改革发展的核心任务。十九大报告指出:"普及高中阶段教育,努力让每个孩子都能享有公平而有质量的教育。"普及高中阶段教育,必须大力加快发展中等职业教育,把高中阶段教育中的中等职业教育这块短板补齐,并加快发展,切实提升质量。

(九)发展现代职业教育,成为世界职教强国

十九大提出,在我国全面建设社会主义现代化国家新征程的第一个阶段,从 2020 年到 2035 年,在全面建成小康社会的基础上,再奋斗 15 年,基本实现社会主义现代化。在这一阶段,教育事业作为优先发展的民生事业,教育现代化更需要提前实现。十九大报告指出:"深化教育改革,加快教育现代化,办好人民满意的教育。"中国特色社会主义进入新时代,开启了新时代教育现代化新征程。教育现代化是优先发展教育事业的方向和目标。要实现教育现代化,必须在教育事业的各方面都要实现现代化。职业教育作为教育事业的重要组成部分,由于与经济社会发展的高度密切相关,职业教育的现代化应当提前实现。

习近平总书记指出,新时代中国特色社会主义思想,明确坚持和发展中国特色社会主义,总任务是实现社会主义现代化和中华民族伟大复兴。十九大报告指出:"建设教育强国是中华民族伟大复兴的基础工程,必须把教育事业放在优先位置。"建设教育强国是首次提出,充分彰显了我国的教育自信。职业教育作为教育事业的重要组成部分,在充分平衡发展以后,质量将大幅提升,我国必将成为世界职业教育强国,成为世界各国竞相学习效仿的职业教育典范。

（十）学习型社会，人人出彩

十九大报告指出："加快建设学习型社会。"十九大报告首次单列"网络教育"，教育需要运用互联网技术，加强传统技术与高新技术的融合，协调虚拟网络与实体平台的运作，融合慕课、微课等各种网络教育资源和翻转课堂等网络学习模式，为各种各样的学习者提供更为便捷有效的教育与学习条件。十九大报告中提出的"大力提高国民素质"，既是对继续教育和建设学习型社会提出的任务，又是对整个教育事业提出的总要求，是"优先发展教育事业"的总目标，是新时代对教育事业的新期待，是中华民族整体国民素质提升的"教育梦"。

十九大报告指出："人才是实现民族振兴、赢得国际竞争主动的战略资源……努力形成人人渴望成才、人人努力成才、人人皆可成才、人人尽展其才的良好局面，让各类人才的创造活力竞相迸发、聪明才智充分涌流。"新时代职业教育基本实现了现代化，我国社会形成了劳动光荣的社会风尚和精益求精的敬业风气，我国成为世界教育强国，因而，新时代中国特色职业教育是人人皆可成才、人人尽展其才的良好局面形成，每个人都有人生出彩的机会的职业教育。

四、中国特色职业教育需要文化自信

（一）职业教育文化自信障碍分析

1. 职业教育发展的不平衡、不充分

十九大报告指出，"中国特色社会主义进入新时代，我国社会主要矛盾已经转化为人民日益增长的美好生活需要和不平衡不充分的发展之间的矛盾"。这一矛盾在我国职业教育改革发展过程中也表现得尤为突出。我国职业教育改革发展处于全面提升内涵建设的攻坚阶段，尚存在不少问题。2016年12月，刘延东副总理在推进职业教育现代化座谈会上讲话指出："面对新的发展形势，我国职业教育还不能完全适应经济社会发展的要求，存在结构不尽合理、质量有待提高、办学条件不足、体制机制不畅等突出问题，职业教育仍是教育领域的一块'短板'。"这是我国职业教育现代化进程中不平衡不充分的具体体现，也是我国职业教育文化自信不高甚至缺乏的根本原因。

2. 社会对职业教育文化传承发展的功能认知不足

文化自信是文化主体基于对自身文化历史有清醒认知、对自身文化价值有充分肯定、对自身文化未来有坚定信念所呈现出来的一种积极稳定的文化心理状态。所以，缺乏对职业教育及其文化价值的充分认知便谈不上肯定和文化自信。长期以来，职业教育被强调的是其"职业性"与经济社会功能，对其"教育性"与文化功能则不够重视，致使无论是职业教育自身还是职业教育外部，普遍存在对其文化传承与创新价值认知不足的现象。外部认识上的偏差，使职业教育一直处于被文化所遗忘的角落，许多人误以为职业教育与文化没有多少关系。尤其是职业教育自身对其在文化上的价值和功能缺乏充分认知与理解，在其文化交流与融合、传承与创新的问题上越发自卑和盲从。

3. 以文化人、以德育人的功能没有充分体现

中华民族的优秀传统文化是文化自信的根基，革命文化是文化自信的重要源头，民族文化是文化自信的重要组成部分，社会主义先进文化是文化自信的灵魂。优秀传统文化、革命文化、民族文化和社会主义先进文化是中国特色职业教育发展的基础之基础。由于各种原

因,在党的十八大以前,中国的职业教育文化自信做得明显不够,传统文化、革命文化和民族文化进校园的途径、形式、作用、效果等没有形成科学化、规范化、常态化。社会主义先进文化对职业教育的影响力、渗透力没有得到彰显。职业教育在有的地方变成单纯的技术教育,缺少人文素养和工匠精神的培育。文化自信的以文化人、以德育人的功能没有得到应有的体现。

4. 职业教育缺乏对自身历史文化积淀的总结

由于起步较晚、根基不够扎实,我国职业教育改革发展中多借鉴普通教育及国外的经验模式,致使其对自我特色文化缺乏沉淀和总结。事实上,孕育在职业教育发展史中的技术文化、工匠精神等厚重的文化积淀是我国优秀传统文化的重要组成部分。我国职业教育干劲十足,但人文情怀不够,缺少对自身发展过程中文化的思考,对产业文化、技术文化的谋划和构建不够,缺乏对深沉厚重的历史文化积淀的梳理,没有形成共同的价值观和独立的文化品格。职业院校在文化建设方面的工作也往往停留于文体活动的开展、校园景观的增设等浅显层面。职业教育在改革发展的过程中还未充分挖掘其深厚的文化根基,缺乏文化自觉,难以树立起文化自信。

5. 职业教育战线队伍缺乏强劲的事业动力

重普高贬职教的社会风气,使职业教育战线存在自我认同不足甚至自我贬低的心理。在这样一种文化心理作用下,职业教育很难实现自主、良性发展,很难建立起属于职业教育自身的文化自信。特别是奋战在职业教育一线的教师更是存在地位不高、教学难度大、教学成效不显著、个人成就感价值感不强等问题,导致了"教"的懈怠。职教战线队伍是提升职业教育文化自信的重要主体,战线队伍普遍缺乏强劲的事业动力,使得我国职业教育文化自信的提升缺乏源生力量。所以,如何吸引更多的优秀人才加入职业教育战线,是我国职业教育文化自信提升、实现现代化的关键和必由路径。

(二)坚定职业教育文化自信意义

1. 中国特色职业教育走向现代化的必然趋势

"现代化"和"文化自信"两个关键词都是十九大报告中对新时代中国特色社会主义思想所阐述的重要内容。"实现社会主义现代化"是发展中国特色社会主义的总任务之一,"文化自信"是被强调要坚定的"四个自信"之一。实现社会主义现代化离不开教育的现代化,所以十九大报告强调"必须把教育事业放在优先位置,加快教育现代化,办好人民满意的教育"。职业教育作为一种教育类型,是国民教育体系的重要组成部分,因此,职业教育的现代化是教育现代化的重要组成部分,职业教育在高技术技能人才、大国工匠的培养和文化传承发展等方面能够发挥独特作用,对教育现代化乃至中国特色社会主义现代化的意义重大。

当前,我国职业教育进入质量提升的内涵攻坚阶段,在《2017中国高等职业教育质量年度报告》的"面临挑战"部分,最先提到的"挑战"便是"发展自信缺失"。该报告指出,"目前,高等职业院校普遍在办学理念上缺乏方向自信,在专业教学上缺乏模式自信,在人才培养上缺乏目标自信",归根到底是我国职业教育缺乏对自身文化和内在价值的肯定,缺少提高职业教育质量的内生驱动力和精神源泉。职业教育文化自信是人们对职业教育文化的一种主观认同,这种主观认同是经过反思、比较、展望后形成的,既包含对职业教育自身文化和内在价值的充分肯定,也包含对其文化生命力的坚定信念,是职业教育的上层建筑，与职业教育思想的现代化息息相关，而职业教育思想是其现代化的主导，因此职业教育文化自信是中国特色职业教育走向现代化的应有之义。职业教育现代化的攻坚应在文化上下功夫，形成其现代化更基本、更深沉、更持久的力量。一方面，建立和提升职业教育的文化自信，对职业教育现代化问题进行文化研究，有利于发展和完善我国职业教育现代化的理论；另一方面，我国职业教育的现代化鼓励社会多方参与建设，只有职业教育文化的自信、创新与积淀提升了，职业教育才能得到社会更多的认可，吸引更多的企业及社会同人给予职业教育更多的资金投入。然而，由于多种缘由，我国职业教育的文化功能常被忽视，长期以来缺乏文化自觉，影响了职业教育走向现代化的进程，因此提升职业教育的文化自信势在必行。文化自信是中国特色职业教育走向现代化的应有之义。

2. 我国职业教育有文化自信的基础

习近平总书记对职业教育的重要批示中明确指出，"职业教育是国民教育体系和人力资源开发的重要组成部分，是广大青年打开通往成功成才大门的重要途径"，明确了新时代职业教育的作用和地位，明晰了职业教育走向现代化的方向所在。从历史的角度看，我国现代职业教育自150多年前马尾船政学堂发端之际，就担当起实业救国的使命。改革开放以来，我国职业教育蓬勃发展，特别是党的十八大以来，更是取得了令人瞩目的成就，建立起了世界上规模最大的职业教育体系，具备了大规模培养技术技能人才的能力。职业教育在院校数量、专业点、在校生人数以及培训方面都实现了升级换代，为社会输送了大批高素质人才，特别是在信息服务、电子商务、高铁、现代物流等快速发展的行业，职业教育提供了70%以上的新增技术技能人才，为传统产业转型升级、新产业新业态发展壮大提供了有力支撑。这些成就与贡献都是我国职业教育文化自信的根基，职业教育在现代化进程中孕育的深厚的产业文化史则是我国职业教育文化自信提升的基点。因此，职业教育应挺起腰杆，对道路和制度、建立起来的职教理论体系充满自信，更要对职业教育自身文化的积淀充满自信。

3. 职业教育自身发展规律的必然要求

十九大报告明确提出，"完善职业教育和培训体系，深化产教融合、校企合作"。产教融合、校企合作是符合职业教育发展规律的必由之路，如何"深化"以及"深化"到什么程度，必然要走校企和产教的文化融合之路。《国家教育事业发展"十三五"规划》在"加快发展现代职业教育"内容中，明确要求"强化大国工匠后备人才培养。着力提升职业学校人才培养质量，加强职业精神培育，推进产业文化、优秀企业文化、职业文化进校园进课堂，促进职业技能和职业精神高度融合，着力培养崇尚劳动、敬业守信、精益求精、敢于创新的工匠精神"。这不仅强调了"文化"因子在职业教育现代化中的深远意义，也为职业教育文化自信的建设和提升指明了具体方向，所以提升职业教育文化自信是符合职业教育自身发展规律的必然要求。

4. 提高学生发展的全面性和可持续性的需要

大量调查研究表明，职业院校毕业生职业发展的后劲不足、转岗能力较弱，从创业素质、合作素质、交往素质等关键素质上看，职业素养成为影响职业院校学生职业发展后劲的薄弱一环。职业教育的现代化归根到底是要实现"人的现代化"，这就要求现代职业教育不能只教会学生谋生的技能手段，必须通过包括更多精神需求在内的综合素质的培养，使他们由"工具人"转变为"价值人"，拥有更好的人生。职业教育只有真正树立起文化自信，才能提高学生就业后的职业认同和获得感，使之有尊严地劳动、体味人生出彩的幸福感。从这个角度讲，职业教育全面提升文化自信，从供给侧改革发力，注重对学生职业素养和职业精神的培养，培养具有人文精神的"准工匠"，从而促进学生在技能掌握上更易超越常人，在职业生涯中更易做出成绩和贡献，提高学生发展的全面性和可持续性。

（三）中国特色职业教育文化自信的策略

1. 始终坚持中国共产党的领导是根本前提

中国特色社会主义最本质的特征是中国共产党领导，中国共产党是中国特色社会主义文化的创造者和实践者、领导者和发展者。中国共产党的坚强领导是文化自信的根本保证。文化自信源自中国共产党的远大的理想和信仰，以及脚踏实地的求是精神。中国共产党在苦难辉煌的革命年代锻造了革命文化，孕育了红船精神、井冈山精神、伟大长征精神、抗日战争精神、延安精神、西柏坡精神等，这些精神是我们党弥足珍贵的红色基因。在社会主义建设时期，涌现出了以雷锋、王进喜、焦裕禄、钱学森等为代表的先进分子，孕育了雷锋精神、"铁人"精神、焦裕禄精神、"两弹一星"精神等。改革开放的伟大实践又孕育了抗洪抢险精神、抗击"非典"精神、"载人航天"精神等。在党和人民伟大斗争中孕育的革命文化和社会主义先进文化，与在五千多年文明发展中孕育的中华优秀传统文化一道，积淀着中华民族最深层的精神追求，代表着中华民族独特的精神标识。

中国特色的职业教育是在中国共产党领导中国人民进行长达近100年的新民主主义革命和社会主义建设伟大实践中，在吸取中国近现代职业教育优秀成分和外国先进职业教育营养的基础上建立、发展起来的有中国特色的职业教育，离开了中国共产党的正确领导，就不是中国特色的职业教育。中国共产党成立90多年来，始终不忘初心，努力前行，缔造了崭新的中国，建立了社会主义制度，推进了改革开放，开创和发展了中国特色社会主义。中国共产党始终坚持马克思主义，始终坚持人民立场，与人民风雨同舟、生死与共，把带领人民创造幸福生活作为自己始终不渝的奋斗目标。中国共产党坚持真理，修正错误，把党的自身建设始终作为一项伟大工程持续全面推进。中国共产党90多年来取得的历史成就，积累的革命和执政经验，沉淀的深厚底蕴和精神财富，早已孕育形成了中国共产党自身独特的价值文化。在这种价值文化的自觉中，党的坚强领导成为中国特色社会主义文化自信的决定性力量。

2. 坚持践行社会主义核心价值观是根本遵循

培育和践行社会主义核心价值观，是中国共产党总结我国意识形态建设经验教训、适应思想文化领域新变化、着眼于巩固马克思主义指导地位、巩固全党全国人民团结奋斗的共同思想基础。在推进全面深化改革，实现中华民族伟大复兴中国梦的进程中，职业教育越来越显示出其重要性。它不仅肩负着培养应用型人才和具有一定文化水平和专业知识技能的劳动者的使命，而且是发展地区经济和文化的生力军，对于高等教育走向大众化起着不可替代的重要作用。正视其特殊的地位和作用，积极开展培育和践行社会主义核心价值观，既是职业教育改革、发展的基础，又是职业教育能否确保正确的发展方向的保证。

社会主义核心价值观指明了思想政治教育方向。在当前的职业教育模式下，思想政治教育作为最基础的教育内容，对于学生的思想素质形成具有重要影响。从职业院校的教育功能角度来看，其思想政治教育本质上是向学生传播社会主流价值观念，使得其行为符合我国社会发展的根本需求。而社会主义核心价值观作为社会主义意识形态的本质体现，是职业学校学生政治思想教育的核心内容，与职业教育人才培养目标相契合，是加快发展现代职业教育的精神引领，为职业学校思想政治教育工作指明了方向。

社会主义核心价值观明确了思想政治教育工作的主要任务。在职业教育中，思想政治教育作为最基础的教育内容，对于学生的思想素质建设影响极其深远。《关于进一步加强和改进大学生思想政治教育的意见》作为高校思想政治教育的指导内容，对于职业教育的思想政治教育拥有同样的指导作用，其所指出的"以理想信念教育为核心，深入进行树立正确的世界观、人生观和价值观教育""以爱国主义教育为重点，深入进行弘扬和培育民族精神教育""以基本道德规范为基础，深入进行公民道德教育""以大学生全面发展为目标，深入进行素质教育"，正是当前形势下职业教育中思想政治教育工作的主要任务。社会主义核心价值体系对引导学生树立正确的价值观念和道德情操具有重要的指导意义，为其成长成才指明了方向和目标。

职业教育"在我国社会主义现代化建设中具有特殊的作用，我们要从科学的、全面的、可持续发展观的角度来认识职业教育的重要性"。接受职业教育的劳动者是社会发展的生力军，是社会主义事业建设的中流砥柱，更应突出加强培育和践行社会主义核心价值观教育，培养受教育者具有爱国爱党的人文情怀、文明雅行的生活方式、敢于担当的公民意识、乐观向上的个性品质和爱岗敬业精神。结合职业教育特点，开展培育和践行社会主义核心价值观教育。通过开展道德修身、道德实践活动，启发受教育者感悟社会主义核心价值观的真谛，从中汲取成长进步的思想养分和精神力量。针对道德领域的热点话题，选取身边的典型案例，引导受教育者集中评议、深度评析，增强受教育者的价值判断力和道德责任感。通过开展学习先进典型和道德模范，评选最美人物和身边好人等活动，树立崇德向善的价值导向。强化道德实践，启迪受教育者自觉践行社会主义核心价值观。加强道德教育实践活动的开展力度，一是抓好学雷锋志愿服务活动。学雷锋志愿服务是美好的道德行为和重要的道德实践。要结合专业特长，发挥优势，组建志愿服务总队和若干分队，开展敬老爱幼、帮困助残志愿服务；开展文明礼仪知识普及、公共场所文明引导、文明交通、网络文明传播、社区志愿服务；开展普及环保知识、保护山川河流、植树造林、保护环境志愿服务。二是抓好孝敬教育。要大力弘扬孝道，培养人们的孝心、爱心，引导人们感谢父母的养育之恩，感谢长辈的关爱之情。三是抓好诚信教育。诚实守信是做人做事的道德底线，是道德的基础，也是我国社会主义核心价值观的核心内容。在职业教育中一定要把诚信教育贯穿始终，使教育者能渐渐学会宽容和尊重，寻求人与人之间的理解与真诚，建立和谐的人际关系，共同构建中华民族伟大复兴中国梦的道德支撑。四是抓好勤劳节俭教育。勤劳节俭是中华民族的优良品德，是国家发展、社会进步的精神需求和实际需要。只有将培育和践行社会主义核心价值观建设贯穿、融入职业教育的制度体系中，形成以德为先的育人导向，形成自觉的价值取向、价值追求、价值尺度和价值原则，才能获得受教育者的认同；也只有强化制度保障机制，才能扎实推进。这就要求职业教育必须要把社会主义核心价值观教育体现在职业教育的各项制度建设中，融入职业教育教学的各个方面，如课堂教学、思想政治建设与法律基础课、实习实训、社会实践，以及文化建设、精神文明建设等各个方面，形成有利于培育和践行社会主义核心价值观的政策导向、制度规定、体制机制，让广大受教育者在制度阳光下感受社会主义核心价值观的温暖。强化制度保障机制，积极推进制度化、规范化、常态化，把社会主义核心价值观的要求融入职业教育的校纪校规、班风班规、学生守则中，使之成为学生学习、工作和生活的根本遵循。进一步优化制度环境，建立健全制度保障机制，利用制度的力量扬善惩恶，向受教育者传递社会主义核心价值观。

3. 坚持立德树人根本任务是主线

"培养什么人，是教育的首要问题。"在全国教育大会上，习近平总书记指出，我国是中国共产党领导的社会主义国家，这就决定了我们的教育必须把培养社会主义建设者和接班人作为根本任务，培养一代又一代拥护中国共产党领导和我国社会主义制度、立志为中国特色社会主义奋斗终身的有用人才。这是教育工作的根本任务，也是教育现代化的方向目标。培养德智体美劳全面发展的社会主义建设者和接班人，归根结底就是立德树人。要完成好这一根本任务，需要理清思路、花大力气、下真功夫。党的十八大提出，"把立德树人作为教育的根本任务，培养德智体美劳全面发展的社会主义建设者和接班人"。此后，习近平总书记围绕坚持立德树人这一教育的根本任务做出了许多重要论述，提出了明确要求。党的十九大报告进一步强调"要全面贯彻党的教育方针，落实立德树人根本任务"。要实现"两个一百年"奋斗目标、实现中华民族伟大复兴的中国梦，必须通过教育立德树人，培养大量的社会主义建设者和接班人。正因如此，习近平总书记要求"要把立德树人的成效作为检验学校一切工作的根本标准"，要在六个方面下功夫：一是要在坚定理想信念上下功夫，增强学生"四个自信"，引导学生立志为共产主义的远大理想和中国特色社会主义共同理想奋斗；二是要在厚植爱国主义情怀上下功夫，以爱国主义为精神底色，教育引导学生爱国爱党，立志听党话、跟党走，立志扎根人民、奉献国家；三是要在加强品德修养上下功夫，教育引导学生以社会主义核心价值观为情感认同和行为习惯，学会做人，做有大爱大德大情怀的时代新人；四是要在增长知识见识上下功夫，让学生求真学问，练真本领，沿着求真理、悟道理、明事理的方向前进；五是要在培养奋斗精神上下功夫，历练学生的担当、奋斗精神，培育学生志存高远的境界和自强不息的人生态度；六是要在增强综合素质上下功夫，培养学生的综合能力和创新思维。

牢牢抓住立德树人的关键，落实立德树人的根本任务，就是要全面贯彻党的教育方针，始终坚持社会主义办学方向，结合新时代的新要求将其全面落到实处。要把立德树人融入思想道德教育、文化知识教育、社会实践教育各环节，贯穿基础教育、职业教育、高等教育各领域，学科体系、教学体系、教材体系、管理体系要围绕这个目标来设计，教师要围绕这个目标来教，学生要围绕这个目标来学。把社会主义核心价值观融入教育全过程，深入开展理想信念教育、爱国主义教育、中华优秀传统文化教育和革命传统教育，引导和帮助学生把握好人生方向，扣好人生的第一粒扣子。坚持素质教育，引导学生培养综合能力，鼓励和培养学生的创新精神；树立健康第一的思想，不断增强学生的体质，培养学生积极向上的健康心态，健全人格、锤炼意志；坚持以美育人、以文化人，提高学生审美和人文素养；加强劳动教育，引导学生崇尚劳动、尊重劳动，懂得劳动最光荣、劳动最崇高、劳动最伟大、劳动最美丽的道理。

百年大计，教育为本；教育大计，教师为本。落实立德树人根本任务，对教师队伍建设提出了更高的要求，要求我们建立健全师德建设长效机制，不断提升教师的政治地位、社会地位、职业地位，让广大教师群体安心从教、热心从教、舒心从教、静心从教，筑牢立德树人的基石。只有坚持立德树人，不断培养德智体美劳全面发展的社会主义建设者和接班人，才能让党和国家事业兴旺发达、后继有人，才能推进伟大事业，实现伟大梦想。

4. 科学理解职业教育文化建设的重心

科学理解职业教育文化建设的重心，要抓住以下几个节点：第一，坚持知识性和职教性的统一，真正体现双重特征，发挥双重优势，聚力双重发展，以此作为"科学精神引领、职教规律办学、企业理念管理"的职业教育文化建设机制，彰显跨界教育的文化特征和优势。第二，把满足人民群众适龄子女接受职业教育作为推进教育事业发展的重要方略，把职业教育纳入教育发展总体战略，以此作为重要文化理念加以推进。第三，把发展市、县（区）等区域的职业教育作为推进职业教育大众化乃至普及化的重要抓手，进一步扩大职业教育的规模和受益面。第四，完善中高职衔接的办学体制机制，积极探索本科层次高等职业教育，积极发展成人高等职业教育。第五，突出抓好立德树人的培养目标，培养高素质技术技能人才，同时努力做好服务区域和行业经济以及构建多层次继续教育和培训体系两篇大文章。以上五点应作为高职教育文化建设的重要内涵。

5. 高度重视职业教育文化建设，以文化人

职业教育建设必须在先进的办学理念和文化基础上开展。在培养什么样的人、怎样培养人、为谁培养人、办什么样的学校、怎样办好学校等重大问题上，应该在学校物质文化、制度文化、行为文化、精神文化等方面坚持文化自信的价值观和鲜明的文化导向，将优秀传统文化、革命红色文化、社会主义先进文化、民族文化、企业文化融入职业教育课堂。要重视学校区域和行业特点的文化育人体系的积极探索；学校要不断从文化建设迈向文化育人进而向文化治理新阶段前进，形成以文化建设推动学校治理和良性发展的新机制，真正使职业院校办学治校提升至更高的水平。

第二章
职业教育文化自信"河池模式"

随着新世纪的到来，中国的职业教育掀起了新一轮改革的浪潮。

国家根据职业教育发展的需要，下发了一系列相关的职教文件。随着2002年8月《国务院关于大力推进职业教育改革与发展的决定》（国发〔2002〕16号）、2005年10月《国务院关于大力发展职业教育的决定》（国发〔2005〕35号）、2006年3月《教育部关于职业院校试行工学结合、半工半读的意见》（教职成〔2006〕4号）、2008年《教育部关于进一步深化中等职业教育教学改革的若干意见》（教职成〔2008〕8号）、2010年7月印发《国家中长期教育改革和发展规划纲要（2010—2020年）》、2011年《教育部关于充分发挥行业指导作用推进职业教育改革发展的意见》（教职成〔2011〕6号）、2011年《教育部关于推进中等和高等职业教育协调发展的指导意见》（教职成〔2011〕9号）、《教育部关于进一步完善职业教育教师培养培训制度的意见书》、2014年《国务院关于加快发展现代职业教育的决定》（国发〔2014〕19号）、《现代职业教育体系建设规划（2014—2020年）》、《教育部关于开展现代学徒制试点工作的意见》（教职成〔2014〕9号）、2015年国务院印发《关于加快发展民族教育的决定》（国发〔2015〕46号）、《教育部关于深入推进职业教育集团化办学的意见》（教职成〔2015〕4号）等系列文件的发布，全国各地学校陆续开展探索实施办学模式、人才培养模式的系列活动，涌现出许多成功的培养模式，其中，山东省平度市以校企合作、工学结合为主要特色的"双元制"模式，天津市以产教结合、工学结合、校企合作为主要内容的"天津"模式，广东省顺德的"双零模式"、惠州的"四环模式"、深圳宝安的"宝安模式"等，都引起了国内同行的关注。

地处桂西北山区的河池市职业教育中心学校，在广西壮族自治区职业教育攻坚战役中，在党委搭台、政府主导、组织推动、社会合力、学校奋发的背景下，由4所普通中专学校整合而成，深化改革，创新办学理念，顺势而上，坚持立德、立行、立技、立业四轮驱动的办学思想，办出特色、创出品牌，走出一条民族地区职业教育创新发展的新路子，先后成为国家重点中职学校、自治区示范性中职学校、国家中职示范学校，成为广西乃至全国职业教育发展模式探索的最大亮点，被誉为中国职业教育文化自信的"河池模式"。

第一节 "河池模式"形成的历史背景

一、河池概况

(一)历史沿革

河池是广西壮族自治区地级市,地处广西西北部,云贵高原南麓,背靠大西南,是大西南出海的通道,东连柳州,南接南宁,西毗百色,北邻贵州省黔南布依族苗族自治州。境内绝大部分地区属于石山地区,地处云贵高原向东南盆地过渡地带,形成地理的多样性、气候的多样性、生物的多样性,拥有神奇雄美的喀斯特地貌景观、千姿百态的山水景观、妩媚秀丽的高山平湖风姿、古色古香的人文景观。

1952年8月,柳州专区撤销,所辖各县除鹿寨县划归桂林专区外,其余7县并入宜山专区;1952年12月,桂西壮族自治区成立,宜山专区隶属之;1956年3月,桂西壮族自治区改称桂西壮族自治州,宜山专区改称宜山地区,隶属自治州;1957年12月,桂西壮族自治州撤销,宜山地区复称宜山专区,隶属广西省;1958年7月,宜山专区改称柳州专区,机关驻地从宜山县庆远镇迁至柳州市;1965年5月18日,国务院批准设立河池专区,治所在河池县金城江镇,辖10个县;1971年9月,河池专区改称河池地区,辖县不变;2002年6月18日,国务院批准撤销河池地区,设立地级河池市,同年11月1日正式挂牌成立,辖11个县(市、区)。河池市总面积为33 494平方公里,总人口为420万人(2012年)。全市辖2个市辖区、9个县(其中5个自治县),即金城江区、宜州区、南丹县、天峨县、凤山县、东兰县、罗城仫佬族自治县、环江毛南族自治县、巴马瑶族自治县、都安瑶族自治县、大化瑶族自治县。河池市政府原驻于金城江金区百旺路17号,现迁至宜州区。

(二)全国闻名的"五区"和"五乡"

1. "五区"

一是著名的革命老区,是广西农民运动的发祥地、百色起义的策源地、右江革命根据地的腹地,是邓小平、张云逸等老一辈无产阶级革命家曾经战斗过的地方,是红七军和韦拔群烈士的故乡,成长了韦国清上将等7位共和国开国将军。

二是少数民族地区,境内世居民族8个,少数民族人口占总人口的85.3%。

三是典型的大石山区和石漠化地区,喀斯特地貌面积占全市国土总面积的65.74%,占广西喀斯特地貌总面积的24.34%,石漠化地区占全市土地总面积的21.6%,占全广西石漠化面积的35%。

四是深度贫困地区,"十二五"末,全国有国家级贫困县585个,广西占了28个,河池就有7个,自治区级县2个。全市尚有684个贫困村,占1 466个行政村总数的47%,占自治区贫困村总数(5 000个)的13.7%。贫困人口有69.1万人,为广西最多。

五是水库移民地区,境内有龙滩、岩滩等库区,库区移民有40.3万人。

2. "五乡"

一是世界长寿之乡,全市健在的百岁以上老人有838名,其中110岁以上老人28名,每10万人有19.7名百岁以上老人,是中国首个地级世界长寿市。

二是刘三姐故乡，宜州区下枧村是壮族歌仙刘三姐的故乡，"如今广西成歌海，都是三姐亲口传"已成为传世佳话。

三是中国有色金属之乡，全市已探明的有色金属储存量达976万吨，价值人民币3 000亿元，其中铟储量名列世界第一，锑、铅、锌储量位居全国第二，锡储量占全国总储量三分之一，是中国的"锡都"。

四是著名水电之乡，珠江40%以上的水量流经河池，水电储量占广西总储量60%，是华南的能源中心之一，现有装机容量850万千瓦，年发电量排全国设区市前列，西部大开发的标志性工程——龙滩水电站就位于河池天峨县境内。

五是世界铜鼓之乡，是目前世界上民间传世铜鼓分布最为密集的地区。

3. 河池民族文化结构

据资料统计显示，2000年第五次人口普查，河池地区总人口达379.40万人，6周岁及以上人口受大专以上高等教育的占1.58%，受高中、中职中专以上教育的占8.67%，受初中以上教育的占31%，受小学教育的占49.74%；15周岁以上人口，文盲、半文盲有20.48万人，占人口总数的5.7%。

2010年第六次人口普查，河池市总人口为399.19万人。常住人口中，大专以上文化程度有14.47万人；高中、中职中专文化程度有28.82万人，初中以上文化程度有110.9万人；小学文化程度有130万人，文盲人口（15岁及以上不识字的人）有16.71万人。

2013年底，河池市建档立卡贫困人口有100.25万人（其中：文盲、半文盲有9.80万人，小学文化程度有43.80万人，初中文化程度有36.26万人，高中、中职中专文化程度有7.01万人，大专文化程度有3.34万人）。多数贫困人口脱贫致富的内生动力严明显缺乏，"等、靠、要"思想严重，观念陈旧，思维方式和行为方式落后，劳动力技能培训和技术支持力度不够，造成贫困人口多、贫困面广和贫困程度深的不良后果。河池市近200万农村劳动力文化素质偏低，职业技能不高，每年约80万人在区外务工谋生，大多数只能从事体力劳动，收入低，脱贫致富的愿望难以实现。提高人口总体素质，助力脱贫攻坚，成为河池职业院校义不容辞的责任。

4. 民族文化丰富多彩

河池是少数民族地区。境内聚居着壮族、汉族、瑶族、仫佬族、毛南族、苗族、侗族、水族8个世居民族，其中少数民族有321万人，占总人口的76%，是广西壮族自治区少数民族聚居最多的地区之一，5个自治县，11个民族乡，自治县数量居广西14个地市之首，全国地市（州）中排名第二。语言为壮语、汉语、桂柳方言。勤劳勇敢善良的河池各族人民，创造、传承了丰富多彩的民族文化。白裤瑶族多姿多彩的民族文化风情，被联合国教科文组织认定为民族文化保留最完整的民族，被称为"人类文明的活化石"。以铜鼓文化为代表的红水河文化，以山歌文化为代表的刘三姐文化，以民族服饰和奇异婚丧为特色的白裤瑶族文化，壮族"三月三"、蚂拐节，瑶族"祝著节"，仫佬族"依饭节"、走坡节，毛南族"分龙节"等，以独特图腾、奇异民俗演绎着瑰丽独特的民族文化和多姿多彩的民族风情，令人流连忘返。传承民族文化，职业教育大有可为，河池职业教育可从丰富多彩的民族文化中汲取滋养，享有得天独厚的优势。

二、河池是中国红色文化的主要发源地之一

(一) 河池市革命红色文化简介

河池是广西农民运动的主要发祥地,是百色起义的主要策源地,是右江革命根据地的主要腹地,也是中国红色文化的主要发源地之一,红色文化资源丰富、底蕴深厚、主题鲜明、影响深远。在风起云涌的土地革命时期,这里是壮族人民的优秀儿子、中国共产党早期三大农民运动领袖之一、人民军队早期杰出将领韦拔群和邓小平、张云逸、李明瑞等老一辈无产阶级革命家生活和战斗过的地方,从这里走出了7位共和国的将军,全市所辖11个县(市、区)165个乡镇中,共有10个县(市、区)的100个乡镇被国务院和自治区人民政府确定为革命老区。以韦拔群为代表的革命先烈,共同汇聚成"追求真理、坚定信念,忧国忧民、心系民众,革故鼎新、敢为人先,艰苦奋斗、百折不挠,顾全大局、无私奉献"的"拔群精神",承载着中华民族优秀人文道德和精神血脉,是广西红色文化的经典,是河池老区人民最珍贵的精神瑰宝。以韦江歌、王任光、莫振高等为代表的河池人,顾全大局、坚毅顽强、敬业奉献、敢于担当,展示了不同时期河池人的精神气概。这些精神,正是河池精神的基础和来源。

2015年5月,"逢山开路,遇水搭桥"被确定为"河池精神"。河池精神既是对河池现实条件的真实写照,又是对河池人民艰苦奋斗精神的概括,它体现了河池各族人民战天斗地、征服自然、改造自然的英雄气概。在全面贯彻落实党的十九大精神和"两个一百年"战略实践中,河池的红色文化、拔群精神、河池精神成为我们坚定职业教育的文化自信,对加快实现富民强市新跨越、建设幸福河池的奋斗目标具有重要的现实意义。

(二) 河池市革命红色文化的传承与发展

1. 以红色旅游推动革命文化的传承与发展

河池市是革命老区。几十年来,河池市委、市政府通过发展红色旅游来助推革命红色文化的保护、传承与发展,取得了显著成效。

红色文化是指在革命战争年代由中国共产党、先进分子和人民群众共同创造并具有中国特色的先进文化,其蕴含的丰富革命精神和厚重历史内涵,成为中华民族自尊、自立、自强的强大精神支柱,成为新时代中华民族实现伟大复兴中国梦的力量源泉。

红色旅游是指以中国共产党领导中国人民在革命和战争时期建树丰功伟绩所形成的纪念地、标志物为载体,以其所承载的革命历史、革命事迹和革命精神为内涵,组织接待旅游者开展缅怀学习、参观旅游的主题性旅游活动。红色旅游寓历史文化、教育怡情、休闲消费为一体,成为在生态文明建设条件下新的经济增长点,成为一项重要的社会文化工程,是红色革命文化有效保护、传承与发展的重要载体与途径。

2. 河池红色文化内容丰富、底蕴厚重

河池是广西红色资源最丰富、底蕴最深厚、主题最突出的地区之一。河池是中国早期农民运动领袖韦拔群的故乡,在大革命时期,仅东兰、巴马、凤山三县牺牲和惨遭杀害的群众就有6万多人,解放后被追认为烈士的有6 225人,其中韦拔群、陈洪涛、黄大权、陆浩仁、黄昉日、韦一平、覃道平等军师级英烈7人,百色纪念馆中有三分之二的革命烈士是东兰和凤山两县的人,三分之二的馆藏文物及资料涉及东兰和凤山两县。在红七军战斗序列中仅东兰子弟就有5 000多人,其中3 000多人北上中央苏区,1 000多人留在二十一师坚持战

斗，1 600多人参加两万五千里长征。

河池的红色文化有如下特点：

（1）数量多，分布广。

据党史部门普查统计，河池全市有革命遗址遗迹（含纪念场馆、烈士塔、烈士墓）270处[15]，遍布全市11个县（市、区）。按革命遗址类别分，重要党史事件及人物活动纪念地49处，革命领导人故居24处，烈士塔（墓）46处，纪念设施23处。按革命遗址年代分，大革命时期25处，土地革命时期107处，抗日战争时期21处，解放战争时期34处。这些革命遗址遗迹和纪念设施记录着中国共产党领导河池人民为民族独立和人民解放而英勇奋斗的光辉历程，蕴含着中国共产党领导河池人民艰苦奋斗、不屈不挠、勇往直前、敢于胜利的革命精神，是宝贵的历史文化遗产，是河池红色文化中最重要的红色资源。

（2）种类齐全，涵盖全面。

河池红色文化涵盖了中国革命从农民运动到建立党组织并领导土地革命、抗日战争、解放战争的过程，各个时期都留下了种类较为齐全的革命遗址遗迹和纪念物。同时，河池红色文化还保留着一大批革命过程中创造的革命理论、革命纲领、革命主张等非物质红色文化遗产。

（3）与重要人物关系紧密，影响深远。

河池是红七军的故乡，其红色文化与邓小平、张云逸、李明瑞、韦拔群等重要人物所领导的重大革命事件紧密相连，影响深远。

（4）主题突出，特色鲜明。

东兰县是韦拔群的故乡，毛泽东曾称赞韦拔群是"壮族人民的好儿子、农民运动的好领袖、党的好干部"。韦拔群等革命先烈用鲜血和生命在这块土地上铸就了以"对党忠诚、一心为民、追求真理、百折不挠、顾全大局、无私奉献"为主要内涵的韦拔群精神，这是无产阶级彻底的革命精神，是河池各族人民优秀人文道德和精神血脉在民主革命时期的深沉积淀和光辉体现，构成了河池红色文化的主题，承载着河池革命老区人民厚重而辉煌的历史，蕴藏着崇高而伟大的精神力量，传承着河池各族人民坚强不屈的品质和肝胆披沥的情怀。

（5）内涵丰富，底蕴重厚，可开发利用潜值大。

目前，河池市270处革命遗址遗迹和纪念设施中，已列入县级以上文物保护单位的共55处，占总数的20%。其中，广西农民运动讲习所旧址、红七军前敌委员会旧址、东兰革命烈士陵园、红军标语楼等处被列入国务院重点文物保护单位。在非物质红色文化遗产方面，保留着革命先烈们以革命为题材创作的革命山歌、诗词、民谣、小调、对联等文学作品。无论从物质红色文化还是非物质红色文化看，河池红色文化都充分体现了内容丰富、底蕴深厚、开发利用潜值大的特点。

3. 开发红色文化，加快富民强市新跨越

解放以来，河池市各级党委、政府充分开发利用红色文化资源，为富民强市做了大量的有实效的工作，并取得了较好的成效。

加强对革命遗址遗迹的保护，为开发利用提供物质保障。相继修建一批革命烈士纪念碑、纪念塔、纪念馆、陵园、故居，进一步增加河池红色文化的物质载体。据党史部门对全市革命遗址遗迹的全面落实普查，270处革命遗址遗迹和纪念设施中，保存状况好的有35处，占总数的13%；较好的有49处，占总数的18%；一般的有44处，占总数的16%；较差的有 63 处，占总数的 23%；很差的有 59 处，占总数的 22%；消失的 21 处，占总数的 7%。因此，应坚持"保护为主、合理利用"原则，加大宣传对革命遗址遗迹的保护力度。

深入开展红色文化资政育人活动。一是加快红色文化历史理论研究步伐，丰富红色文化内容，为各级党委政府提供资政服务；二是加强对各级各类学校革命传统教育传承红色基因的指导。自治区党委教育工委、教育厅于 2019 年 12 月印发《关于加强全区各级各类学校革命传统教育传承红色基因的指导意见》（桂教工委宣〔2019〕29 号）文件。我市应采取措施贯彻落实，红色文化进课堂、进校园、进头脑，上心入耳；将红色文化融入思政课堂教学内容，强化对青少年学生的爱国主义和革命传统教育，提高四个自信，厚植爱国主义情怀，把爱国情、强国志、报国行自觉融入坚持和发展中国特色社会主义事业、建设社会主义现代化强国、实现中华民族伟大复兴的奋斗之中。

围绕河池市委、市政府实施的"十大百万"工程、"五大百亿"产业，结合"不忘初心、牢记使命"主题教育，开展"向革命先烈学习、完成先烈未竟事业，推进各项工作上档进位"的专题教育活动。强化责任担当、爱岗敬业，为加快富民强市新跨越和建设幸福河池的目标奠定坚实基础。

以红色旅游推进革命文化的传承与发展。红色文化是红色旅游的基础，红色旅游本身附带着红色文化的实质内涵，是红色文化的实物载体，是红色文化与旅游的有机结合。我市应从河池丰富的红色文化资源实际出发，整合优化以红色文化为主题的旅游品牌，大力推介红色河池形象，提升河池红色旅游资源的文化"含金量"和文化品位。以文化发展增强旅游的吸引力和竞争力，以旅游发展拓宽文化发展的空间，高起点规划、多元投入和改善红色旅游配套设施建设，走红色旅游与绿色生态旅游相结合的新路子，推动红色旅游高质量发展。

三、河池职业教育的发展现状

（一）发展概况

河池的职业教育，是随着中华人民共和国的成立、在社会主义计划经济时期形成和发展起来的。河池市中职教育，脱胎于中专学历教育，建立于 20 世纪 70 年代，兴盛于八九十年代，20 世纪 90 年代后期至 21 世纪初滑入低谷。1978 年 4 月 22 日，全国教育工作会议召开，邓小平同志在会上发表重要讲话，教育事业的春天来临。河池地区恢复或重建了河池地区农业机械化学校、河池财经学校、河池民族中专学校、河池地区粮食学校、河池地区卫生学校、河池地区农业学校、河池地区巴马民族师范学校、河池地区技工学校等普通中专、成人中专、技工学校，大厂矿务局、河池氮肥厂、广西维尼纶厂、河池地区汽车总站等大型国有企业创办了技工学校，河池地区中等职业教育体系初步建成。

1984 年 10 月 20 日，党的十二届三中全会在北京召开。1985 年 5 月 27 日，《中共中央关于教育体制改革的决定》出台，提出"教育体制改革的根本目的，是提高民族素质，多出人才，出好人才""调整中等教育结构，大力发展职业技术教育"。河池地区各县陆续建成职业技术学校。

20 世纪最后 10 年，我国的中等职业教育迎来发展的高潮时期。河池地区的中职教育得到相应的快速发展，招生人数持续上升，办学规模扩大，与此同时，河池民族职业大学应运而生，河池高等职业教育由此发端。

2007 年职业教育攻坚前，河池有高等职业院校 1 所，中等职业学校 19 所，其中：市直中职学校9所，县（市、区）职业技术学校10所，辖区内还有自治区供销社主管的广西工贸职业技术学校。河池市机电工程学校、河池市卫生学校、宜州市职业教育中心是自治区重点中职学校。全市中职学校校园占地面积达1 531亩，校舍建筑面积达249 195平方米；全市中职学校招生20 612人，其中全日制学生6 188人，成人在职教育14 424人；2007年秋季学期在校生39 210人，其中全日制学生17 031人，成人在职教育22 179人；技工学校招收全日制学生182人，2007年秋季学期全日制在校生407人；2007年中职全日制毕业生4 028人，实现就业3 263人，就业率81%，其中异地就业2 121人，本地就业1 142人；全市中职学校教学设备总值达7 383.10万元，实训室206间，图书634 423册；技工学校教学设备总值达814万元，实训室16间，图书20 000册。

（二）发展缓慢的主要原因

1. 思想守旧，观念落后，职业教育理念有待提升

受几千年传统封建思想的影响，很多人一直认为"读书是为了光宗耀祖，读书是为了升官发财"，这种思想观念严重，认为只有读普通高中，考上大学，才有机会出人头地。不但机关、城镇居民，就是广大农村的多数家长都想让孩子读高中上大学，"望子成龙"苦了父母的心。党中央、国务院号召全国大力发展职业教育，可是到了地方，雷声大，雨点小。部分地方政府的领导对职业教育不够重视，人力、财力、物力投入不到位，政策支持也不到位。社会对职业教育持轻视态度，职业教育在社会上的地位不公平。因为得不到应有的重视和公平的对待，部分学校领导和教职工的"等、靠、要"思想严重，观念陈旧，过分强调客观困难，不去找学校本身的原因，攻坚建设起来的一流校舍只满足于短期培训。要想改变这种处境，首先应该从学校领导的思想和观念上去解决问题，思想要大解放，发展才是硬道理。一定要树立坚定决心，具有迎难而上的新思想、新观念。

2. 办学实力不够强，中职学校的知名度不高

中职学校如何吸引学生和家长？如何在社会上占有一席之地？有所作为才有威望，才有知名度。目前，我市还有相当一部分的中职学校办学综合实力不强，主要有以下几个原因：办学经费严重不足，基础设施较为简陋，办学规模较小，师资力量、教学管理、实习实训、招生就业、社会化服务、校企合作、校园文化等都没有明显起色，缺乏活力，没有特色，没有能力拿出让学生和家长看得见的东西，知名度不高，这些就是招生困难的最主要原因。中职学校应该千方百计地去提高办学综合实力，提高教学质量，抓好就业工作，提高学校知名度，这是目前各中职学校的最主要任务。

3. 专业教师队伍力量薄弱

我市中职学校共有1 788个编制，在编共计1 429人，缺编共计359个；其中专任教师1 129人，占教师总数的79.01%；专业教师694人，占教师总数的61.47%；研究生学历21人，占教师总数的1.86%，本科909人，占教师总数的80.51%，专科121人，占教师总数的14.53%；高级职称156人，占教师总数的18.82%，中级604人，占教师总数的53.50%，初级290人，占教师总数的25.69%；参加国家级培训51人，占教师总数的4.52%，参加自治区级培训416人，占教师总数的36.85%；"双师"型教师389人，占教师总数的34.45%，占专业课教师总数的56.05%。在以上数字统计中，许多具有高级职称的教师是文化基础课教师，专业教师中具有高级职称的人数少而又少，我市中职学校的专业教师无论是专业、学历，还是职称结构，都远远不能适应新形势下职业教育发展的要求。

4. 办学经费明显不足，是制约河池市中职教育发展的瓶颈

调研的 9 所市直中职学校和 10 个县级中职学校，都反映了办学经费奇缺的问题。河池市机电工程学校、河池财经学校、河池民族中专、河池经贸学校等 4 所学校都有内外债，共 600 多万元；河池市卫生学校因为经费不足，目前有 D 级危房 8 140 平方米，C 级危房 3 156 平方米，B 级危房 9 774 平方米；巴马民族师范学校因缺少经费，建不起小学教师培训楼；河池市技工学校无攻坚经费投入，全靠学校自筹。县级职校的办学经费就更不用说，东兰职校新校区第二期工程尚欠款 1 200 多万元；巴马职校的学生食堂简陋；等等。部分县的攻坚经费没有全部到位，学校的自筹能力有限，严重制约着河池市中职教育的发展。

5. 专业重复，特色专业少

河池市 24 所中职学校（含区直学校），专业布点 189 个，专业设置与区域产业结构对接不科学，专业集中度低，聚集度散，特色专业少，自治区示范性专业只有机电设备安装与维修、数控技术应用和护理 3 个专业，中央财政支持建设专业实训基地项目只有机电技术 1 个，重复专业太多，在生源有限的河池市内，因为专业重复造成资源浪费，各校之间出现生源恶性竞争的不良后果。而能够根据本区域经济社会发展开设特色专业的学校并不多。我市是全国有名的"五区五乡"，革命老区、少数民族地区、贫困地区、大石山区和石漠化地区、水电站库区；有色金属之乡、水电之乡、铜鼓之乡、世界长寿之乡、刘三姐故乡。长寿、红色文化、刘三姐旅游专业、长寿食品加工专业、有色金属冶炼专业、生态观光农业专业、库区养殖专业等，都是我们的特色、特有专业，应该在这方面从无到有、从小到大、做强做大做优，推动河池中职教育特色专业的建设和发展。

6. 教学设备有待进一步更新

全市中职学校（含技工学校）虽然有总值 8 197.10 万元的教学设备，图书共计 654 423 册。但是，许多设备年数已久，陈旧、落后，有的只能充数，在教学实践中用不上，学校缺少标志性的先进设备。目前，数控技术、汽车、光机电一体化设备、电子设备、计算机设备等比较先进，学校能够拿得出手的其他设备并不多。

7. 办学管理体系不顺畅

中职学校大多起源于计划经济时代的部门办学，形成各属其主的体制惯性，部门、行业、学校类型界限分明，造成"教育部门不好管，主管部门管不好"的状况。2007 年，河池市 9 所市级中职学校，教育部门主管的只有巴马民族师范学校，市级中职学校的条块分割、多头管理、资源分散，学校规模偏"小"、力量偏"弱"，无法形成办学优势，职业教育发展后劲不足，受区域经济不发达、知名企业少、企业活力不强等因素制约，政府统筹规划与管理指导不够，学校充分发挥主体作用不够，行业企业参与度不高，政府、社会、学校、企业没有形成利益共同体，政府主导行业企业参与、校企合作办学的职业教育发展体系不顺畅。

第二节 "河池模式"的形成过程

河池市职业教育中心学校于 2008 年 8 月整合成立，2009 年年底，被认定为自治区重点中职学校，2010 年被认定为自治区示范中职学校、国家重点中职学校，2011 年被认定为广西中职教育示范特色学校，2012年6月成为立项建设国家中职教育改革发展示范学校，2015年实现国家中职示范校目标。用4年时间实现跨越发展，厚德强技育英才，严细实新创特色，河池市职业教育中心学校成为广西中职教育发展的典范，这种模式成为政府主导下的校际联盟型中职教育集团化典型模式。"河池模式"正是这样一步一个脚印成长出来的。

抓住机遇谋腾飞，高效整合创奇迹。职业教育的根本宗旨就是培养经济和社会发展需要的实用型人才。职业教育供求不匹配的矛盾在经济欠发达的民族地区长期存在且比较突出，人民群众对优质职业教育资源需求不断增大与供给能力不足之间的矛盾更是日益突出。

面对现代社会转型所带来的挑战，加快职业教育发展已经成为教育事业发展的战略重点，立足于经济社会发展主战场，围绕河池发展定位、产业优化升级的需要，不断深化改革，补齐职业教育发展短板，成为河池职业教育发展的新机遇。

一、顺应时势，高效整合

（一）定位准确，全面整合

谋划教育大计，夯实千秋根基。为贯彻落实党的十七大对教育事业发展提出的新要求，推进全面建设小康社会奋斗目标的实现，2007年12月，广西壮族自治区党委、广西壮族自治区人民政府召开全区职业教育攻坚工作动员会，并出台《关于全面实施职业教育攻坚的决定》（以下简称《决定》）。《决定》阐述了全面实施职业教育攻坚的重要意义、指导思想和基本原则，提出了总体目标和主要任务，制定了全面实施职业教育攻坚的主要措施和优惠政策。《决定》的附件——《广西壮族自治区中等职业教育攻坚方案》提出，"各市必须集中力量在市区建设1个成规模的市级职业教育中心""市级人民政府负责本辖区职业教育攻坚工作的全面实施，整合优化职业教育和培训资源，合理调整学校布局""每市要重点建设职业教育中心和若干所骨干职业学校"。

河池市委、市政府坚决贯彻落实自治区党委、自治区政府的战略部署，2008年3月4日，河池市政府印发《关于成立河池市职业教育中心学校的决定》，决定"在河池民族中等专业学校的基础上，组建河池市职业教育中心学校"；同时，成立以市委书记蓝天立、市长谢志刚为组长的河池市职业教育攻坚工作领导小组，由市教育局牵头，具体负责组建工作。然而，几个月的推进工作没有取得进展，河池在全区职教攻坚中处于极为被动的状态。

察势者智，驭势者赢。河池市委、市政府重新审时度势，重新审视河池市职业学校的散、弱、小的困局，从推进职业教育又好又快发展的战略高度出发，做出"以大整合推动大发展"的战略决策，于2008年8月25日印发《关于成立河池市职业教育中心的决定》，决定整合河池机电工程学校、河池财经学校、河池民族中专、河池经贸学校，组建河池市职业教育中心学校（定为正处级单位），为了扭转工作被动状态、强力推进组建工作，河池市委、市政府委派年富力强的时任市委副秘书长、市委办副主任韦伟松担任学校党政一把手，强力推进四校的整合组建工作。

实施中等职业教育资源整合，是河池市委、市政府立足全市职业教育改革发展需求而做出的重大决策，也是河池职业教育攻坚的大手笔。整合组建河池市职业教育中心学校，意味着要投入巨资，数亿元资金投入，在河池经济建设项目上少有，在教育事业项目史上是第一次。这让不富裕的河池财政压力不小，时任市委书记蓝天立说："这钱值得花，必须花！"他认为，艰苦一点，多想点办法，钱会有的，因为职业教育直接关系到河池发展大计。时任市长谢志刚坚决执行市委决定，千方百计筹措资金支持项目建设，整合组建河池市职业教育中心学校，在河池教育发展史上写下了浓墨重彩的一笔。这一举措展示了河池市委、市政府主要领导的高瞻远瞩和战略魄力。河池市职业教育中心学校成立前各校基本情况见表2-1。

表2-1 河池市职业教育中心学校成立前各校基本情况

项目 校名	校园/ 亩	校舍/ m²	定编/ 个	在编/ 人	聘用/ 人	教师/ 人	专业教师/人	在校生/人	年招生/人	专业/个	设备/ 万元	备注
机电学校	46	18 335	90	74	20	60	47	1 987	800	14	740	省重
财经学校	35	24 600	80	74	48	64	28	1 152	400	11	370	合格
民族中专	37.5	19 698	65	54	17	49	31	1 050	500	10	346	合格
经贸学校	27.33	7 753	65	53	8	30	23	684	200	12	9	合格
合计	145.8	70 386	300	255	93	203	129	4 873	1 900	47	1 465	

为打造职业教育品牌，激发职业教育办学活力，增强职业教育吸引力，建设具有鲜明特色、有发展前景、充满活力的示范中职学校，河池市4所中职学校的整合采用实质性整合模式。

1. 统一领导，强力推进

河池市委、市政府在整合职教资源、合理布局谋发展上舍得下决心、出血本，为河池市职业教育中心学校组建强有力的领导班子。选派时任市委副秘书长韦伟松任校长，巴马民族师范学校校长何成相任党委副书记、纪委书记、副校长，河池民族中专学校校长黄汉业，河池市农机事业局党组成员、副局长、河池市机电工程学校校长张涛，河池财经学校校长韦汉勋，河池经贸学校校长卢普暾，任党委委员、副校长。在学校领导班子的带领下，从2008年秋季统一调配招生人员入手，逐步走向全校一盘棋。河池市职教中心组建工作领导小组办公室在市教育局挂牌办公，学校领导班子进驻办公，抽调5名脱产教师专职具体事务，2008年9月8日刻制并启用"河池市职业教育中心"公章，2008年10月13日，在机电校区举行河池市职业教育中心挂牌仪式，时任市长谢志刚，时任市委常委、常务副市长陈刚，时任市委常委、秘书长莫宏盛，时任市人大常委会副主任韦志鹏，时任市政协副主席骆宇敏等人出席。2009年5月，学校组建工作办公室迁到机电工程学校办公。2009年8月，实质性整合完成，学校组建工作办公室完成使命。

2. 统一制度

这4所学校原有的制度不尽相同，管理方式也不尽相同。学校领导班子认识到，整合组建也是制度、文化重新建构的过程，务必形成基本一致的价值取向、相互认同的文化理念和共同遵循的行为规范。四校整合而成的一所新学校，要想保持步调一致，政令畅通，就要有统一的管理制度。学校组建工作办公室成立后，抽调人员梳理各校规章制度，结合实际进行删改、修订、提炼、创新。经过多次讨论修改，最后汇编成册印发，组织学习讨论，让管理制度成为规范行为的指南，为推动学校的稳定融合提供制度保障。

3. 统一人事

学校领导班子上任后，各校原有的人事权逐步被收回。2008年9月，学校领导班子会议明确：整合过渡期，原则上不调入人员，各校教师调出需经过备案才能办理手续，新聘用要经过领导班子讨论批准。2009年8月，学校统一对人员合理调配和安置，各校人事权自然完全消失。

4. 统一专业

整合之时，4所学校都开设计算机专业，3所学校开设电子电器应用与维修、计算机网络专业，2所学校开设会计、文秘专业；学校整合时，2008年秋季学期正处于开学阶段，调整已来不及，到2009年春季新生入学统一调整，机电学校、财经学校构成学校本部，汽车维修专业、机电类专业、财经类专业及最后一届高中班放在校本部。电子类、计算机类专业放在民族中专校区。经贸校区离市区远，不再办班，高中班合并到本部，少量中专生按照专业归并，整合集聚专业时，设备跟着专业走，师资跟着设备走，将相同或相近的专业归并，整合成为交通运输类、机电技术类、财经商贸类、电子信息类等四个专业集群，为创建示范专业、示范实训基地打下基础。

5. 统一财务

2008年9月，学校领导班子会议明确，整合过渡期，各校财务管理正常运转，各校校长拥有有限财权，除工资外的正常开支，1 000元以内的开支由各校校长审批；1 000～5 000元的开支由常务副校长何成相审批；超过5 000元的开支由校长审批；各校不能产生新的债务，不能再借款发放福利报酬，不能用专项资金发放补助报酬。2009年秋，校区整合完成，学校财务收支完全集中统一。

2009年6月，召开中国共产党河池市职业教育中心第一次全体党员大会。大会提出2009年秋季完成实质性整合，一是要完成四校间的有效整合，实现教师、设施、设备等各种资源共享，打破校际的界限。二是优化和调整专业布局，实现教学资源的有效整合。三是实现人、财、物的统一管理，形成一个事业单位法人实体。由于整合工作目标明确，定位准确，市直各有关部门密切配合，齐心协力攻坚克难，工作扎实有效，整合组建工作忙而不乱，平稳高效，又好又快。2009年秋季开学，实质性整合完成，四所学校整合成为一个事业单位法人实体。

（二）科学决策，建新校区

现代化的基础设施，是办好职业教育的基础。2008年8月，河池市职业教育中心整合组建之初，四校的校园面积为145.8亩。河池财经学校的校园横跨街道过天桥。河池机电工程学校与财经学校隔墙相邻，两校占地面积为81亩，将两校围墙打通，作为学校本部。河池民族中专学校占地37.5亩，与本部相距1千米，作为分校区，位置偏僻。四校占地面积小，分散在不同区域，制约着学校基础设施建设能力。

学校领导做出最大的努力，促成新校区项目的规划与实施建设。新校区寄托着教职工的希望和梦想，是河池职业教育顺利发展的基础。为促成新校区立项，学校主要领导殚精竭虑，甚至到了走火入魔的境地，学校领导班子通过多种渠道向市委、市政府主要领导表达意见与建议，甚至不顾及领导休息时间，凌晨打电话向市委书记汇报情况、阐述意见，反映建设新校区的紧迫性和必要性。河池市委、市政府主要领导高度重视学校的建议，及时召集有关部门主要领导调研论证。2008年11月20日，时任市委书记蓝天立、市长谢志刚、副市长罗建文等领导实地察看并初步选定新校址，11月27日，市政府第27次常务会议决定在河池市城区选址建设新校区。随后，市委、市政府主要领导不仅亲自选址，还为筹集新校区建设资金而奔波，市级财政为 2 亿多元的银行贷款担保并承担还本付息。新校区征地前期工作得到市领导和各级部门的高度重视和大力支持，2009 年 4 月，市领导和各级部门完成征地前期工作。新校区的项目立项、土地报批、征地拆迁、资金筹集等工作交叉进行、超常规推进。2009 年 8 月 25 日，时任市委书记蓝天立亲临新校址，了解项目前期准备和征地拆迁进展情况。炎炎夏日，学校校长十几次踏进臭味浓烈的养猪场，动员养殖户搬迁，帮助养殖户解决搬迁遇到的困难，每当征地拆迁出现梗阻，校长不厌其烦地上门与群众说情说理说法，终于啃下征地拆迁进展中的一块块"硬骨头"。

2010 年 4 月 30 日，新校区建设开工仪式隆重举行，时任市长谢志刚宣布项目开工，市领导为项目奠基。新校区开工建设，是市委、市政府重视教育、关注民生、改善民生、保障民生的实际行动。这是河池市职业教育攻坚的新突破，具有里程碑意义。2013 年 5 月，新校区一期工程竣工并投入使用。学校办学条件全面升级，从根本上改善了学校的基本办学条件，对学校成功创建国家中等职业教育改革发展示范校具有十分重要的意义。良好的校园布局与绿化美化、宽阔的广场以及环境中蕴含的人文气息，是无声的育人载体，行走在校园里，望着崭新的楼房，闻着青草树木散发的清香，书香花香沁人心脾，校园人工湖清水荷花，润人心田，新校园成为河池城区亮丽风景线。新校区建设完成投入使用后，河池财经学校校区划拨给河池高中，河池机电工程学校校区划拨给金城江区二中，有力地促进了河池市城区教育事业的均衡发展。

职教中心学校的发展得到历届领导的重视与支持。职教中心新校区建设分为两期建设，第一期建设完成后，第二期建设得到时任市委黄世能书记和何辛幸市长的支持而顺利推进，市领导千方百计筹集 1.6 亿元建设田径运动场，投资 3 000 多万元建设一栋新实训大楼，使学校办学设施进一步完善，支持教职工建设 300 套集资建房，大大提升了教职工的幸福感。唐云舒市长到任后，协调 3 000 多万元，解决建设资金缺口问题。当下，河池市职业教育中心学校校园，已成为广西第一、全国闻名的中等职业学校校园。

二、奋发图强，跨越发展

河池市委、市政府领导一直高度重视学校的整合组建工作。在事关学校发展的关键时期，市委、市政府领导亲临学校调研指导，在事关学校发展的关键问题和难题上，得到了市委、市政府正确的领导和全力支持。在学校领导班子的坚强领导下，全体教职工团结拼搏，敬业奉献，克服了重重困难，学校实现了高效的整合，成为全区整合典范，奠定了跨越发展的基础。

（一）打好基础，规范建设

四所普通中专学校整合，不是简单的重复与组合。它是广西职业教育攻坚取得成功的典范、河池市职业教育集团化办学的典范。四校艰难的整合过程，实质上就是原来四所属于不同部门管理的中专学校，办学理念融合、思想融合、文化融合、组织机构融合、领导班子融合、教学资源融合的过程。六个融合为河池市职业教育中心学校后来的腾飞奠定了坚实的基础。

1. **政府统筹，建成集团化办学三大机制**

政府办的职业学校，理应由政府整体规划、统一协调、宏观管理、协同发展。四校融合，使它变成现实。一是构建政府统筹机制，政府把发展职业教育作为"一把手"工程，成立以主要领导为组长的发展职业学校工作协调领导小组，成员由政府及相关职能部门（如教育、人社、编办、财政等）、行业企业、职业学校等单位负责人组成，建立政府推进、行业指导、企业参与的合作办学、共同育人长效机制，学校办学得到政策法规、资金、人力、物力等方面的有力保障。二是建立校企合作共同体，由政府统筹，职业学校牵头成立河池市校企合作理事会，构建政府主导的校企合作长效机制，以解决职业学校发展及校企合作过程中出现的突出问题，为学校科学发展开辟新路径。三是构建质量提升机制，学校加强内涵建设，从师资队伍、教学科研、专业建设、德育工作、信息化建设、社会服务等多个维度驱动发展，提升人才培养质量，教育教学质量得到保证，成为学校晋升自治区重点、国家级重点和国家改革发展示范校、自治区五星级学校的内核。

2. 锤炼了学校领导班子

实质性整合具有艰巨性、系统性、复杂性的特点，工作效果如何，其根本在于领导班子。学校领导班子坚强有力，开拓进取，勇于担当，团结协作，互相补台，班子成员思想认识统一，有较强的组织协调能力，善于调动全体教职工的工作积极性，不断克服前进道路上的种种困难，不断开创工作新局面。学校领导班子的思想过硬、素质过硬、能力过硬、作风过硬，这是学校实现跨越发展的组织基础。

3. 锻造了教职工队伍

学校多措并举，一是盘活存量，通过思想政治工作把现有教职工的积极性调动起来。二是增加请进来走出去培训，教职工外出考察学习提升。三是引进能工巧匠做兼职教师。四是把参加全区全国技能大赛获奖学生留下作为实训教师。学校通过多种途径解决教师队伍不足不优问题，经过这些年的不懈努力，打造了一支全区一流的教师队伍。整合的过程，是爬坡迈坎、负重前行的过程，凝练出"团结协作、敬业奉献、艰苦奋斗、开拓进取、争创一流"的学校精神。从此，学校精神不断深入人心并得以弘扬，提振了教职工的信心和士气，教职工精神面貌得到极大提升，锻造出特别能吃苦、特别能战斗、特别能奉献的工作团队，教职工顾全大局，团结协作，迎难而上，任劳任怨，扎实工作，无私奉献，保持昂扬向上的精神风貌，为学校实现跨越发展奠定了良好的思想基础。

（二）标准引领，创建品牌

1. 增强办学实力，实现跨越发展

河池市职业教育中心学校从整合组建开始，就把建设广西一流、全国先进的品牌学校列为办学目标，并把办学目标细化落实为近期、中期与长远目标，让目标落地生根，接地气；朝着目标一步一个脚印去努力、去拼搏、去奋斗。整合后，河池市职业教育中心学校得到国家、自治区和市级财政的大力扶持，组成奋发图强的领导班子和团结协作、艰苦奋斗的教职工队伍，学校的办学整体实力得到增强，办学内涵大幅提升，短短几年内，学校得到跨越式发展。2009年河池市职业教育中心学校被认定为自治区重点中职学校；2010年被认定为自治区示范中职学校、国家重点中职学校；2011年成为广西中职教育示范特色学校；2012年6月成为立项建设国家中职教育改革发展示范学校；2015年11月，验收通过成为国家中职教育改革发展示范学校，成为学校办学规范化、信息化和现代化水平的示范，学校改革创新的示范，提高质量的示范与办学特色的示范。2018年，广西首批"星级"学校名单公布，全区8所学校被认定为最具实力的"五星级"中职学校，河池市职业教育中心学校以总分排名第四的优异成绩被授予"五星级"学校称号，成为广西办学实力最强的中职学校之一。

2. 建章立制抓落实，完善机制固成果

河池市职业教育中心学校在短短几年内取得令广西职教同行意想不到的成果，创造了职业教育办学的奇迹。学校领导班子意识到，巩固学校的办学成果，制度建设是关键中的关键。从2014年开始，用两年时间建设"制度落实年"。河池职教人是这么做的：总结成功经验、查找学校短板、完善制度再出发。对原有的规章制度进行修订和完善，对缺少的制度进行完善创新。用制度管人，实行责任倒查追究制度，谁主管谁负责，探索"一线工作法"，成立"马上办"工作办公室，强化执行力。固化学校建设的系列成果，与时俱进，改革创新。

第三节 "河池模式"的基本内容

一、"河池模式"的基本内涵

（一）职业教育中国模式

学者们从多种视角概括中国模式，对其有不同的解读。潘维明将中国模式分解为三个模式：独特的社会模式、独特的政治模式和独特的经济模式，分别称为社稷体制、民本政治和国民经济，三位一体共同构成中国模式。党的十七大报告对理解中国模式的性质提供正确的导向："中国特色社会主义道路之所以完全正确、之所以能够引领中国发展进步，关键在于我们既坚持科学社会主义的基本原则，又根据中国实际和时代特征赋予其鲜明的中国特色。在当代中国，坚持中国特色社会主义道路，就是真正坚持社会主义。"[17] 党的十八大以来，习近平致力于打造中国模式，突出七大特点：一是政治的民主化；二是经济的市场化；三是文化的中国化；四是治理的法治化；五是社会的自治化；六是环境的生态化；七是政党的廉洁化。党的十九大，习近平新时代中国特色社会主义思想对中国模式从历史方位、鲜明主题、奋斗目标、发展方式、总体布局、战略布局、发展动力、发展保障、安全保障、外部环境、政治保证、治国理政的世界观和方法论、价值观等方面进行科学界定。总的来说，中国模式的本质，就是中国共产党领导中国人民用马克思主义基本原理解决中国社会发展所面临的具体问题的总结，是马克思主义中国化在实践中的产物。进入21世纪，在党和政府的正确领导下，我国职业教育发展取得前所未有的成就，为"两个一百年"国家战略提供有效的人才支撑。各个职业学校坚持"以服务为宗旨，以就业为导向，以能力为本位"的办学思想，探索"工学结合、校企合作、顶岗实习"的人才培养模式，涌现出山东省平度市的"双元制"模式、天津市的"天津模式"、广东省深圳市的"宝安模式"、顺德的"双零模式"、惠州的"四环模式"等典型的职业教育模式。

（二）职业教育国外典型教育模式

李春生主编的《中国小学教学百科全书·教育卷》一书中阐述了教育模式的意义有三：一是反映某个国家教育制度上特点的模式；二是教育在一定社会条件下形成的具体式样；三是某种教育和教学过程的模式，反映活动过程的程序和方法。

1. 英国的 BTEC 模式

BTEC 模式是指以"人格本位"来充实和完善"能力本位"以及在此基础上形成的全新

能力标准、课程模式、教学方式、评价体制。实行"三明治"合作教学计划,学生先在企业工作1年,再回学校完成2～3年课程,最后到企业工作实践1年。

2. 德国的"双元制"和"现代学徒制"

"双元制"是指学生一方面在企业接受职业技能训练,一方面在职业学校学习专业理论及普通教育课程,是一种以能力为本位的课程模式,具体体现在课程结构的基础性、课程内容的实用性、课程编排的综合性、课程实施的双元性、课程比例的实践性、课程管理的开放性、课程评价的实效性等方面。20世纪80年代,德国在汲取"传统学徒制"的优点,在融合现代学校职业教育优势的基础上,建立了"现代学徒制"。德国的"双元制"被认为是"现代学徒制"的典范。"现代学徒制"下,学生与学徒一体、教师与师傅一体、教学与生产一体、学业与产品一体。

3. 日本的单元式——企业模式

20世纪80年代,日本职业技能培训采用单元作业方式进行个别训练,简称"单元式法"。20世纪90年代后,日本采用企业职业教育模式,分职前和职后教育。日本不设立职业学校,企业技术人员都是职业高中、专业高中(技术高中)甚至综合高中的毕业生再通过考试,从企业选拔进入学校培养,历经多年改进、改良后形成现在的职业教育模式——"企业模式"。

4. 澳大利亚的TAFE模式

TAFE模式课程设置和教学方式灵活多样。根据学习对象的需要,选择灵活的学习内容、学习方法和手段,课程面向不同年龄、不同行业社会群体,分别在课堂、工作现场、模拟工作场所、网络等诸多地点开展学习社会和行业改革所需要的各种知识和技能。TAFE课程考核方式多样,评价体系注重的不是结果,而是实践能力的过程考核。

5. 美国的CBE模式

CBE模式是以能力为基础教育的"宽专多能型"模式。重视学生以后的发展,让学生能够适应更多的职业,学习的基础知识打破以往传统的公共课、基础课为主导的教学模式,强调职业技术的针对性和实用性,保证职业能力培养目标的顺利实现。

广西河池市职业教育中心学校在河池市委、市政府的直接领导下,克难攻坚、奋发图强,坚持正确的社会主义办学方向,按照职业教育发展规律,在学习国内外职业教育成功经验的基础上,站在时代巨人的肩膀上,立足于河池"五区",坚持职业教育的文化自信,以培养高素质职业公民为目标,以政校行企合作为基础,以"立德、立行、立技、立业"为培养目标,以工学结合"五级递进"模式为核心的职业教育模式。它反映和体现的是以河池市职业教育中心学校为代表的河池中等职业教育取得成功的事迹和经验,故而称之为中国职业教育的"河池模式"。

(三)河池模式

"河池模式"是以"河池"这个全国闻名的革命老区命名的职业教育模式,具有丰富的内涵。从不同的角度审视"河池模式",呈现出不同的侧面,同时也呈现出相应的层次性与立体性。

1. 层次性

从整体上看,"河池模式"分为目标层、核心层、支撑层、环境层四个层级。

目标层:培养"品德高尚、行为规范、技术过硬、身心健康"的高素质职业公民。

核心层：在培养目标引导下，构建、实施"立德、立行、立技、立业"人才培养模式。

支撑层：为了构建、实施"四立"人才模式而建立的政校行企合作办学模式、校部二级管理模式、工学结合的课程模式、行动导向的教学模式、鲜明河池特色的德育模式、职教特色的校园文化模式、河池职业教育集团、多元化的考评模式、"四师"型教师队伍建设模式、人性化的管理制度等。这10个因素为实施"四立"模式的组织、体制、课程、师资、教学、德育、评价、制度等提供强大的支撑，确保"四立"模式的顺利构建、实施。

环境层：包括政治环境、经济环境、社会环境与文化环境，正是河池市党委、政府的政策、人、物、财力的大力支持，河池经济社会发展对人才的需求，河池革命老区、民族地区和河池市职业教育中心学校极富创造力的文化特色、社会各界和家长对职业教育的大力支持，为"河池模式"的形成和发展奠定了基础、提供了前提条件。"河池模式"结构图如图2-1所示。

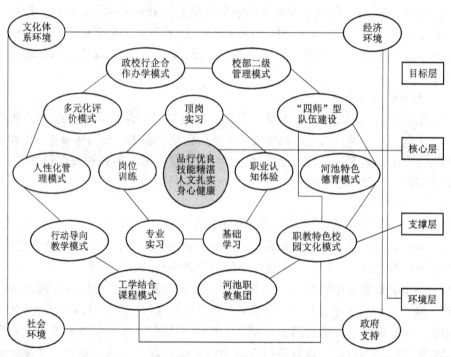

图2-1 "河池模式"结构图

2. 立体性

(1) "河池模式"是以革命老区、少数民族地区"河池"命名的职业教育模式。

"河池模式"产生于全国闻名的革命老区、少数民族地区、大石山区、贫困地区、水库移民区。它不同于普通的其他的教育模式。它有明确的培养目标——培养"品德高尚、行为规范、技术过硬、身心健康"的职业公民，突出了"河池模式"的职业性和实践性。"河池模式"形成于桂西北地区，以河池市职业教育中心学校为主体的职业学校，在广西壮族自治区党委、政府和河池市党委、政府、广西区教育厅、河池市教育局的直接领导和大力支持下，通过长期实践探索创建的一种职业教育模式，并不影响其在中国西部地区、革命老区、贫困地区和少数民族地区推广的价值。

（2）"河池模式"是一种职业教育人才培养模式。

河池市职业教育中心学校为实现培养"品德高尚、行为规范、技能过硬、身心健康"高素质职业公民的目标，根据学生职业能力与素养形成的规律，通过政校行企合作，安排学生在学校、校办企业、企业三个学习地点，依次进行入行、懂行、内行三个阶段的学习和实践，完成职业认知与体验、基础学习、专业实习、岗位训练、顶岗实习五个层次的学习任务，形成工学结合"五级递进"人才培养模式。为了实施这个模式，学校的办学模式、管理模式、德育模式、课程体系、教学模式、师资队伍建设、校园文化模式等都做出了相应的改革与创新。工学结合"五级递进"人才培养模式是"河池模式"的核心，其本质是一种人才培养模式。

（3）"河池模式"是一种政府主导合作办学模式。

在工学结合"五级递进"模式中，专业实习和顶岗实习两个阶段是在企业实践中完成的，政校行企合作是"五级递进"模式实施体制基础。2012年12月，河池市印发《中共河池市委办公室、河池市人民政府办公室关于成立河池市落实校企合作协调工作领导小组的通知》（河办发〔2012〕229号），成立由市长任组长，市教育局、市扶贫办、市发改委、市工信委等政府部门及各中高职院校参与的"河池市落实校企合作协调工作领导小组"，负责协调各行业、各部门支持职业教育发展。在各级政府部门的协调和职业院校的共同努力下，河池市组织成立了"河池市校企合作理事会"，以支持和指导职业院校校企合作工作的开展，协调解决全市职业教育发展遇到的突出问题，为校企合作的深入发展提供了政策保障，形成了真正意义上的校企合作利益共同体。政府、学校、行业、企业四方在发展河池职业教育校企合作上的共同努力，为"河池模式"的形成和发展奠定了很好的基础。因此，"河池模式"也是一种职业教育"官产学"合作办学模式。

（4）"河池模式"是一种职业学校运作管理模式。

"河池模式"是在河池市党委、政府大力支持下，以河池市职业教育中心学校为主体的河池市职业学校创建的一种职业教育模式，一开始就打下职业学校运作管理模式的烙印。河池市职业教育中心学校坚持"为学生幸福铺路"的办学理念，以培养"身心健康、素质良好、技能精湛"的高素质公民为指引，建立工学结合"五级递进"人才培养模式。以工学结合"五级递进"模式为核心，创新了政校行企合作的办学模式、校部二级管理模式、工学结合的课程模式、鲜明河池特色的德育模式、职业教育特色的校园文化模式、行动导向的教学模式、多元化的考评模式等，在此基础上建立完善人性化的管理制度，描绘了一幅国家重点中职学校、国家中职改革发展示范学校——现代职业学校的运作管理蓝图。

（5）"河池模式"是一种职业教育集团化办学模式。

"河池模式"形成在有优良革命传统的革命老区河池市，河池市党委、政府对河池的职业教育高度重视、提档进位。2017年6月20日，河池市职业教育集团在河池市职业教育中心学校成立，市委书记何辛幸出席成立大会，为教育集团亲手揭牌。河池市职业教育集团是市党委、政府发展职业教育的又一个重要举措。河池市职业教育集团，以广西现代职业技术学院、河池市职业教育中心学校为龙头，进一步整合职教优质资源，搭建政校行企合作办学平台，提升职业教育服务河池经济社会发展能力。河池市党委、政府要求，河池职业教育集团要认真贯彻落实党中央、自治区和市党委、政府的各项决策部署，坚持立足河池、服务广西、辐射西部、面向全国的区域定位，错位发展、跨界合作、多元共建，加强政校、校企、校校合作，提升层次，丰富内涵，实现全方位、宽口径、深领域的合作，努力走出一条欠发达后发展地区职业教育改革发展之路。河池市职业教育中心学校是国家中职示范校，以广西中职办学实力前四强的优质办学资源，带动、引领和辐射河池的职业教育科学、快速地发展。从这个意义上讲，"河池模式"又是一个职业教育集团化的办学模式。

（6）"河池模式"是一种与环境互动发展的职业教育模式。

职业教育发展是诸多因素协调一致、错位发展、共建共赢的结果。职业院校作为职业教育的供给侧，企业、行业对职业教育的需求，体现了区域经济和社会发展对职业教育的推动力量。政府部门是发展职业教育的重要主体，一方面要主导职业教育与培训的重要发展过程；另一方面，要协调企业、行业与职业院校之间的各种关系。"河池模式"把政治、经济、社会、文化、职业院校、科研等各种力量集合在一起，多种力量在互动中相辅相成、共同推动职业教育的可持续发展，构建出一种职业教育与环境互动发展的模式。

二、"河池模式"的基本内容

"河池模式"包括目标层、核心层、支撑层、环境层四个层次。

（一）目标层

紧扣韦拔群精神和河池精神确立河池模式的目标层。经考证，在中国共产党百年奋斗历史中，中国早期农民运动三大领袖是毛泽东、彭湃、韦拔群。河池是韦拔群的故乡。韦拔群在为中国革命奋斗过程中形成了经受考验的"拔群精神"：坚定信念、追求真理、心系群众、忧国忧民、艰苦奋斗、百折不挠、无私奉献、把握全局。2015年5月，河池市党委、政府根据党中央国务院和自治区党委政府的路线方针政策，结合河池实际，把"逢山开路，遇水搭桥"作为河池精神的表述语。这既是对河池现实条件的反映，也是对河池420万各族人民奋斗精神的概括，更是对河池进一步解放思想、转变观念、开拓创新、科学发展的一种希冀。作为民族地区职业教育发展的重要载体，"河池模式"应该秉承和发扬"拔群精神"与河池精神。"河池模式"以培养"身心健康、素质良好、技能精湛"的高素质职业公民为目标。学生通过"立德、立行、立技、立业"，把自己培养成为"品德高尚、行为规范、技术过硬、身心健康"的社会人、职业人，成为一个有良心、信心和责任心的公民。学校突出培养学生的职业能力和职业人文素养，使学生能将职业能力和职业素养运用到企业具体的工作实践中，学生既要有职业适应能力，又要有梦想，有参与设计和创造美好未来的技术和能力，人人都要争取人生"出彩"，学校要为学生将来人生出彩搭建平台和奠定基础。

"职业"目标：突出职业学校培育学生的职业能力和工匠精神。重点培养学生的职业能力、职业素养、行业职业的伦理规范和工匠精神，使其具备职业素养，能将职业能力和职业素养运用于企业具体的工作实践中，成为有卓越创造精神、精益求精精神和用户至上服务精神的职业人才。

"公民"目标：培养学生成为合格的社会人，能以对个人、学校、家庭、企业、社会和国家负责的态度参与社会活动，成为遵纪守法的社会公民。

"高素质"目标：成为品德高尚、行为规范、技术精湛、身心健康的合格人才，要有梦想，具有为实现梦想必备的德行技业素质和创新精神。总的来说，要让学生立德：做最美好的自己；立行：做最规范的自己；立技：做最强大的自己；立业：做最幸福的自己。

（二）核心层

创新办学模式，建立与河池经济社会发展相适应的职业教育办学体制和运行机制，这是民族地区职业教育人才培养和办学质量提高的关键环节。河池市职业教育中心学校和广西现代职业技术学院积极探索"政、校、行、企一体化"的办学模式，体现了民族地区职业教育的本质特征和发展规律。河池是全国经济社会发展滞后的连片深度贫困地区，职业教育发展底子薄、基础差。选择由政府主导统筹，选择"政、校、行、企一体化"办学路径，符合民族地区经济社会发展和职业教育走出困境的规律。所谓"政、校、行、企一体化"的办学模式，就是将政府、学校、行业、企业四个层面的积极性共同调动起来，在政府主导协调下，建立职业院校与企业行业一一对应的产教合作机制。它是"校企合作、工学结合"的升级、优化，突出行业、企业与职业要素，实施全面、持久、有深度的校企合作，并为工学结合奠定扎实基础。基于"政、校、行、企一体化"办学模式，学生在校学习三年，分为职业认知与体验、基础学习、专业知识与核心能力学习、岗位训练、顶岗实习五个学习阶段，因此称为"五层推进"。这是河池模式的核心层。在"五层推进"模式中，职业认知与体验、基础学习、专业知识与核心能力学习三个阶段在学校及教学工厂完成，岗位训练与顶岗实习在联合办学企业完成。强化学生的学习与工作相结合，学生在企业实习获得薪金，有机会熟悉职业岗位，掌握技能，接触企业文化，培养职业素养，健全学生职业人格，一举三得。

（三）支撑层

河池市地处广西西北部、云贵高原南麓，相对桂中、桂东、桂南、桂北地区而言，地理位置独特，自然环境较差，生产条件、交通条件等较为落后，经济、社会、文化、科技等发展明显滞后。河池市职业教育中心学校能够在这样的土壤环境中生根、发芽、茁壮成长，成为广西一流、全国先进的中职学校，有其深层次的支撑因素。

1. 文化自信、河池特质的德育模式

河池是全国闻名的革命老区，革命文化历史悠久；地处桂西北边陲的河池地区，境内聚居着壮、汉、瑶、仫佬、毛南、苗、侗、水8个世居民族，少数民族人口有317.71万人，占总人口的83.67%，是广西壮族自治区少数民族聚居最多的地区之一。长期以来，各族人民的祖先就劳动、生息、繁衍在河池这块广袤的土地上，以自己的智慧和劳动共同开发桂西北这块富饶美丽的宝地，创造了悠久的历史和灿烂的文化。红色革命文化和民族传统文化成为河池职业教育文化育人的一大亮点。学校立足河池，根据河池地方特质、职业教育特点和专业特点，在广西中职学校率先推行"三全育人"的大德育机制，构建"三心""四爱""五育人"德育模式。让中职德育"贴近实际、贴近生活、贴近学生"的原则在民族地区职业教育接地气、落地生根。

2. "校中厂""厂中校"校企合作办学模式

政府是职业教育发展的主导力量。职业教育发展缓慢，严重地束缚着经济社会的发展。河池的经济结构转型升级离不开职业教育提供的人才支撑。反过来说，职业教育要有大发展，同样离不开政府的重大决策和主导。顺应广西职业教育攻坚大局，河池市政府成立以市长为组长的"校企合作协调领导小组"，成员由相关职能部门、教育行政部门、行业企业、职业院校等单位负责人组成，建成政府有效统筹、职业教育产教融合、校企合作的体制机制。学校重点抓好校企合作、引企入校工程，实施"校中厂""厂中学"工学一体人才培养

方法，以"理实一体模块化教学"课程建设为一体，以"校中厂"和企业冠名班为两翼，构建"一体两翼"的人才培养模式。

3."校部二级"管理模式

顺应职业教育发展专业化、社会化、市场化需要，河池市职业教育中心学校借鉴企业内部管理方法，打破传统职业型管理体系，推行"校部二级"管理模式，为学校实施"五层推进"人才培养模式奠定了组织基础。从2013年开始，学校成立"交通运输教学部""机电技术教学部""财经商务教学部""电子信息教学部""民族文化艺术教学部"五个专业教学部，同时设立行政办公室、督查处、学生管理处、教务处、总务处、财务处、招生处、就业处、培训处等职能部门。五个教学部集中精力抓专业建设和教学、学生管理工作，各职能部门为五个教学部提供全方位的服务。"校部二级"管理是对中职学校一直以来管理模式的改革和创新，走在广西中职学校的前列。提高管理效率，调动各教学部和教职工参与学校管理的积极性、主动性和创新性，为学校实施"校企合作、工学结合"人才培养模式提供坚实的组织保障。

4."理实一体化""工学结合"的课程模式

传统的教学模式，以教为中心，以结果为中心，已经不能满足现代教育改革的需求。在新一轮职业教育改革提出的"理实一体化"基本理念指导下，实施以学为中心的"理实一体化"教学模式是有效推进职业教育课程改革的重要途径。河池市职业教育中心学校学习德国"双元制"的做法，使"理实一体"与"工学结合"互融互通，专业理论和实践教学融于一体，以学生为主体，教师为主导，全程构建素质和技能培养框架，做到知与行的统一。按"理实一体化"的原则，突出"核心能力+岗位能力"，以汽车运用与维修专业为例，将其教学课程分为"通识与公共基础课程模块""专业基础与核心课程模块""岗位技能课程模块"和"现代汽车新技术能力拓展模块"，结合"理实一体化"教室，按模块循环组织教育教学活动，创新教学模式，提高教育教学质量。按"能力核心、系统培养、岗位需求"的指导思想，专业课的理论与实践教学有机结合，实行教学一体化、教材一体化、教学场地一体化、教师一体化。理论教学与实践教学融为一体，二者在同一时空进行，实验室即课堂，课堂即实验室，理中有实，实中有理。根据学校现有的教学设备，通过整合汽车运用与维修专业的教学内容，形成四个教学课程模块，四轮驱动，按四级进阶模式培养专业人才。

5."行动导向""现代学徒制"的人才培养模式

行动导向型教学法，源起于德国，是1999年德国文教部长联席会议制订《框架教学计划》所决定的一种新型的职业培训教学课程体系和先进的职业技术培训教学法。

行动导向型，又有实践导向型、行动引导型、活动导向型、行为导向型等说法，代表当今世界上一种先进的职业教育理念，是世界职业教育教学论中出现的一种新思潮。这种教学对于培养人的全面素质和综合能力起十分重要和有效的作用，因此，日益被世界各国职业教育界与劳动界的专家所推崇。行动导向教学法是对传统教育理念的根本变革，其目标是培养学生的关键能力，让学生在学习活动过程中培养兴趣，进而积极主动地参与学习活动，学会学习，要求学生在学习中脑、心、手并用，使其学习效果倍增。

河池市职业教育中心学校是第二批国家中职示范立项建设学校。从2011年开始，汽车运用与维修专业、电子技术应用专业、会计专业、机电设备安装与维修专业等四个专业被列入国家中职示范校重点建设项目，行动导向教学法、理实一体模块化教学改革和现代学徒人才培养模式，覆盖了学校大部分专业。在工学结合、现代学徒制统领下，学校通过信息化教学设计、教学能力比赛、单元教学设计比赛、实训课教学设计比赛、公开示范课和学生基于工作过程的技能比赛活动，全面推行行动导向教学模式的实施。实施行动导向教学模式，教师的教学科研能力和学生的专业能力、社会能力和方法能力都得到相应的大幅提升。

（四）环境层

环境层包括"河池模式"能够形成和发展的政治、经济、社会、文化等方面的因素。这里主要介绍政治、文化因素。

1. 政府主导，强大的政策、法规、人、物、财力支撑

河池市党委、政府对职业教育的发展一直保持高站位、高设计、强发展、抓落实的姿态。2008年8月，整合成立河池市职业教育中心学校。时任市委书记蓝天立、市长谢志刚经常深入学校，帮助解决学校在发展中遇到的难点、痛点和堵点，政府投资5亿元、划地500亩建设学校新校区。现任市委书记何辛幸、市长唐云舒一直都在关心学校的建设和发展。由政府统筹，对河池的职业教育发展做出系统规划。2012年12月，市委、市政府印发《中共河池市委办公室、河池市人民政府办公室关于成立河池市落实校企合作协调工作领导小组的通知》（河办发〔2012〕229号），成立由时任市长何辛幸为组长的"河池市落实校企合作工作协调领导小组"，成员由市人力资源社会保障局、市教育局、市工业和信息化局、市商务局、市财政局、市扶贫办、市总工会、市就业局等部门主要负责人组成，办公室设在河池市职业教育中心学校，由时任市委副秘书长、市职业教育中心学校校长、广西现代职业技术学院党委书记韦伟松任办公室主任，市职业教育中心学校党委副书记、常务副校长何成相任副主任，负责日常事务。政府对学校的办学理念、办学行为、校企合作等进行宏观指导，利用广东东莞市对口帮扶河池的有利条件，建立"引企入校"服务体系，为学校引进资金，建设"校中厂"，为学校疏通就业创业渠道。河池市政府对职业教育发展的政策法规资金运作，直接催生了职业教育"河池模式"的形成，创新了我国职业教育领域"官产学"合作办学模式。

2. 民族文化价值观体系的支撑

"河池模式"形成在河池，发展在河池。"河池模式"形成和发展的背景蕴藏着深厚的河池民族文化、河池革命红色文化、企业文化和校园文化。文化价值观体系对河池市职业教育中心学校的发展，起着奠定底蕴基础、凝聚人心、明确方向、内生动力、促进师生行为内化等作用（下一章节做具体论述）。

第三章 以"德行技业"为内核的校园文化

气势磅礴的云贵高原南麓，奔流不息的红水河畔，屹立着一座历史悠久的文化名城——广西河池市，河池市职业教育中心学校就根植在这块美丽富饶、山清水秀、人杰地灵、文墨飘香的红色土地上。独特的山魂水韵，丰富多彩的民族文化，凝结着革命烈士鲜血的红色文化，形成"河池模式"独特的文化蕴含，企业文化与校园文化融合形成"立德、立行、立技、立业"的文化体系，"山水人技互融共生，德行技业智信通达"，构成了"河池模式"的核心价值观。

第一节 职业教育品牌探寻与品牌理念提升

一、校园文化构思与形成过程

（一）校园文化概述

校园文化是以师生为主体，以校内外活动为载体，以校园为主要空间，并涵盖学校领导、教职工，以育人为主要导向，以精神文化、环境文化、行为文化和制度文化建设等为主要内容，以校园精神为主要特征的一种群体文化。校园文化体现为价值观念、精神支柱、学校传统、行为准则、道德规范和生活观念的总和，其内核是师生员工共同的价值观念。它是时代精神在学校的反映，是办学理念、办学指导思想在长期的教育教学管理过程中形成的集体意识，对师生的思想观念、道德品质、心理人格、生活方式、行为习惯等方面产生直接或间接的影响。优秀的校园文化是一所学校历史和文化的积淀。它的形成，包含学校的物质文化、精神文化、行为文化和制度文化在学校的每个地方、每个人身上的自然体现，它的建设是一项系统工程。

1. 物质文化建设是基础

物质文化建设是校园文化的基础，具有外显性和感观性，是校园文化的载体。从校园布局规划、建筑外观，到一室、一梯、一厕的净化、香化，都是物质文化内涵的具体表象。建设好的物质文化环境，关键在于落实好的管理措施，提高管理水平。河池市政府投入5亿元，划地300亩，为河池市职业教育中心学校建设新校区，建成目前广西中职排名第一的新校园，为校园文化建设奠定了坚实的基础。

2. 精神文化建设是核心

精神文化建设是校园文化的核心。它是隐性的、深层次的、无形的和抽象的。精神文化建设包括师德建设、师生公德意识建设，以及学校人文环境建设等几个方面。一是教师的师德建设是学校精神文化的灵魂。学校的人员结构特点，决定了教师的师德是学校文化建设的主体，是灵魂，是向社会传播优秀文化的播种机。教师的行为、道德是否与社会公德相符合或高于社会公德的要求，教师的教学与服务是否以学生为本，教师的文化知识结构是否具有先进性，由此形成的个人魅力是否能对学生产生良好的影响，等等，成为影响一代代学生的行为及价值取向的最根本因素。二是师生公德意识是学校精神文化的表象。学校精神文化建设的效果，可以从师生员工的个体行为体现出来。大到面对困难时的舍生取义、无私奉献，小到日常的一个动作、一个承诺、一句口头语、一次宽容等，都可以体现出人的公德意识。公德意识是精神文化建设的结果在人身上的具体体现，是个人在长期的道德约束和制度约束下，逐渐积累并最终形成的自然良好的行业习惯和与民族文化相一致的社会公德意识。三是学校人文环境是精神文化建设的保障，包括学校的领导作风、民主意识、紧张或活泼的校园氛围和师生的价值取向、精神风貌、心理状态及人际关系等方面。

3. 制度文化建设是保障

制度文化建设是由学校的法律形态和组织管理形态构成的显性文化，通过它可以把学校的物质文化和精神文化有机地结合成一个整体。"没有规矩，不成方圆"，严谨规范、实用有效的规章制度，合理的组织管理机制，合格的管理人员是保证物质文化、精神文化建设顺利实施的关键。

4. 高尚的行为文化是目的

校园文化的内涵和效果通过学校里每个人的个体行为得以体现。校园文化是否具备高尚的内涵，只能从学校里每个人在各种场合的行为是否高尚来辨别。使学校里每个人都具有符合社会主义的道德标准和强烈的爱国情趣，以及高尚文明、规范包容的言行习惯，是优秀校园文化建设的最终目的。

（二）"河池模式"校园文化构建思路

1. 职教化

构建校园文化要具有职教特色。河池市职业教育中心学校的校园物质文化、精神文化、行为文化和制度文化建设等，都紧紧围绕"为学生幸福铺路"的办学理念和"立德、立行、立技、立业"的文化内核，进行全面、系统、科学、规范的设计、谋划、构建、实施。职教特色化，河池市职业教育中心学校的校园文化建设是"为学生幸福铺路"理念和"德行技业"文化内核的反映、折射和物化。

2. 品牌化

构建校园文化要立足塑造广西一流、全国领先、特色鲜明的国家示范中职学校的目标。河池市职业教育中心学校从整合成立开始，就以建设职业教育品牌学校为立足点和出发点。"高起点、高标准、高质量、跨越式发展"的指导思想融入校园的物质文化、精神文化、行为文化和制度文化建设的各个环节。

3. 特色化

构建校园文化要充分挖掘河池丰富的红色资源优势和民族传统文化特色。河池是中国早期农民运动领袖韦拔群的故乡,"对党忠诚、一心为民、追求真理、百折不挠、顾全大局、无私奉献"的拔群精神,"逢山开路、遇水搭桥"的河池精神,是河池这片浸透着革命先烈的生命和鲜血的红色土地所具有的独特优质风貌。河池丰富多彩的少数民族传统文化是中华优秀传统文化的瑰宝。红色文化和民族文化是河池市职业教育中心学校校园文化建设的两大特色和亮点。

4. 系统化

构建校园文化要全面整合并系统设计办学定位、品牌理念、治校理念、培养目标、校训、"三风建设"、物质文化、精神文化、行为文化、制度文化、德育文化、环境文化、班级文化、专业文化、企业文化、社团文化、法治文化、实践活动文化、创新创业文化等。

5. 人本化

秉承"以生为本,为学生幸福铺路"的办学理念,坚定"三个一"思想:"一切为了学生、为了一切学生、为了学生的一切"。坚持以人为本、环境育人、环境影响人原则,使校园文化服务师生的学习、工作和生活需求,融入学生学习、生活的各个关键点。

6. 实效化

根据"龙脉理论体系"设计构思,层次由浅入深、环环相扣,使学校品牌打造、特色特质德育建设与校园文化建设达到"一脉相承、一线到底、一气呵成、一体浑然"的效果。

(三)品牌探寻

按照"找准定位、找出主线、找好元素"的基调,探寻校园文化的品牌。

1. 国家职业教育发展战略

《国家中长期教育改革和发展规划纲要(2010—2020年)》提出,要大力发展职业教育,培养高素质劳动者。2013年4月,习近平总书记在与全国劳模代表座谈时强调,劳动最光荣、劳动最崇高、劳动最伟大。《国务院关于加快发展现代职业教育的决定》(国发〔2014〕19号)中提出,职业教育要坚持产教融合、特色办学的基本原则。党中央和习近平总书记向全国人民发出"全社会要尊重劳动、尊重知识、尊重人才、尊重创造,当代工人不仅要有力量,还要有智慧、有技术、能发明、会创新,以实际行动奏响时代主旋律"的号召。这些为学校的建设、发展指明了目标和方向。

2. 河池市委、市政府整合成立与建设发展定位

以河池市经济社会发展和产业转型升级人才需求精准定位。《河池市国民经济和社会发展"十二五"规划纲要》提出:"加快建设有色金属加工基地、清洁能源(水电)基地和农用汽车生产基地,大力实施以'百亿产业工程、亿元企业工程'为重点的产业振兴计划,促进特色优势产业集聚发展。""大力发展职业教育,统筹河池市职业教育资源,集中办好河池市职业教育中心学校。"同时指出,中等职业教育要依托河池市的主要产业,主动适应河池市产业升级和经济结构调整,职业教育办学要与河池经济社会发展对技能人才的需求紧密衔接;要坚持"立足河池,服务区域经济社会发展,以加快河池革命老区人民脱贫致富为己任"的办学方向。学校整合成立之初,市党委、政府就明确提出需建设全区一流、全国领先的中职品牌学校。

3. 河池文化底蕴深厚，民族特色浓郁

以河池革命老区红色资源和少数民族文化传统为底蕴。学校地处山清水秀、人杰地灵的河池，素有中国有色金属之乡、中国水电之乡、世界长寿之乡、世界铜鼓之乡、歌仙刘三姐故乡、红七军和韦拔群故乡之称。河池有壮、汉、瑶、仫佬、毛南、苗、侗、水8个世居民族。少数民族人口有317.71万人，占总人口的83.67%，是广西壮族自治区少数民族聚居最多的地区之一。学校是广西民族文化传承的基地，经系统设计，把河池少数民族优秀传统文化和革命老区教育资源融入校园文化，发挥校企合作平台优势，有效渗透企业文化、职业道德和社会主义核心价值观，全面提高学生的综合素质。

4. 学校办学历史及前景

河池市职业教育中心学校由河池市机电工程学校、河池财经学校、河池民族中专和河池经贸学校等4所中专学校整合组建而成。4所学校都有40多年的办学历史。整合后，在河池市委、市政府和教育行政部门领导的关怀下，领导班子坚强有为，教职工同心协力，学校实现快速深度融合、实现"两年三级跳""三年四级跳"。校园面积、办学规模居广西前列，产教融合、校企合作，与国内多家名企联合办学，帮扶河池市11所县级职业学校建设发展，与广西现代职业技术学院联合开办"五年一贯制"高职教育。校企联建建设培训基地，服务区域经济社会发展能力大幅提升，已经发展成为桂西北现代化职教"航母"，具备进一步加快发展的坚实基础。学校校园建筑现代、别致，功能分区清晰。

5. 企业人才需求与中职生特点

通过行业调研与人才预测发现，企业大都是以能力和贡献论英雄，以效益和业绩求发展。各类企业尤其是劳动密集型、生产制造类企业对用人的主要考量点为：所学专业、工作态度、岗位核心能力、实践经历、人文素养与职业素质、性格及爱好特长；企业对毕业生面试和试用期内最看重的是诚实守信、专业潜能、心理健康；最反感的是弄虚作假、好高骛远、缺乏诚信。河池市职业教育中心学校的学生普遍来自农村及城乡结合部，其既有"90后""00后""青春叛逆期"、农村学生的共同特点，又有河池少数民族的鲜明特点和民族特质。确定学校的办学思想体系必要综合考虑各个方面因素。

综上所述，我们按照"植根历史、基于现实、紧跟时代、引领未来"和"整体规划、模块操作、分步实施、无缝衔接"的原则，结合中国普世价值观和职业教育的基本规律、教育共识、学校历史、地域文化、河池经济社会发展需求等因素进行综合思考，把学校办学发展目标定位为：植根河池、服务广西、面向全国，努力打造民族中职教育品牌，建成全区一流、全国领先的现代化职教"航母"。

（四）品牌理念提升的依据

经历多年的探索与实践，融合教育学、心理学、管理学、马克思主义哲学、新闻传播学、生物学（生态学）、艺术学、建筑学等学科专业理论，形成独树一帜的品牌龙脉理论工具。

1. 品牌构建文化路径

品牌构建的六个步骤：

（1）"把龙脉"：对品牌现状进行调研、综合。

（2）"定龙穴"：基于调研形成品牌定位。

（3）"育龙魂"：围绕品牌定位进行全方位建设。

(4)"显龙效":彰显品牌建设效果。

(5)"传龙音":品牌传播,贯穿于品牌构建全过程、各环节。

(6)"创龙业":品牌建设维护、守正和创新。

2. 品牌构建脉络模型

品牌构建由"一龙头、四支撑、多模块"构成:

(1)"一龙头":品牌定位,或称品牌核心价值。

(2)"四支撑":理念文化识别系统(MI),行为文化识别系统(BI),形象文化识别系统(VI),环境文化识别系统(EI)。

(3)"多模块":基于品牌定位和"四支撑"的相关子系统、子品牌和"零散件",其可以围绕品牌定位和四大系统分步建设、分步实施。如教育品牌的子品牌包括校长品牌、教师品牌、学生品牌、教学品牌、管理品牌、德育品牌、服务品牌、科研品牌、课程品牌、校企联合品牌、活动品牌,等等。

3. 教育品牌理念逻辑图

教育品牌理念逻辑图如图 3-1 所示。

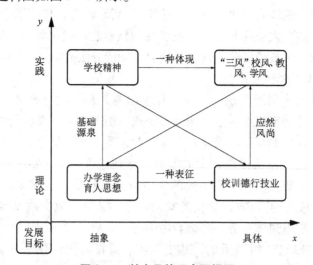

图 3-1 教育品牌理念逻辑图

教育品牌理念识别系统(MIS)认为,发展目标、办学理念、学校精神、育人思想、校训、"三风"是教育品牌理念识别系统的核心内容。从图 3-1 可以看出,学校发展目标、办学理念、育人思想和校训处于理论层面,是理论高度的概括和总结,具有统率和指导意义;学校精神和"三风"处于实践层面,是具体实践的产物和外在表征,具有现实功用和价值(从 y 轴看)。办学理念、育人思想和学校精神处于抽象层面,是较为宏观的层面;校训和"三风"处于具体层面,是较为微观的一个点(从 x 轴看)。校训是办学理念和学校精神的一种概念性表征,"三风"则是办学理念和学校精神的一种实践性体现。从"办学理念"到"三风"的转变是由抽象的一个面到具体的一个点,由理论观念到实践产物的一个转变。从图中还可以看出如下关系:办学理念、育人思想是学校精神,是"三风"和校训的基础和源泉;办学理念与学校精神实质上是理论与实践的辩证关系;校训与"三风"实质上是应然与实然的关系;"三风"是办学理念、学校精神、校训物化的风尚;校训是学校精神、"三风"践行办学理念的工具。

二、"河池模式"校园文化内核的品牌定位

"河池模式"的办学思想包括办学目标、办学理念、学校精神、学校灵魂（校训）、治校理念、培养目标、校风、教风、学风、宣传口号、学校标志、校歌等构成部分。

（一）办学目标

"立足河池，唱红广西，名扬全国，走向世界"，努力打造民族中职教育品牌，建成全区一流、全国领先的现代化职教"航母"。

基本思考：办学目标是学校基于自身实际和教育发展趋势做出的科学定位、办学方向、发展目标。学校作为地方中职学校，服务区域经济社会发展是本分。学校整合后，办学规模、办学模式、办学实力已初显"航母"态势，具有发展的基础性、现实性、可能性。

（二）办学理念：为学生幸福铺路

职业教育是就业教育。通过职业教育与培训，促进社会就业，"培训一人，就业一个，脱贫一家"，这是职业教育的本意。党的十八大提出要"努力办好人民满意的教育"。2014年6月23日，习近平总书记在全国职业教育工作会议上提出："要加大对农村地区、民族地区、贫困地区职业教育支持力度，努力让每个人都有人生出彩的机会。"党中央和习近平总书记把职业教育提高到脱贫攻坚和全面建设小康社会的战略高度，这是中国的国情。河池市职业教育中心学校聚焦国家职业教育发展战略，认真贯彻落实党的十八大精神和习近平总书记对职业教育的重要指示精神，把职业教育作为加快民族地区脱贫致富、全面建成小康社会的民生工程来抓紧抓好，把"为学生幸福铺路"确定为学校的办学理念。

1. 以生为本

办学理念决定学校办学的大方向。"办什么样的学校""为谁办学校""培养什么样的人""怎样培养人"等问题的答案，就是办学理念。河池市是连片的国家深度贫困地区，"十二五"初，全市贫困人口有100多万人。河池的职业教育就是要直面国家脱贫攻坚主战场，为党委、政府分忧。如何分忧？河池市职业学校80%以上的学生来自农村贫困家庭，河池市职业教育中心学校抓住职业教育为脱贫攻坚战场服务这一关键点，确立"以生为本，为学生幸福铺路"为办学理念，为"一人读职校，脱贫一家人、带富一个屯"做实实在在的事。

以"以生为本、育人为先、质量第一、从严治校"为治校理念。2009年，学校提出"一切为了学生，为了一切学生，为了学生的一切"的办学思想，全校教职工尽最大努力去践行对学生和家长的诺言。学校工作就是要以学生为中心，为学生的健康成长服务。学校的教学、管理工作质量以学生的"满意度"为衡量标准。育人为先，学校把育人放在第一位。质量第一，把教学质量列为学校工作的核心，立德树人，以德为先。从严治校，建章立制，完善规章，制度落到实处。严格执行责任倒查、追究制度，纪检督查全程跟踪，环环相扣。

2. 爱为核心

爱为核心的含义可从"爱"和"核心"两方面理解。

什么是爱？西方的《圣经》说："爱是恒久忍耐，爱是不求自己益处，不计算别人的恶，不喜欢不义，只喜欢真理。爱是永不止息。"著名教育家陶行知先生说过："捧出一颗心来，不带半棵草去。"著名教育家夏丏尊先生把学校比作池塘，把学生比作池塘中的鱼

儿，把爱比作池塘里的水。没有水，则池塘不算是池塘，没有爱，学校就不能称为学校。爱是一种发乎内心的情感，可以用来形容爱慕的强烈情感、情绪或情愫。爱是人与生俱来的，是人性的特质，是作为人必须具备的本质之一。人类对爱有不同的解释。哲学家认为，爱是一种特殊材料制成的媒介物，能使人容颜焕发，青春常在；文学家认为，爱是一首激动人心的抒情诗，让人心潮涌动，热情澎湃；医学家认为，爱是一剂千古难觅的心理良药，令人经络疏通，忧愁不再；教育家认为，爱是一种无与伦比的教育手段，使人学业有成，精神百倍。爱是学生基本的心理需要，是少年儿童生命成长和发展的原动力，是生命中一种创造性的聚合力量。

河池市职业教育中心学校办学理念中聚集的更多的是教育者的爱。学校教育是爱的教育，教师爱生如子女，用自己的行动引导学生，让学生懂得什么是爱，爱什么，怎么去爱。用自己的爱去启迪学生学会爱，用心与心的感应，产生教与育的火花。没有爱的教育，是无源之水，无本之木。缺乏爱的教育，将是一片荒漠。核心是指事物或事情的最重要、赖以支持其存在的关键部分。教师对学生的情感复杂多样，既有正向情感，如爱护、信任、感激等，又有负向情感，如鄙视、仇恨、嫉妒等，情感的核心内容是价值，人的情感根据其所反映的价值关系不同分类，在众多的情感中，我们认为正向情感中的爱是最有价值的，这就是爱为核心。爱为核心，要求教师在教育教学活动中，注意摒弃负向情感，突出正向情感，多以理解、宽容、信任和爱子之心对待学生，做到以情动人，一是对学生施教要以饱含爱心的正面教育为主；二是对于基础普遍较差的、在九年义务教育中饱受批评之苦的学生要予以鼓励，这样教学效果更好。

3. 为学生幸福铺路

以服务为宗旨，以就业为导向。面向全体学生实施就业教育，以学生的健康成长和未来发展为出发点。2012年，在"三个一切"的基础上，学校提出"以人为本，爱为核心，为学生成功铺路"的办学思想。学校教育教学活动的出发点和目标，都要围绕"学生成功"去设立，通过学校、政府和企业的共同努力，让学生学到有用的知识技能，掌握过硬的技术，将来才能建设河池、报效祖国、报答社会，让贫困家庭尽快脱贫致富，学校的办学目的就是为学生铺就这样一条成功之路。因此，学校把"为学生成功铺路"作为办学思想。

中国梦，是2012年11月29日，新一届中央领导集体在国家博物馆参观《复兴之路》展览过程中，习近平发表的重要讲话之一。中国梦代表了新一届政府对于建设富强、民主、文明、和谐的社会主义现代化国家的目标和信心。实现中华民族伟大复兴的中国梦，就是要实现"国家富强、民族振兴、人民幸福"。对于学生和家长来说，幸福是什么？就是成才的喜悦，就业的喜悦，成功的喜悦，家庭幸福美满的喜悦，奉献的快乐和自身价值的实现！幸福是一个人取得成功的梦想与体验、感受，幸福的内涵比成功更有深度。基于这样的背景，学校将"为学生成功铺路"的办学思想升华为"为学生幸福铺路"的办学理念。

将"为学生幸福铺路"的办学理念融入学校每一项工作的始终。让学生感受到幸福无处不在，在校园里能获得最大的满足感和幸福感，对未来充满希望。引导师生培养正确的幸福观，理解幸福的科学内涵；建设"美丽校园"，力达环境育人效果；强化德育工作，提升育人实效；创新教育教学模式，让课堂成为幸福之旅；第二课堂丰富多彩，让活动成为幸福载体；将民族文化、企业文化融入校园文化，让学生在文化氛围中幸福成长，让"为学生幸福铺路"的办学理念融入教学、管理、服务全程。

（三）学校精神

1. 学校精神的定义

在现代汉语语境中，"'精神'，一是与'物质'相对，唯物主义常将其当作'意识'的同义概念。其是指人的内心世界现象，包括思维、意识、情感等有意识的方面，也包括其心理活动和无意识的方面。二是神志、心神。宋玉《神女赋》：'精神恍惚，若有所喜'。三是精力、活力。李郢《上裴晋公》诗：'龙马精神海鹤姿'。四是神采、韵味。方岳《雪梅》诗：'有梅无雪不精神'。五是内容实质。如传达会议精神。"这几项释义说明：第一，"精神"是指人的意识、思维、情感的一种描述与概括；第二，"精神"是指人们在社会生活中主观状态的某些特征，是对人的根本的、内在气质的概括；第三，"精神"指事物体现出来的主题或意境。同时，"精神"作为名词，指生物体脑组织所释放的暗能量。精神最重要的特征是理想与信念，精神是灵魂，精神是意志；作为理想与信念特征的精神，包括感觉、动机、情感等因素，还包括人类的认知活动；作为人类存在特性，精神是自由的，是质的存在；作为质的存在，精神是内在的超越，精神是主体，具有创造性和主动性；精神是历史的，随着历史的变迁而不断地变化，是一个不断地发展与重构的过程。

学校精神是学校群体在长期的教育教学过程中积淀起来的、共同的情感、认知和意志中体现出来的共同氛围、行为、价值观，是学校文化最本质、最核心的体现。学校精神是学校的主流文化、核心文化、先进文化、正能量文化，具有比学校理念更高的文化价值，指向的是学校精神文化。学校精神是校风的文化内涵和精神实质，校风则是学校精神的载体和存在标志，学校精神可以通过校风和校训体现出来。

2. "河池模式"的学校精神

河池市职业教育中心学校的学校精神，是在广西精神、河池精神和韦拔群精神的背景下，与学校的整合组建、发展同步形成、发展起来的。

在 2011 年 11 月 11 日召开的中国共产党广西壮族自治区第十二次代表大会上，时任自治区党委书记郭声琨同志做了题为《深入贯彻落实科学发展观 加快实现富民强桂新跨越》的报告，首次提出"团结和谐、爱国奉献、开放包容、创新争先"的"广西精神"。

2015 年 5 月 6 日，河池市委常委会研究决定，以"逢山开路、遇水搭桥"作为"河池精神"表述语。"逢山开路、遇水搭桥"的意义为一个人在困境面前，不畏艰险，始终朝着既定目标，善于探索，敢于作为，克服困难，勇往直前。以"逢山开路、遇水搭桥"作为精神表述语，既是对河池现实条件的反映，也是对河池 420 万各族人民奋进精神的概括，更是对河池进一步解放思想、转变观念、开拓创新、科学发展的一种希冀。

韦拔群同志在为中国革命奋斗过程中形成了经受考验的"拔群精神"：坚定信念、追求真理，心系群众、忧国忧民，艰苦奋斗、百折不挠，无私奉献、把握全局。

2008 年 10 月，河池市职业教育中心学校针对整合之初四校员工人心涣散、思想不统一的实际，在全校开展为期 6 个月的"打造什么样的学校精神"大讨论，确定把"团结协作、艰苦奋斗、开拓创新、敬业奉献、勇争一流"作为学校精神。学校精神其形源于历史、立足现实、指引未来。这既体现了河池作为"中国水电之乡"的"山魂水韵"，也传承了"红七军"和韦拔群的革命优良传统以及时代精神，同时，还体现了成功职业人应有的素质。聚势即善于把握大势，驾驭全局；谋远即眼光长远、视野开阔；实干即谋事实，干事实，做人实；兴业即开拓进取，锐意创新，开创事业。总体来说，就是要立足长远，积聚力量，实诚实干,开创伟业。学校精神源于全校几百名教职工的内心,得到大家的认可,内化为教职工的行动,成为学校发展的内生驱动力。学校在非常困难的情况下,是学校精神使全校教职工在学校党政班子的带领下团结一致、克难攻坚、奋力拼搏,学校先后实现自治区重点学校、国家级重点中职学校、国家中职示范校、广西五星级中职学校的办学目标,成为广西一流、全国先进的中职学校。

时代在发展,职业教育在不断地改革创新,学校精神必然要与时俱进,发展创新。2014年,学校实现国家中职示范校的发展目标,站在职业教育发展的潮头浪尖上,学校精神需要拓展新的内容,学校需要谋划新的发展目标。针对国家示范后时代的具体情况,学校发展目标如何定位?学校第二次展开学校精神大讨论,将"包容"与"创新"融入学校精神,为学校精神赋予更多更好的时代精神。将原学校精神"团结协作、艰苦奋斗、开拓创新、敬业奉献、勇争一流"提升为"团结包容、改革创新、敬业奉献、勇争一流"。

3. 学校精神成为学校发展的核心驱动力

学校精神在民族地区职业教育发展过程中,发挥了神奇的作用。从河池市职业教育中心学校的典型案例看,学校精神的激励作用,爆发了巨大的正能量,推动着学校事业的快速发展。整合之初,学校精神解决了人心不齐、工作作风问题,鼓舞着每一位职教中心人无私奉献、艰苦创业,发扬"5+2"、白加黑的拼命精神,争创一流业绩。学校精神使教职工的工作激情、精神面貌调整到最佳状态,激发出强大的力量,学校在新校区建设、教育教学科研、德育工作、招生就业、校企合作、培训服务等方面不断取得突破创新,创造了一个又一个辉煌。短短几年,学校实现跨越式发展,形成了广西示范、全国推广的"河池模式"。

(四)学校灵魂(校训):立德、立行、立技、立业

1. 文化是灵魂

灵魂,(英文为 Soul,或是 Spirit)存在于宗教思想中,它指人类超自然及非物质的组成部分,至今还不能得到科学印证。科学家认为,灵魂是意识的一种特殊经历,产生是因为量子重力效应作用于大脑微管内,这一过程可以称为 Orch-Or 效应(意识的客观回归)。一些科学家提出量子力学理论,濒死体验发生于量子物质形成的灵魂离开神经系统与自然界发生交互,引起大脑微管量子引力效应,进而灵魂进入宇宙。诺贝尔生理学或医学奖得主弗朗西斯·克里克经过一系列的论证,给了人们一个说法:灵魂不存在于宗教,不存在于哲学,也不存在于心理学,它就生存于神经细胞中。美国加利福尼亚理工大学教授克里斯托弗·科克研究发现,灵魂或意识由大脑某个特定区域产生。美国麻省理工学院神经生物学家南西·坎威斯尔的验证,同样利用磁共振成像证明了克里克和科克的新结论。在大脑中存在着对脸部或特定物品进行辨认的特定区域。这就是说,克里克所坚称的"灵魂神经细胞"(知觉神经元)是可以被发现并在大脑中定位的。灵魂只是大脑的一种综合功能。

习近平总书记指出,文化的力量,或者我们称之为构成综合竞争力的文化软实力,总是"润物细无声"地融入经济力量、政治力量、社会力量之中,成为经济发展的"助推器"、政治文明的"导航灯"、社会和谐的"黏合剂"。一位哲学家曾做过这样的比喻:政治是骨骼,经济是血肉,文化是灵魂。这一比喻形象地说明了文化对人类社会发展所起的作用。十八大以来的5年,我国文化软实力和中华文化影响力大幅提升,全党全社会在思想上的团结统一更加巩固。正所谓家和万事兴,国和天下平。社会主义核心价值观无疑就是实现"家和"与"国和"的根本与目标。我国文化建设方面的巨大成就,让社会主义核心价值观得到了广

泛弘扬。党的十九大报告指出，"文化是一个国家、一个民族的灵魂""文化兴国运兴，文化强民族强""没有高度的文化自信，没有文化的繁荣兴盛，就没有中华民族伟大复兴"。

2. "四立"校训："河池模式"的学校灵魂

（1）校训。

校训原本是一个由日本引进的舶来词，在辞海中没有对校训的解释。最早对"校训"概念进行解释的是舒新城主编、中华书局1930年出版的《中华百科辞典》，它对"校训"的解释是"学校为训育之便利，选若干德育条目制成匾额，悬见于校中公见之地"，"目的在于使个人随时注意而实践之"。1988年出版的《汉语大词典》对"校训"的解释是"校训，即学校为了进行道德教育的方便，选择若干符合本校办学宗旨的醒目词语，作为学校全体人员的奋斗目标"。

校训是广大师生共同遵守的基本行为准则与道德规范，它既是一个学校办学理念、治校精神的反映，也是校园文化建设的重要内容，是一所学校教风、学风、校风的集中表现，体现学校文化精神的核心内容。校训是一所学校的灵魂。校训体现了一所学校的办学传统，代表着校园文化和教育理念，是人文精神的高度凝练，是学校历史和文化的积淀。一所学校的校训有着深厚的文化底蕴，它可以体现出学校良好的精神风貌，优良的学风，先进的办学理念和教学方针政策，甚至是学校的整个文化背景和文化氛围。

清华大学校训：自强不息，厚德载物。中国人民大学校训：实事求是。四川大学校训：海纳百川，有容乃大。复旦大学校训：博学而笃志，切问而近思。沈阳建筑大学校训：博学善建，厚德大成。武汉大学校训：自强、弘毅、求是、拓新。北京师范大学校训：学为人师，行为世范。中国人民解放军国防大学校训：团结、紧张、严肃、活泼。香港中文大学校训：博文约礼。澳门大学校训：仁、义、礼、知、信。剑桥大学校训：此地乃启蒙之所和智慧之源。美国西点军校校训：荣誉、责任、国家。

作为河池民族地区中等职业学校的龙头，河池市职业教育中心学校的校训自然不能与世界名校的校训简单比较。学校从河池经济欠发达、民族特质、职业教育特点、学生与家长、社会期待等方面考虑，开创性地提出"立德、立行、立技、立业"的"四立"校训，成为引领学校发展的文化"灵魂"。

（2）"四立"缘起。

"德"为首。党的十八大提出"把立德树人作为教育的根本任务"，立德树人是衡量职业教育的最高标准。中职教育是高中阶段的教育，与普高相比，中职学校有其特殊性，首先要讲的是，学生来源特殊。中职学生大都是九年义务教育中的"问题学生"，饱受老师、同学和家长另眼相看之苦。对于他们来说，学会做人比学会做事更加重要。学生进入职校，道德思想品行培养则是教育教学的重点。因此，以德为首，立德树人。

"行"为基。就读职校的大多数学生，在初中阶段的学习成绩普遍较差，究其原因，最主要的是行为习惯不规范，应该学的没学好，不应该做的却去做了。学生进入职校，要学会技术技能，首先是要规范其行为，养成良好的行为习惯，才能绽放美好人生，力争人生出彩的机会。教育引导学生培养良好的行为习惯则是教育教学的关键点。

"技"为重。纵观职业教育发展历史，职业教育其实就是职业技能大培训、大就业的教育类型。培养学生的职业技术技能是重点，技能创就人生、技能创就未来、技能创就卓越，技能让生活更加美好，此所谓"学会一技之长，创造美好人生！"

"业"为本。职业教育应以就业为导向，这是职业教育的价值所在。学生通过学习、钻研、培养，最终实现就业创业，成就一番事业，这是职业教育的目标，也是职业教育的根本，更是国家大力发展职业教育的本与源。

3. "四立"的内涵

（1）学校层面。

立德即坚持社会主义办学方向和社会主义核心价值观；立行即培养人才、传承文明、服务社会；立技即传承和创新技术技能，培养高素质技术技能人才；立业即学校努力创建职业教育名校。按照党中央提出的"两个一百年"宏伟目标，第一个"一百年"即将到来，学校面临"新时代新要求、新目标新行动"的新阶段，学校应坚决贯彻《国务院关于印发国家职业教育改革实施方案的通知》（国发〔2019〕4号）文件精神，认真落实《国家职业教育改革实施方案》，实现职业教育发展理念的根本转变，按照"管好两端、规范中间、书证融通、办学多元"的原则，严把教学标准和毕业学生质量标准两个关口。将标准化建设作为统领学校发展的突破口，完善职业教育体系，为服务现代制造业、现代服务业、现代农业发展和职业教育现代化提供制度保障与人才支持。切实推进师资队伍、教学教材、信息化建设、安全设施等办学标准建设，服务发展、促进就业创业。落实好立德树人根本任务，健全德技并修、工学结合的育人机制，完善评价机制，规范人才培养全过程。深化产教融合、校企合作，育训结合，健全多元化办学格局。推进资历框架建设，探索实现学历证书和职业技能等级证书互通衔接，为建设中国特色、世界水平的职业教育奋发有为。

（2）教职工层面。

对于教职工来说，立德即忠诚党的教育事业，铸师魂，塑师德，弘师风；立行即以身作则，行为世范；立技即学高为师，严教善导；立业即教研相长，双向互动，著书立说，技艺常新。2014年9月9日，习近平总书记在北京师范大学学生座谈会上提出"有理想信念、有道德情操、有扎实学识、有仁爱之心"的"四有"好教师标准。2019年3月18日，习近平总书记在全国思政课教师座谈会上提出思政课教师六个要："政治要强、情怀要深、思维要新、视野要广、自律要严、人格要正。"学校校训要求教职工努力做到"四有"和"六个要"，认真践行"学为人师、行为世范"。

（3）学生层面。

立德即加强职业道德、家庭美德、社会公德养成，做厚德明理、德才兼备、德艺双馨之人；立行即培养良好习惯、形成良好修养，要求言有物、行有格，做事有原则、讲规矩，知与行、理与实、言与行统一；立技即勤学苦练，掌握过硬本领，崇尚科学、追求工匠精神，技艺精湛、服务至上；立业即吃苦耐劳、以技立身，爱岗敬业，就业创业。与时俱进，自觉地把自己融入党和国家"两个一百年"战略实践，树立家国情怀，与祖国同甘苦、共命运，为实现中华民族伟大复兴的中国梦做出应有的贡献。

（五）治校理念

"以生为本，育人为先，质量第一，从严治校"是治校理念。

"以生为本"意指教育以育人为己任，办学以学生为中心，尊重学生，关爱学生，激励学生，发展学生，做到因材施教，注重每一位学生的成才成功，发展每一位学生的个性特征。

"育人为先"意指要始终坚持把立德树人作为教育的根本任务，努力帮助和引导学生培养良好的思想品德、社会公德、职业道德和生活美德。

"质量第一"意指学校办学走内涵式发展道路，不断提高教育教学质量，努力给予学生最好的教育，通过培育高素质的教师队伍，打造高水平的办学条件，培养高质量的人才。

"从严治校"意指依法治校，严格教学管理和学生管理，从严治校，教师从严治教，学生从严治学，通过加强学校顶层设计、完善学校治理结构、提高综合治理能力。

治校理念是学校自身的管理标准。"以生为本、育人为先、质量第一、从严治校"的治校理念就是要求在学校管理的过程中，以学生为根本，尊重学生的权利，理解学生的要求，以教书育人为第一要务，始终做到以人为本；在教育教学上不仅要求数量，还要注重质量，教师应该不断提高自身教育教学水平，从而全面提升教育教学质量，最后在开放包容的校园环境中，没有规矩不成方圆，重视校规对教师和学生的约束作用，尊重校规的权威性，以校规治校。

（六）学生培养目标

"品德优良，技能精湛，人文扎实，身心健康"是学生培养目标。

中职学生核心素养，是指中职学生应具备的适应全面发展和社会发展需要的必备品格和关键能力，是其获得全面培养、成功就业、持续发展不可或缺的基本素养。中职学生核心素养问题关系到中职教育"培养什么人"的根本问题，是中职学校办学方向的关键所在。培养和发展中职学生核心素养，是落实立德树人根本任务的重要举措，是加强和改进中职学校思想政治工作的重大政治任务和战略工程，也是适应职业教育改革发展趋势、提升职业教育影响力的迫切需要。河池市职业教育中心学校根据立德树人根本任务需要，结合学校精神、办学理念、校训校风、专业岗位、少数民族学生身心特点等因素，把"品德优良、技能精湛、人文扎实、身心健康"作为学生培养目标。

1. 品德优良

"德"在学生的成才、成长、就业、创业中起到奠定底蕴、基础和把握方向的作用。学校实施"三全育人"的大德育和"三心四爱五育人"模式，为学生的健康成长进行浸润式的德育教育。基于立德树人根本任务，一是坚定理想信念教育。社会主义核心价值观进校园、进课堂、进头脑，进行爱党爱国爱社会主义教育，开展丰富多彩的第二课堂主题教育活动，弘扬中国梦和中国精神，树立道德自信、理论自信、制度自信和文化自信，做一个敢于担当的新时代青年。二是锤炼道德情操，做一个有德之人。强化全科思政观念，推动"思政课程"向"课程思政"转变，思政课程与文化基础课、专业理论课、专业实践课浸透融合。三是强化法治教育。在依法治国背景下，推进依法治校、平安校园建设。努力讲好职业道德与法律思政课程，配备法治副校长，培养学生明辨是非、遵守法纪、依法办事的意识，使每个学生都能自觉敬畏、遵守法律和纪律。四是强化文明养成。从践行"社会主义核心价值观"和"中等职业学校学生文明公约"入手，开展"文明班级""文明宿舍""文明学生"评比，建设文明校园。

2. 技能精湛

学校首创民族地区工匠"塑匠心+精技能"培养方法。一是厚植匠心文化。将工匠精神融入教学全程，细化落实、量化培养。将"百折不挠、无私奉献"的拔群精神和"逢山开路、遇水搭桥"的河池精神融入课堂。开展"工匠进校园"活动，营造弘扬工匠精神、尊重工匠价值的校园文化氛围，努力将精益求精、精雕细琢、追求极致的精神深植于心。组织学生走进企业、拜师学艺，依托"大师工作室"传承匠心文化。建设工匠雕塑群、校园景观轴线与"立德、立行、立技、立业"校园文化脉络互融共生。二是强化专业技能，突出职业技能导向。突出培养"专业核心能力+岗位能力"，加强专业课程建设，加快建立与职业资格标准相融通的专业课程标准，推进"毕业证书"与"职业资格证书"融通。通过国赛、区赛等技能大赛和技能抽查活动打磨匠技，搭建人人出彩舞台，展现民族学生的专业技能水平。三是培养"双创"意识。加强学生创新创业教育，进一步完善学校创新创业课程建设，建立课堂教学、实践教学、自主学习、指导帮扶、文化引领多位一体的双创教育课程体系，鼓励有条件的学生建立众创空间，尝试双创教育"五个一"目标：形成一个模式、建成一批基地、培育一批名师、打造一批项目、成就一批学生。通过努力，系统培育具有创新能力、品格卓越的河池工匠。

3. 人文扎实

优良的人文素质能够提升学生就业创业竞争能力。一是夯实文化基础。加强文化课程建设，依据教育部印发的教学大纲规定，开齐、开足、开好语文、数学、外语、计算机应用基础、体育与健康等基础课程。推进文化课程教学改革，开展教学改革研究、教学比赛，完善文化课标准，探索文化课程的教学诊断与改进。注重学生文化素养、科学精神与学习能力的培养，为学生终身学习与可持续发展夯实基础。二是提升学生人文修养。注重学生人文知识、人文精神与审美情趣的培养，为学生成为有文化、有内涵的社会公民奠定基础。丰富人文教育内容，将中华优秀传统文化教育、美学教育等人文教育融入课堂和教材体系。拓展人文实践活动载体，开展"中华经典诗词诵读""晨读""升旗仪式""文明风采竞赛"等活动，成立龙狮队、书画社、礼仪队等学生社团，开展人文修养"三个一"活动：读好一本经典、学好一门才艺、做好一次人文演讲。三是注重学生自我认知、自我管理与规划能力培养。开好一门职业生涯规划课程，包括学生职业生涯规划与家长的生涯教育辅导课，增强学生和家长的生涯规划意识；新学年组织一周以上的职业体验活动；指导每位学生做好一份为自己量身打造的职业生涯规划，为学生搭建职业生涯规划设计、比赛及展示平台，提高学生的就业创业竞争能力。四是熟悉企业文化与规章制度，学会参与、沟通及就业创业必需的人际交往技巧。

4. 身心健康

身体是革命的本钱。强健体魄是身心健康的基础。学校把学生身心健康放在重要位置。一是引导和帮助学生积极进行体育锻炼，养成锻炼习惯，提升身体素质，磨炼意志品质。开齐、开好体育与健康课，不断改革和创新体育课教学，培养学生健康意识与习惯，增长学生体育知识与能力。积极开展"阳光体育"，校园运动会，体育文化节，校园篮球、羽毛球、足球、排球"四大联赛"等内容丰富的校园体育活动，丰富学生体育生活。加强学生体育社团建设，大力开展富有河池民族特色的武术、跆拳道、三节棍、三人板鞋、舞龙舞狮、毽球、打陀螺、投绣球、抢花炮等传统体育运动。这既可以达到强身健体的目的，又可以传承民族文化传统。积极推进《国家学生体质健康标准》，要求学生参与率达100%。二是培育健康心理。通过心理健康教育与引导等多种活动，塑造学生热情大方、向上向善、阳光自信的良好心理。开齐、开好心理健康教育课程，加强心理健康课程建设与教学改革，以心理问题为导向，开展心理辅导与援助，加强人文关怀与心理疏导，培养学生良好的心理素质，促进学生健康发展。构建学校、年级、班级三级心理健康教育网络，完善学生心理危机干预体系,提升突发事件的处置能力。加强珍爱生命教育和抗挫抗折教育,引导学生珍惜自己及他人的生命,平衡协调学习与生活,理性认识自身与社会,培养阳光心态,塑造健康人格。开展"阳光中职生""最美中职生"活动。建立学生心理档案,力求建档率达100%。三是引导学生勇于参加社会实践活动,多渠道搭建学生社会实践平台。学校加强对共青团、学生会等学生组织队伍的领导、管理、建设与协调,培养学生团队意识,提升合作和社交能力。把社会实践、志愿服务等纳入教育计划,培养学生的自我服务、自我管理、自我教育能力。建立完善长效工作机制和活动运行机制,力争达到使全体学生身心健康的育人效果。

(七)校风:厚德明理、奋发有为

校风是一个学校各种风气的总和,是学校在办学过程中长期积淀而成的具有行为和道德意义的风气,是在校内乃至社会上具有极大影响并被普遍认可的思想和行为风尚。校风是校训的拓宽、延伸和具体化,其要素包括学校领导的工作作风,教师的教风和学生的学风以及由学校积淀的传统文化精神、学术探索所形成的风气和氛围,集中体现了学校的办学理念、育人方针、学术追求和办学特色,是学校品位和格调的重要标志之一。

河池市职业教育中心学校把"厚德明理、奋发有为"确定为校风。

1. 厚德明理

(1) 厚德。

厚德,有大德。《易·坤》:"地势坤,君子以厚德载物。"《淮南子·氾论训》:"故人有厚德,无问其小节。"《史记·五帝本纪》:"于是舜乃至于文祖,谋于四岳,辟四门,明通四方耳目,命十二牧论帝德,行厚德,远佞人,则蛮夷率服。"明朝何良俊《四友斋丛说·史四》:"余益德君,君真厚德人也。"清朝王士禛《池北偶谈·谈献五·成相国二世厚德》:"人称其两世厚德云。"

厚德,谓深厚的恩德。清朝文献《睢州志·贡士》:"袁赋谌,袁可立孙,枢之子,赋诚弟。风度凝远,门内肃雍,有先辈孝友家法。终身口无雌黄,尤见厚德。"《汉书·淮南厉王传》:"夫大王以千里为宅居,以万民为臣妾,此高皇帝之厚德也。"三国·魏曹植《鹦鹉赋》:"蒙含育之厚德,奉君子之光辉。"宋朝苏轼《答漕使启》:"敢缘厚德,尚许兼容。"

厚德,谓施以厚泽。《国语·晋语二》:"故轻致诸侯而重遣之,使至者劝而叛者慕,怀之以典言,薄其要结,而厚德之以示之信。"

心胸宽广不以个人得失为主,重公轻私,谓之厚德。《三国志·魏志·袁绍传》:"当今为将军计,莫若举冀州以让袁氏。袁氏得冀州,则瓒不能与之争,必厚德将军。"明朝冯梦龙《东周列国志》第四回:"原来军伍中有人接了城中家信,说:'庄公如此厚德,太叔不仁不义。'一人传十,十人传百,都道:'我等背正从逆,天理难容。'哄然而散。"清朝汤之旭《皇清太学生武修袁公(袁可立曾孙)墓志铭》:"此固分所当然,亦由公之厚德深情涵育者,久不能已,于悲怆也。"

厚德既有历史内涵,又有时代特征。其主要有两层意思:一是日常道德修养;二是高远博大胸怀。一个人一生中的一举一动,都体现出厚德。中国几千年老祖宗留下的宗旨"仁、义、礼、智、信",也就是我们中国人做人的德行,我们常常用道德来衡量一个人的品行。

(2) 明理。

明理,明白是非、通晓道理。有民族大义,是非公断。个人利益服从国家利益、集体利益。

古人有"修身治国平天下"的说法，现代人有"人无德而不立"的说法。学校要求师生德才兼备，以德为先，做有德之人。把教学办公大楼称为"立德楼"，把广场称为"立德广场"。要求师生具有十种善心、四种行为准则。

十种善心：一是忠孝心，忠于国家、忠于民族、忠于社会、忠于人民、忠于学校。以中华民族的伟大复兴为己任，将国家和民族的利益作为自己的最高利益。在家里，孝顺父母，尊老爱幼；在学校尊敬师长；当然，不要盲忠。二是好善心，人人都要树立好善之心，主动帮助需要帮助的人，舍己救人、助人为乐，关爱需要扶持的人。三是慈悲心，用仁慈之心对待身边所有的人、事、物。四是平等心，领导对下属、同事之间、师生之间、同学之间学会一视同仁、平等相待。五是博爱心，要非常博大、非常深沉地爱自己的民族、爱我们的祖国，爱国家的前途和未来；在家里，爱父母、爱兄弟姐妹；在学校，爱老师同学；在单位，爱同事，以最好的精神面貌对待身边的人和事。六是教化心，见到别人有善的行为，要表扬、学习、褒扬，而不是忌妒、挖苦、讽刺。七是忠恕心，己所不欲，勿施于人，学会换位思考，做每一件事，既要想到自己的利益，也要考虑到别人的利益。八是和蔼心，待人接物要温和、慈祥，态度和蔼，文明礼貌对待人和事。九是忍耐心与宽容心。十是勇猛心，见义勇为。

办事公道、公平，明察秋毫、明辨是非。一是要求师生办事公平、公正。按原则办事，不以个人偏见、好恶、私心去对待事情和处理问题。二是不计较个人得失，不屈从各种权势。三是具有一定的是非判断能力。加强学习，崇尚公正，明确是非标准，分辨善恶美丑，具有敏锐的洞察力，做一个敢于担当的社会公民。

2. 奋发有为

"青年之于社会，犹新鲜活泼细胞之在身。"为世界进文明，为人类造幸福，以青春之我，创建青春之人类。当年，党的主要创始人之一李大钊发出的殷殷召唤，依然是今天我们伟大事业的青春宣言。党的十九大报告提出："青年兴则国家兴，青年强则国家强。"五四运动为中国青年奠定了精神的基调，从"风雨如磐暗故园"的年代一路走来，一代代青年以奋斗为人生交上了完美的答卷。以国家的发展轨迹定位个人的成长坐标，把个人理想融入民族复兴伟大理想，尽管奋斗的方式不同，但奋斗的成色如一。学校要求青年学生应做到如下几点：

一是要树立远大的理想。习近平总书记说，同人民一道拼搏、同祖国一道前进，服务人民、奉献祖国，是当代中国青年的正确发展方向。青春理想，青春活力，青春奋斗，是中国精神和中国力量的生命力所在。广大青年学生应始终秉承家国天下的情怀，勇担民族复兴的大任，保持自强不息的姿态，中国就永远年轻。只有确定了理想，才能为了理想去奋斗，最终实现自己的人生价值和社会追求。二是要注重锤炼品德修为。习近平总书记指出，道德之于个人，之于社会，都具有基础性意义，排在做人做事第一位的是崇德修身。德是首要，是方向，一个人只有明大德、守公德、严私德，其才方能用得其所。广大青年要锤炼高尚的品格，形成正确的道德认知，继承和发扬中华民族传统美德，始终保持积极的人生态度，培养良好的道德品质、健康的生活情趣，弘扬爱国主义、集体主义、社会主义思想，进而为国家富强奉献力量。三是要努力学习，提高技能和本领。认真学习科学文化知识和技术技能，提高服务社会、报效祖国和人民的本领，做一个对社会有用之人，实现自身价值，创造幸福美好的生活。

（八）教风：为人师表，教书育人

教风是指学校在教学精神、教学态度和教学方法等方面形成的长期的、稳定的教育教学风气。教风是学校德与才的统一性表现，是该学校整体素质的核心，是教师队伍在道德、才学、作风、素养、治教等方面的集中反映。教风是校风的重要组成部分。从某种意义上讲，好的教风也是一个学校崇高的精神旗帜，它可以对学生起到熏陶、激励和潜移默化的教育作用。教风好，可以提高学校的知名度，可以提高学校的社会声誉和社会可信度。因此，可以说教风是一个学校生存和持续发展的不竭动力之源。

教风是凝聚在教与学过程中的精神动力、态度作风、方法措施等，它依据不同学校的不同特点表现出独有的特色和丰富的内涵，并通过学校全体成员的意志与行动，逐步地形成和固化，成为一种传统和风格。这些传统和风格对学生的成长起着重大的作用，对学校的发展和建设产生深远的影响。斯大林曾经说过教师是人类灵魂的工程师，那教风就涵盖了教师的灵魂，一个高尚的灵魂，便是高尚的教风，教师有了高尚的教风，便是最优秀的教师。

唐宋八大家之一的韩愈在《师说》中说："师者，所以传道、授业、解惑也。"教师的职责是传授知识和传授道德。学校对教师有几点基本要求：

1. 教师要树立坚定的理想信念

教师政治要强。教师要忠于党、忠于人民、忠于祖国的教育事业，自觉接受中国共产党的领导，维护中国共产党的最高权威。教师要认真学习马克思列宁主义、毛泽东思想、邓小平理论、"三个代表"重要思想，践行科学发展观、党的十八、十九大精神，学习习近平新时代中国特色社会主义理论。教师要自觉做中国特色社会主义的坚定信仰者和忠实实践者，用好课堂讲坛，用好校园阵地，用自己的行动倡导社会主义核心价值观，用自己的学识、阅历、经验点燃学生对真善美的向往和追求。

2. 教师要具备高尚的道德情操

教师要有深厚的家国情怀。教师要心里装着国家和民族，在党和人民的伟大实践中关注时代、汲取养分、丰富思想。树立科学的世界观、人生观和价值观，修炼高尚的师德，成为学生行为的示范者。教师应该取法乎上、见贤思齐，不断提高道德修养，提升人格品质，成为学生的榜样，把正确的道德观念传授给学生，给学生传递正能量，当好全体学生的引路人。

3. 教师要创新思维、拓宽视野、学识渊博

教师要与时俱进、改革创新。要有创新思维，学会辩证唯物主义和历史唯物主义，创新课堂教学模式，给学生深刻的学习体验。积极探索变"思政课程"为"课程思政"的新路子。博览群书，终身学习，具备扎实的知识功底、过硬的教育教学能力、勤勉的教学态度、科学的教学方法。知识是教师的根本基础，好教师应该是智慧型的老师，具备学习、处世、生活、育人的智慧，能够在各个方面给学生以帮助和指导。

4. 教师要具备仁爱之心，爱生如子女

爱是教育的灵魂，没有爱就没有教育。爱是教育的源泉，没有爱，就如同干枯的树木，没有生命力。爱是生命中的绿洲，没有爱，就如同茫茫的沙漠。好教师要用爱培育爱、激发爱、传播爱，通过真情、真心、真诚拉近与学生的距离，滋润学生的心田。好教师应该把自己的温暖和情感倾注到每一个学生身上，用欣赏增强学生的信心，用信任树立学生的自尊，让每一个学生都健康成长，让每一个学生都享受到成功的喜悦，鼓励每一个学生放飞青春的梦想，引领他们创造美好的人生！

（九）学风：勤学苦练、精益求精

"学风"，最早源于《礼记·中庸》，即"广泛地加以学习，详细地加以求教，谨慎地加以思考，踏实地加以实践。"在教育部颁布的《普通高等学校本科教学工作随机性水平评价方案》评估指标体系中，学风被作为重要的一级指标，包含三个二级指标：教师风范、学习风气、学术文化氛围，其中学习风气为重要指标。教育部原副部长赵沁平在全国高校学风建设研讨会上指出，学风有广义的学风和狭义的学风之分。从狭义上讲，学风特指学生的学习风气；从广义上讲，学风包括学习风气、治学风气和学术风气。我们一般意义上所讲的学风则是指"狭义的学风"，即学生在长期的学习过程中形成的一种相对稳定的学习风气与学习氛围，是学生总体学习质量和学习面貌的主要标志，是全体学生群体心理和行为在治学上的综合表现。可见，学风既是一种学习氛围，同时又是一种群体行为，不但能使学生受到潜移默化的熏陶和感染，还能内化为一种向上的精神动力。

学风归根到底是学生在对待学习这个问题上的思想态度和行为表现，它通过学习目标、学习态度、学习纪律、学习方法、学习兴趣、学习效果等具体地反映出来。学风评估应从校园氛围、管理体系、教育载体、形象表现及科技文化活动这五方面进行考核。

1. 勤学苦练

学风是学校生存与发展的根本支柱。良好的学风是一所学校的宝贵财富。在立德树人背景下，中职学校担负着培养知识型、技能型、创新型劳动者大军的重任。学风建设是关键。由于众所周知的原因，中职学校的学风建设遭遇前所未有的难点和痛点：一是学生在学习能力上确实存在困难，中职学生 90% 以上是刚刚完成九年义务教育的初中毕业生，这些学生半数以上没有参加中考。学生文化基础较低，自主学习能力明显不足，普遍存在厌学、畏学情绪。二是中职学生学习动力不足，感到前途渺茫，没有希望。部分家长把职业学校当成大幼儿园，只关心孩子的人身安全，对其学习成绩好与差漠不关心。河池市职业教育中心学校针对上述原因，把"勤学苦练、精益求精"作为学风体系建设的重点，"教""学""管""练""就业"五管齐下，把学风建设抓紧抓实抓好。

一是"教"。加强教学管理，以教风带学风，学风建设与师德师风建设相辅相成。做好、做足"教"的文章。如何将学生吸引到课堂上，是"教"的问题。学校把深化教学改革、提高教学质量作为学校工作的重点。产教融合、校企合作，"理实一体模块化"教学改革，加强对一线教师的业务培训力度，引进企业科技专家进入课堂教学，严格考核制度，对教师的责任心、教学态度、教学水平等进行动态评估，定期对教学满意度进行测评，千方百计提高教学质量。

二是"学"。提高学生的学习积极性、主动性。树立典型榜样，传播正能量。抓好新生入学教育，让学生"认识学校、认识专业、认识自我、关爱自我、明确目标"。在校期间，认真做好优秀班级、优秀寝室、优秀学生干部、优秀个人、优秀毕业生的评选工作，树立典型，营造良好的班级环境、寝室环境。聘请优秀毕业生回校分享就业、创业成功经验，激励在校学生奋发有为。

三是"管"。实现严格的管理和学生自主学习有机结合。健全分管领导—学生处—团委—学生会—班主任等管理网络。做好奖学金评定、优良班风建设，努力在学校营造你追我赶的学习氛围。

四是加强校园文化建设。结合学校专业特点，建设校园文化长廊，制作汽车、机械等标识，张贴名人名言、励志格言等标语，可以激发学生的学习兴趣。

五是开展丰富多彩的第二课堂活动。如基于典型工作任务的技能比赛、技能提高班、学习经验总结交流会等,可以为学生提供勤学苦练的平台。

2. 精益求精

精益求精是工匠人才培养"育匠心+磨匠技"的必需教学环节。

一是适时调整理论与实践教学的时间比例。加大实践教学力度,建设与完善"理实一体化"教室,增加投入,建设与专业教学匹配的教学工场,理论教学时间不超过总时间的45%,确保实践教学的时间占总时间55%以上,强化学生的实践动手能力。

二是建立"三级"技能抽查制度。为达到"技能精湛"的培养目标,学校把学生技能教学列为教学重点内容。从2014年开始推行"校长技能抽查""教学部技能抽查""教研组技能抽查"三级技能抽查制度,让学生注重技能学习与提升,面对全体学生,反反复复地磨炼专业技能,达到"掌握一技之长"的教学效果。

三是完善技能大赛制度,以赛促练、以赛促精。每年组织学生参加全国、全区中职生技能大赛,承办广西中职职业技能大赛的部分赛项、河池市中职职业技能大赛。2010年以来河池市职业教育中心学校学生参加全区中职学生职业技能比赛获奖情况见表3-1。

表3-1 2010年以来河池市职业教育中心学校学生参加全区中职学生职业技能比赛获奖汇总表

年度	2010	2011	2012	2013	2014	2015	2016	2017	2018	2019	合计项目数
全国三等奖			1	2		2	1			1	7
全区一等奖	15	8	6	7	2	7	4	1	7	7	64
全区二等奖	3	12	15	13	7	11	9	28	19	11	128
全区三等奖	9	10	17	10	11	11	17	24	37	28	174
每年合计	27	30	39	32	20	31	31	53	63	47	373

(十)宣传口号

技能,创就人生!技能,让生活更美好!
技能,创就未来!技能,让生活更美好!
技能,创就卓越!技能,让生活更美好!

(十一)学校标志品牌(VIS)定位

1. 设计思路

(1)紧扣品牌理念,彰显理念,丰富理念。
(2)紧扣现有建筑,提取形色,象形一致。
(3)紧扣地域文化,体现特色,传播文明。

2. 学校标志释义

学校标志以校训和学校历史为核心创意,如图3-2所示。"立"字犹如巨人屹立于方圆中心,象征学校坚持以人为本的理念;体现学校对师生顶天立地、堂堂正正的要求。

"德、行、技、业"按"德为首、行必实、技求精、业则兴"寓意分布四周,同时与"立"字相搭配,构成学校"立德、立行、立技、立业"校训。

图3-2 学校标志

圆内四个版块分别代表整合前的四所学校，回形纹寓意学校立足于河池少数民族地区（铜鼓文化），四条线代表学校发展四通八达、学生来源四面八方以及学校的前景广阔。

(1)"立德"：要求师生做有德之人，教师有良好的师德师风，学生有优良的品德。

(2)"立行"：要求教师为人师表，学生养成良好的行为习惯。

(3)"立技"：体现学校崇尚技能，精益求精，努力成为大国工匠。

(4)"立业"：凭着厚德、正行、精技，推动师生个人事业发展，成就国家名校大业。

标志以中国四大名锦之一的壮锦和河池国家级非物质文化遗产毛南族花帽竹编为创意元素，中心的四条彩带采用竹编的手法交织而成，整体像一个彩色的中国结，寓意技能成就梦想，劳动缔造幸福，激励广大学生勤奋学习、掌握技能、热爱劳动、创造财富；标志中间形成方孔，四角各像一个开放的心，既象征开放包容、面向未来、面向现代化，又象征各民族之间、师生之间、政校企之间和谐交融。

标志外圈饰以壮锦纹，整体像一面铜鼓，又像车轮、齿轮，寓意学校师生员工团结协作、敬业奉献、改革创新、开放包容、勇争一流，努力把学校建成全区一流、全国领先的现代化职教"航母"。

3. 学校标志主色调

(1) 革命红：寓意弘扬传统、砥砺品格、勇担使命——立德。

(2) 龙江蓝：寓意勤学成才、放飞梦想、绘就蓝图——立行。

(3) 翠竹绿：寓意持节有道、青春活力、技艺常青——立技。

(4) 铜鼓黄：寓意硕果累累、铸就梦想、声名远扬——立业。

4. 象征图形

象征图形体现了河池的"山魂水韵"，象征热情奔放、奔腾不息、勇往直前、开拓进取。

（十二）校歌

河池市职业教育中心学校投入资金在全国范围内征集"校歌"。在近1 000首歌曲中精选《职教情飞扬》（鲍方作词、罗孟贤作曲）作为学校校歌。

歌词分为两段。第一段："劳动光荣，满怀希望，放飞职教人的理想，托起一轮蓬勃的朝阳。立德立行立技立业，成材成功成人成长，张开自信的翅膀飞向远方。职教情飞扬，河池大地出英才，职教美名传四方，金色蓝领的摇篮，拥抱明天的辉煌。"第二段："学以致用，各有所长，点亮职教的志向，纺织桃李芬芳的春光。尊师勤奋善思求精，成材成功成人成长，挺起自强的胸膛，扬帆启航。职教情飞扬，三姐歌声伴随我，沐风栉雨成栋梁，职业教育的大道，走出人生更宽广。"

广大师生自豪地唱着校歌，挺起胸膛，朝着人生的奋斗目标阔步前进。

第二节 "德行技业"校园文化为德育立魂

党的十八大提出教育立德树人的根本任务，习近平总书记在全国教育大会上提出，聚焦健全德技并修、工学结合育人机制，提升人才培养质量。落实立德树人根本任务，把劳模精神和工匠精神融入国家教学标准，渗透到教育教学各个环节。学校根据党和国家的教育方针，结合学校的办学理念、办学目标、学校精神和校训要求，精心打造独具职教特色、河池革命老区特质和少数民族特点的校园文化体系，即以"立德、立行、立技、立业"为内核的校园文化体系，为学校的德育体系建设立魂（把学校的环境文化规划为"立德区""立行苑""立技园""立业园"四个区域）。

一、广西一流、全国先进的校园物质文化

（一）校园物质文化的功能与作用

校园物质文化是指学校精神文化、行为文化和制度文化赖以生存发展的基础和载体，是为实现教育目标而建造和设置的各种物质设施和环境的总称。校园物质文化是当代学校教育的必然产物，在人才培养中具有教育功能、示范功能、凝聚功能、创造功能、熏陶功能等，为当代学生形成良好心理品格和正确价值观奠定坚实的基础。包括教学设施、科研设备、后勤装备、生活资料、校园环境、实训基地、活动设施等，属于硬件设施的范围。物质文化是实现中职学校培养目标最基本的要求，具有专业教育无法替代的重要作用，是培养学生良好职业素质的手段，是促进学生努力学习的内在动力。

（二）创新理念，顶层设计，全国一流

河池市职业教育中心学校的校园物质文化建设坚持"理念引领、顶层设计"的原则。河池市政府高度重视学校建设，投入资金5亿元，在城区中心划地300亩为学校建设新校区。第一期工程于2010年4月动工，2013年5月竣工使用。学校的决策者根据"为学生幸福铺路"的办学理念、"以生为本、育人为先、质量第一、从严治校"的治校理念，按照国家"产教融合、校企合作"的职业教育发展战略，对新校区的物质文化建设进行系统规划、顶层设计，围绕学校"职教特色、河池特质、民族特点"精准定位校园物质文化建设，融入企业理念、企业文化、企业元素，对新校区选址、整体建设风格和布局规划设计、人文环境、自然景观、校园绿化美化、运动场地建设、实训场地布局、教学设备购买、"校中厂"建设等均做长期规划、统筹兼顾、专项管理、分段施工。新校区第二期目前正在施工中。河池市职业教育中心学校新校区校园物质文化建设彰显职教特色、河池特质、民族特点，雄伟壮观的立德大楼、宽广整齐的立德广场、笔直的校园大道、绿树成荫的校园环境、人文景观与自然环境整体和谐、校企互融、底蕴深厚的校园文化，融为一体。著名职教专家应邀到河池市职业教育中心学校讲学，称学校的校园文化在全国的职业学校中堪称一流。

二、以"德行技业"为内核的校园精神文化

（一）校园精神文化内涵与作用

校园精神文化是文化的核心和灵魂，是物质文化、行为文化和制度文化的综合体现，是学校在创建和发展过程中形成的、体现学校特色的、师生一致认同的思维模式、道德规范、行为习惯和价值观念的总和，校园精神文化是一种群体心理，其核心是校园精神、办学理念、学校"三风"等，是师生共同的价值观念，学校精神能够体现学校办学特色、特质与特点。学校精神具有地域性、民族性、继承性、时代性、独特性、创新性等特点。每所学校之所以具有不同的特色，与学校的地理位置、历史积淀、文化特色、学术创新、办学条件等各种因素的综合性有关。清华大学的"自强不息，厚德载物"、辽宁大学的"明德精学，笃行志强"、沈阳建筑大学的"博学善建，厚德大成"等校训，都体现了这些高校校园精神文

化的历史继承性。校园精神文化特别需要时代气息与时代特征，具有与时俱进、改革创新的时代精神。河池市职业教育中心学校自然不能与清华大学等高校相提并论，学校根据职教特色、河池特质和民族特点，构建以"立德、立行、立技、立业"为内核的校园文化精神体系，别具一格。

（二）"德行技业"成为学校精神与灵魂

河池市职业教育中心学校在多年的办学实践中，始终坚持"为学生幸福铺路"的办学理念，坚定"以生为本、育人为先、质量第一、从严治校"的治校理念，以"品德优良、技能精湛、人文扎实、身心健康"作为人才培养目标。要达到以上目标，全校师生唯有"立德、立行、立技、立业"，将"德行技业"内化于心、外化于行，让广大师生认同"德行技业"，成为全校的共同心理、价值观念、思维模式、道德规范、行为习惯等。"德行技业"传承了河池革命老区特有的韦拔群精神、河池精神、河池民族精神；融入了行业文化、企业文化、企业元素、职业素养，体现了职业教育"产教融合、校企合作"的时代特征；能够集中反映河池市职业教育中心学校在传承原来4所中专学校办学历史的基础上改革创新、实现跨越式发展——"凤凰涅槃大梦如虹，八桂明珠辉煌崛起"的奇迹。"德行技业"成为学校校园精神文化的内核、学校精神的高度凝练、河池职教人的价值观。

三、理念引领、科学规范的校园行为文化

（一）校园行为文化的内涵

校园行为文化是指在学校在长期的教育教学中形成的、通过学校的主体活动展示出来的文化形态的总和，包括师生员工在学校教学、管理、科研、学习、生活、文体活动中表现出来的精神状态、行为操守和文化品位，它是校风、教风、学风的核心，是学校精神、价值观和办学理念的动态体现。行为文化是学校师生员工精神面貌、行为规范、人际关系、公共关系的综合反映，需要通过师生员工的日常行为体现出来。行为文化是学校精神文化的载体，是学校精神落实到师生员工每个人身上的外在表现。一所学校师生员工的文明礼貌、团结和谐、奋发向上，则可以反映出该校的文化品位；反之，打架斗殴、矛盾重重等，又反映了该校的另一个极端的品位。学校的行为文化是对精神文化、制度文化的检验。精神文化集中体现了一所学校的道德规范、行为习惯、价值观念等，需要通过行为文化才能体现出来；制度文化是为了规范学校内个人和团体的行为而制定的，对师生员工形成良好的行为习惯和生活方式起到约束、规范和指导作用。实践是检验真理的标准。精神文化是否能弘扬主旋律、传递正能量，是否反映时代的主流，制度文化的规范是否科学、合理，需要通过行为文化所体现出来的效果来检验，做到知与行的统一。行为文化可以丰富学校物质文化的内涵。如学校多功能演艺厅，本来只不过是一座建筑，它通过开展积极向上的文艺演出，一次次地唱出时代的强音，便是通过行为文化丰富了演艺厅的文化内涵。

行为文化通过学生的行为文化、教师的行为文化、员工的行为文化和学校领导的行为文化体现出来。学生学习文化、交往文化、活动文化、娱乐文化、创新创业文化、社团文化等包含在行为文化中。教师的教学文化、学习文化、交往文化、爱好文化、领导者的各种外在表现等都包括在行为文化的内容之列。

（二）理念引领、科学规范的行为文化体系

河池市职业教育中心学校坚持从"职教特色、河池特质、民族特点"的实际出发，坚

持"关注每一个学生的整体性、主体性、选择性"的原则,紧紧抓住校园行为文化建设的"着眼点""关键点"和"落脚点",通过理念引领,以理念指导行为、引领行为、感染行为,注重道德的肯定、精神的景仰等方法,将先进的教育理念渗透融入师生的精神状态、行为习惯等各个环节,促使学生成为勤奋好学、风范儒雅、人格独立的文化人。以对学生生命化教育和行为科学的文化追求为着眼点,加强校园行为文化建设。以"三心四爱"为着眼点,引导学生要"有良心、信心和责任心",要"爱自己、爱家庭、爱国家、爱学校",从人的生命本源的角度,通过行为润泽行为、感染行为,来规范学生的校园行为。以"用先进理念来改变师生行为方式"为关键点,学校领导和广大教师首先要树立全新的理念,通过领导和教师的理念去改变全体学生的理念。学校高度重视教师的专业成长和职业生涯发展,全校聚焦打造"七个校园",即平安校园、文明校园、和谐校园、美丽校园、智慧校园、文化校园、幸福校园,提高教师和职工的幸福指数以及学生的潜在幸福指数,用先进、科学的理念来规范师生的行为。以"改变师生的生命状态"为落脚点,从师生关系中最基本的课堂教学入手,行为文化建设理念下的课堂教学是师生的"生命场",以"自主、合作、探究"的课堂教学为主体,通过师生的相互交流、沟通、启发、补充等环节,师生双向互动、同向同行,创建和谐、幸福的师生关系,符合"学为主体、教为主导"的先进育人理念。同时,以河池丰富的红色资源和优秀的民族传统文化为主要内容,通过丰富多彩的第二课堂活动、社团活动、社会实践育人活动等渠道,规范学生的礼仪文化、学习文化与交往文化,规范教职工的教学文化、学习文化与交往文化,形成了"理念引领、科学规范、健康向上、文明和谐"的校园行为文化建设体系。

四、"为学生幸福铺路"的校园制度文化

(一)校园制度文化的含义与功能

校园制度文化是学校文化的重要组成部分,属于物质文化和精神文化的中间层次文化。通常定义为:学校制度文化是指学校各项规章制度、管理制度、岗位职责、工作流程等在制定和执行中反映出来的价值取向,是学校的各种规章制度,包括师生的价值观、行为理念在内的精神成果和管理思想、管理制度及管理模式的凝结形式。《现代汉语词典》对"制度"的解释有两层意思:一是"要求团体内全体成员共同遵守的办事规程和行动准则,如工作制度、财政制度";二是"在一定历史条件下形成的政治、经济、文化等方面的体系,如社会主义制度、奴隶制度"。对于"文化"的解释是,文化"是人类在社会发展过程中所创造的物质财富和精神财富的总和,特指精神财富,如文学、艺术、教育、科学等"。把几个词连起来,可以理解为:"学校制度文化"就是指在学校历史发展过程中所创造的,要求大家共同遵守的,具有科学性、思想性、教育性、强制性的办事规程或行动准则的物质财富和精神财富的总和。

学校制度文化以制度制定为基础。学校的规章制度按其作用的主次,可分为核心制度和外围制度,核心制度是事关学生的发展、安全,对教师的教学和学生的学习有直接影响的制度,比如,教学制度、学生管理制度、考试制度、学生成绩评价制度、校本教研制度、校本培训制度、学生顶岗实习管理制度、教师下企业实践锻炼制度等。学校为教学服务的其他相关制度如后勤管理、图书资料管理规定等制度,都是为核心制度服务的。核心制度关注教学与学习质量,关注教师的发展和学生的成长,能直接体现"以生为本"的理念,学校应该加强对核心制度的研究和探索。制度具有规范功能、思想导向功能、人文关怀功能、约束强

制功能、工具性功能等。

（二）构建"为学生幸福铺路"的制度文化体系

河池市职业教育中心学校以"为学生幸福铺路"为办学理念。在学校制度文化体系建设中全程贯穿"以人为本、育人为先、质量第一、从严治校"的主线，将"为学生幸福铺路"理念融入制度文化体系建设中的每一个环节和时域。2014年学校成为国家中职改革发展示范学校后，为固化成果，形成长效机制，重新修订、完善各项规章制度，编印了《河池市职业教育中心学校制度汇编》精制读本，其中包括240项规章制度。汇编制度体现了"以生为本"人性化的学校精神，构建学校制度文化的最终目的是促进学生的全面、健康发展，"为学生幸福铺路"是制度文化背后的伦理标准，以伦理标准来衡量每项制度是否直接或间接地促进学生的全面、健康发展，建设制度文化体系不是为了控制学生，而是充分尊重学生的个性发展，让广大师生获得更多的自由、快乐和幸福！

五、构建独特的校园环境文化体系

（一）立德文化区

1. 文化命名

"立德区"为学校教学办公区，包括综合教学楼"立德楼"、以"德"命名的多媒体报告厅、文化广场"立德广场"、升旗台四个区域。

（1）学校标志性建筑物："立德楼"。

"立德楼"——寓意树立德业，把教师的师德和学生的德育放在首位，要求教师有良好的师德师风，学生有优良的品行修养，学校要求所有在大楼里工作和学习的每一位教师和学生皆为有德之人，崇德向善、明德惟馨，故名"立德楼"。卢梭说："德行是灵魂的力量。"奋发向上、崇德向善，就是弘扬真善美，传播正能量，激发师生见贤思齐、积善成德的伟力。核心是"三心四爱"，即良心、信心、责任心；爱自己、爱家庭、爱国家、爱学校。学校希望每一个学生都能做最美好的自己。"立德楼"作为学校新校区标志性建筑物，造型独特、雄伟壮观。主楼高15层，1至5楼为教室，共111间，可同时容纳10 000名学生学习、上课，6至15楼为行政办公区，共111间办公室。

（2）多媒体报告厅

在"立德楼"里，"德"无处不在，凝成关于"德"的浓厚氛围。"立德楼"1、2、4楼共设6个多媒体报告厅，1楼东面是"启德"厅，西面是"怀德"厅；2楼东面是"明德"厅，西面是"尚德"厅；4楼东面为"厚德"厅，西面为"同德"厅；从1楼至4楼、东面至西面，依次形成"启—怀—明—尚—厚—同"，道德建设层层递进、螺旋式上升，环环紧扣、上下融通。命名引自党的十八大报告中的立德树人和《礼记·中庸》里的"博学之，审问之，慎思之，明辨之，笃行之"。

（3）"立德广场"。

广场占地面积为22 011平方米。学校希望师生一踏进校园，就有一种开阔的视野，让广大师生时刻记住为人要心胸开阔，人生应树立远大理想和目标。

（4）升旗台。

每周一，学校举行升旗仪式。仪式上有国旗班出旗、升旗、学生代表做国旗下讲话、诵读经典或"中职生文明公约"等活动。在迎风飘扬的五星红旗下全校师生心灵得到洗礼、理想和境界得到升华。

2. 文化创意设计主题及内容

大厅及过道：《源起·传承·腾飞》主题浮雕；艺术装饰柱；形象画；触摸屏；索引牌。

"立德楼"大厅文案：劳动是财富的源泉，也是幸福的源泉；人世间的美好梦想，只有通过诚实劳动才能实现；必须牢固树立劳动最光荣、劳动最崇高、劳动最伟大、劳动最美丽的观念，让全体人民进一步焕发劳动热情、释放创造潜能，通过劳动创造更加美好的生活；全社会都要贯彻尊重劳动、尊重知识、尊重人才、尊重创造的重大方针。

——摘自习近平总书记2013年4月28日在同全国劳动模范代表座谈时的讲话

职业教育的目的是使无业者有业，使有业者乐业。职业教育的作用是谋个性之发展；为个人谋生之准备；为个人服务社会之准备；为国家及世界增进生产力之准备。

——摘自中国职业教育的创始人黄炎培先生的教育思想

楼道文化。1楼通往后山时两侧墙：河池各民族风俗及其与思想品德教育相关联的内容。如瑶族"爬刀山"图——攻坚克难，开拓进取；毛南族"编竹"——编织美好未来。1~5楼楼道（左、右两侧）：分别放置中华传统美德、职业道德、家庭美德等标语性（格言、警句、名言、美文）装饰画。教室走廊外侧及教室：结合各专业特点，放置相关标语性（格言、警句、名言、美文）装饰画。1~15楼电梯间：放置与各教学部和专业有关的以及与师德师风要求有关的标语性（格言、警句、名言、美文）装饰画。

（二）立行文化区

1. 文化命名（包括学生宿舍楼、食堂、超市、运动场周边）

（1）园区："立行苑"。

寓意学生应严以律己、奋发向上、人文扎实、身心健康，才能成就人生梦想、创造美好生活。"立行苑"是同学们就餐、生活、休息的场所，配有食堂、学生公寓、超市、自助银行、移动联通电信服务站等，为学生日常生活提供全方位服务。为时刻提醒学生应规范自己的言行，使其养成良好的行为习惯，故名"立行苑"。学校希望学生通过不懈努力，成长为品行端正、行为敏捷、优雅文明的人，成为最规范的自己。

（2）学生公寓大楼（5栋）。

思行楼：寓意学生应成熟稳重、三思而后行。

笃行楼：寓意学生应树立坚定信念、志在必得。提醒学生，一旦确立目标，就要执着追求、克服困难、实现目标。

远行楼：寓意天道酬勤、梦想成真。鼓励学生树立远大志向，通过不懈努力，走向远方、走向光明的未来。

敏行楼：寓意讷于言、敏于行。引导学生应少说空话、多办实事，说话要小心谨慎，办事要敏捷干练，不要夸夸其谈，要培养自己做事踏实的品行。

雅行楼：寓意做人要有内涵、有品位。提醒学生言谈举止应文明礼貌，说话办事举止有度，行为得当，要做一个有品位、受欢迎的人。

（3）知恩楼（师生食堂）。

寓意教职工应感恩党、国家和人民，忠诚于教育事业、忠诚于党、忠诚于祖国，勤奋工作、教书育人、管理育人、服务育人；寓意学生应感恩国家、感恩学校、感恩老师和父母、努力学习、奋发向上，做到"一丝一缕当思来之不易"。希望广大师生学会感恩，厉行节约、杜绝浪费，养成清洁卫生的良好习惯。

2. 文化创意设计主题及内容

女生宿舍挡墙（原各部门宣传栏）：放置与安全教育、日常管理有关的宣传栏。超市旁宣传栏：展示学生活动及粘贴性广告栏。女生宿舍遮挡墙：各教学部及学生组织手绘墙报栏。后山挡土墙：中华传统文化长廊（做人做事方面内容），如弟子规、中华传统家训。宿舍楼前小花圃（3组6个）：相关行为性名言警句。超市及篮球场、未来田径运动场周边：少数民族传统运动文化。

（三）立技文化区

1. 文化命名（包括实训楼及周边）

园区："立技园"。

寓意：鼓励广大学生团结协作、努力拼搏、修身立业、勤学苦练、精益求精、为实现未来的成功和幸福夯实基础。希望广大学生能在"立技园"找到自己的位置，学有所获、学有所悟、学有所成，做到尚技、乐技、勤技、精技，做新时代的弄潮儿，实现自己的梦想！"立技园"具有职业教育的特色和特点。

尚技楼：寓意崇尚技术、学习技能，以学习技术技能为荣。希望学生有一个崇尚技术技能的心，热爱行业、热爱职业教育。

勤技楼：寓意引导学生勤奋学习、刻苦耐劳、练习技能，勤于学习、勤于实践、勤于思考。

乐技楼：寓意引导学生快乐学习、探究学习、自主学习、爱好学习、以苦为乐。

精技楼：寓意要求学生技术精湛、刻苦锤炼、不断创新、精益求精、一丝不苟、追求完美，希望学生自觉把自己培养成为工匠人才。

2. 文化创意设计主题及内容

室外文化：墙体、楼道文化（4个楼）；各楼名字；1楼外部宣传栏、索引牌、装饰画。

室内文化：结合各实训室专业特点和课堂教学要求，设计制作有关产业、企业文化的内容介绍。

（四）立业文化区

1. 文化命名（包括广场及周边）

（1）园区："立业园"。

寓意：厚德、正行、精技，才能成就美好人生。"立业园"由人工湖等景点组成，湖畔樱花树、桃树成林，杨柳迎风舞动，时刻在提醒师生"樱桃好吃树难栽，不下功夫花不开"，没有付出就没有收获。每天傍晚，劳累了一天的师生散步来到"立业园"湖边，小桥流水、游鱼穿梭、清风徐徐、杨柳依依、垂柳倒映，人工喷泉几十米高的浪花与灯光交映生辉，形成一道道迷人的彩虹，令人们流连忘返。学校把这片园地称为"立业园"，目的是让学生明白，"不经历风雨，怎能见彩虹"的道理，要想成功，必须付出努力，要想成就一番事业，就不能向困难低头，培养自己压不扁、折不弯的铮铮骨气和积极向上的精神面貌。

广场：立业广场。湖景：容湖、上善亭（备选名有飞歌亭、同舟亭）。容湖命名出处：海纳百川，有容乃大；上善亭命名出处：《道德经》中的"上善若水，水善利万物而不争。

处众人之所恶，故几于道"。

（2）后山巨石：泰和。

寓意：该巨石是在修建立德广场时从地下挖出来的巨石，是镇校之宝。"泰和"的意思是"生机勃勃、三阳开泰、国泰民安、吉祥幸福、学校和谐、师生齐心、平安发展，师生的幸福指数越来越高"。从学校大门进入，依次穿越立德广场中心线、立德楼1楼大厅、中间通道到达后山"泰和"巨石，从周易地理学的角度讲，天时地利人和，一脉融通，全校师生在校园里"立德、立行、立技、立业"，团结协作、同舟共济、奋发图强，将学校建设、打造成为"平安校园、和谐校园、文明校园、美丽校园、智慧校园、文化校园、幸福校园"。

创业路：寓意机会总是留给有理想、有抱负、有实力的人，人生总是青睐敢闯敢拼的人，成功总是拥抱能坚持的人。

敬业路：寓意无私奉献，人生才变得美丽，舍得付出总会有收获。种下良好的行为种子，明天一定能够收获希望的果实。

乐业路：寓意快乐事业，莫如奋斗；人生价值，在于奉献！乐业路，告诉我们人生就是一条只有起点、没有终点的路，只有乐于创业的人，才能享受这条路上的每一个过程，内心才能绽放出最美丽的花朵。河池各民族莘莘学子在河池市职业教育中心学校度过中职时代的最美好时光，在这里留下最充实、最真实的学习生活状态，付出汗水，不负韶华，收获一个健康快乐、奋发向上的青春年华，朝着理想的目标一步步奋进。

民族路：寓意河池境内聚居着壮、汉、瑶、仫佬、毛南、苗、侗、水8个世居民族，各民族学子汇聚校园，学习民族技能工艺、传承民族优秀传统文化，用辛勤汗水打造民族特色德育品牌，共同推进职教特色、河池特质、民族特点的河池民族职业教育的内涵发展。

星光大道：寓意校园星光大道，汇聚"教与学"的精英。从学校知恩堂到"立技园"200多米长的星光大道两旁，汇聚了学校5个教学部的教学名师、科研成果、全国全区表彰的学习、德育标兵，穿插产业文化、企业文化、工业机械标识、名人名言名录；"三全育人"成果、国内外最新科技成果展示、职教特色、河池革命文化特质、河池民族特点、工业标识、雕塑群建设、校园景观轴线与文化脉络互融共生，彰显学校培养民族地区工匠人才的教学成果和雄伟蓝图。

2. 文化创意设计主题及内容

（1）立业广场。

总平图；路名牌；灯箱；"成才、成功"主题雕塑。

（2）容湖、上善亭。

湖边设计体现"容湖"命名理念的创意景观小品。主要内涵为：寓意民族团结，和谐交融，共同进步，民族共荣；团结友善，律己容人，热爱集体，和谐相处；虚怀若谷，开放包容，虚心好学，学无止境。周边放若干石头，上面刻写"君子不器、有容乃大"等。湖岸设计"上善亭"伸入水中。湖心设计"滴水穿石"创意水景小品。寓意持之以恒。同时，每届新生开学从家乡带来一瓶水，集体倒入"容湖"，寓意团结和谐，共同进步，传承民族精神与文化。毕业时学校从"容湖"取一瓶水，作为毕业礼物送给学生，让学生带着母校之水、生命之水踏上征程。

(3) 星光大道。

挡土墙侧在"仁"字左侧（右侧拟建电动车停车棚），放古今中外"技能"人才代表；国家、广西全国五一劳动奖章获得者；国家、广西非遗项目传承人。挡土墙对面即立德楼后放立式灯箱；放学校名师介绍；放优秀学生（校友）介绍。

六、校史馆

（一）功能定位与设计

建立校史馆，目的是让全校师生共同重温学校昨天的峥嵘，感受学校今天的发展，畅想学校明天美好愿景。校史馆的布展思路是全方位展示学校整合组建、十年建设的显著成就和未来发展的雄伟蓝图。2008 年 8 月，河池市委、市人民政府下发文件整合河池市机电工程学校、河池财经学校、河池民族中专、河池经贸学校成立河池市职业教育中心。四校整合，不是简单的弱弱联合，而是犹如核聚变，喷发出撼天动地的能量，十年时间，学校实现了化蛹为蝶的完美蜕变，发展成为全国职教名校。

四校整合后，学校领导班子在条件极其艰苦的情况下，以超凡的胆略和气魄，弘扬四所学校积淀的宝贵精神财富，坚持以改革创新为动力，抓住机遇，勇创一流，谱写了一篇又一篇盛世华章。

校史馆通过实物、图片、文字、影像等形式，展示学校历史、建设成就及未来远景。一件件实物、一帧帧图片再现创业之艰难、奋进之激昂、求索之执着、收获之喜悦，见证发展的勃勃生机，它昭示和涵养往者的奠基和创业，召唤和激发来者的传承与超越。

校史馆设置在立德楼 1 楼立德厅，面积 300 平方米。走进校史馆，图片、文字、图表、实物、视频、声光电技术等，交映汇聚、金碧辉煌，令人感受深刻、浮想联翩，发出"凤凰涅槃大梦如虹，八桂明珠辉煌崛起"的惊叹！

（二）展示内容

校史馆展示的主要内容分为六项：

第一篇：印象篇，即"勇拓蹊径成大道，八桂职教星光闪"；

第二篇：溯源篇，即"弦歌不辍薪火传，四校整合谱华章"；

第三篇：硕果篇，即"内涵引领创特色，跨越发展铸辉煌"；

第四篇：耕耘篇，即"热血丹心育桃李，栉风沐雨做园丁"；

第五篇：桃李篇，即"灼灼其华春满园，济济英才登虎榜"；

第六篇：展望未来篇，即"长风破浪创名校，直挂云帆谱新篇"。

具体内容有学校发展概况、四校历史、整合创举、亲切关怀、组织建设与管理工作、校园建设、招生工作、教学部与重点专业建设、特色建设、服务社会、师资队伍建设、教科研工作、优秀教师风采、德育工作、学生荣誉、就业工作、优秀校友、社会影响与示范作用等。

校史馆于 2014 年年底建成使用，发挥了应有的效能。新生入学时进行德育、校情、专业等教育，师生定期参观学习，河池市各机关单位、中职学校、中小学校师生组织前来参观学习，广西区内外各职教同行、企业家等先后参观学习，共接待了 5 000 多人次。学校校史馆是师生了解学校的昨天、今天和明天的通道，学校形象的窗口。它承载着荣耀与使命，托起希望与梦想！河池市职业教育中心学校的全体教职工和一代代莘莘学子，永远以一颗真诚的感恩报恩之心,抓住新机遇、创造新辉煌,迎着明天的朝阳,改革创新再出发,朝着更高、更远、更新的目标奋勇前进!

七、多元立体式宣传,提高文化育人影响力

(一)编制文化手册,提升认同感

河池市职业教育中心学校的校园文化体系建设具有职教特色、河池革命老区特质、河池少数民族特点,并融入企业元素。建设不是目的,而是为了促进全校师生对校园文化的认知、认同,增强德育体验、以文化人的效果。学校精制了《龙江匠心·圆梦辉煌》的校园文化读本。使学习文化手册与"爱我校园""感恩"等专题活动相结合,让每一位学生和教职工对学校的悠久历史、发展成就及雄伟蓝图熟记在心,激励师生做一个"有良心、有信心、有责任心"的河池职教人;做一个"爱自己、爱家庭、爱祖国、爱学校"的好学生、好教师、好员工,做一个遵纪守法的合格公民。

(二)"校园文化之旅",提高文化育人影响力

为了进一步扩大校园文化体系建设的影响力,河池市职业教育中心学校校长韦伟松举行报告会,给全校师生详细介绍学校校园文化建设的思路与内涵,亲自编写"校园文化之旅"的解说词并设计线路。每年新生入学,"校园文化之旅"是必修课。按"立德区—立行苑—立技园—立业园—校史馆"的线路,由身着民族服装的学生作为导游讲解。大部分新生通过"校园文化之旅",发出内心的感悟:"通过校园参观,我对学校有了进一步的认识。让我了解到学校的老师们是这样爱自己的学生,学校的文化生活是如此的丰富多彩,我们学校有如此深厚的文化基础。我一定会珍惜这三年的美好时光,努力学习,做一个对学校、对家庭、对国家有用的人才。""校园文化之旅"达到以文化人、以德铸魂的效果。到校检查工作的国家、自治区领导人、前来讲课的专家学者和参观交流的国内职教同行在体验"校园文化之旅"后纷纷惊叹不已。

(三)立体式宣传,增强以文化人的实效

一是校歌比赛。河池市职业教育中心学校校歌以艺术化的形式,激发师生对职业教育、对学校的爱慕之情。校园广播站每天播放的第一首歌必定是校歌《职教情飞扬》。每到节庆日文艺晚会演出,开场必是校歌大合唱,潜移默化陶冶师生情操。二是开展校园文化知识竞赛、校园文化主题征文比赛、校园文化主题演讲会、校园文化主题书画比赛、校园文化主题摄影比赛及校园文化主题书画摄影作品展示等。学校多幅校园文化主题作品在全国文明风采大赛中获得大奖。三是借助学校新闻媒体开展校园文化宣传活动。发挥校园网、校园电视台、记者站、LED宣传大屏幕、学校微信公众号等信息技术的优势,全方位多渠道宣传学校的校园文化。让师生在浓厚的校园文化氛围中感受理想信念、价值观念、办学思想,促进学生规范行为、提升品德。

第四章
独具特色、特质、特点的德育体系

河池市职业教育中心学校校长韦伟松认为，学校应以"品德优良、技能精湛、人文扎实、身心健康"作为人才培养目标，立足河池，服务大发展，促进大就业。与其他教育类型比较，河池市职业教育中心学校在教学内容、教育载体、实施队伍、学习场所、评价方式等方面有着明显差异，这些差异最本质的原因是教育的终极目标不同，我们的大部分学生毕业后要到各行各业去就业。德育理念必须与时俱进、不断更新，跟随服务大发展、促进大就业的导向，德育的主流模式应以大就业为导向，课程设置和载体以提升职业素质和职业能力为主线。2010年学校实现国家重点中职学校的目标之后，即刻着手构建具有职业教育特色、河池革命老区特质、少数民族特点的学校德育体系。

第一节 职教特色的德育体系

一、构建职教特色的校企模块式一体化课程新体系

（一）校园文化氛围彰显职教特色

河池市职业教育中心学校整合组建于广西壮族自治区职业教育大攻坚的特殊历史时期。从成立开始，河池市政府就为学校提出"对标国家职业教育标准，立足河池，高定位、高标准、高质量，办成让河池人民满意的职业教育"的要求。学校的起步发展、内涵提升都是围绕"职业教育特色"目标做大、做强、做特。学校把"为学生幸福铺路"确定为办学理念，目标锁定为让河池贫困家庭农家子弟能够学到技术技能，稳定就业创业，将来能够人生出彩、生活幸福。以"品德优良、技能精湛、人文扎实、身心健康"为培养目标；以"以生为本、育人为先、质量第一、从严治校"为治校理念；以"立德、立行、立技、立业"为校训和校园文化的内核；凝练"团结包容、改革创新、敬业奉献、勇争一流"为学校精神；将"厚德明理、奋发有为"确定为校风；以"为人师表、教书育人"为教风；以"勤学苦练、精益求精"为学风；以"立足河池、唱红广西、名扬全国、走向世界"为发展

目标。把校园文化建设作为精神文明建设、"三风建设"、特色建设及教育教学质量的重要内容抓紧抓好,做到"六个突出":学校建设突出职教风格、管理改革突出职教精神、学生德育突出职教品行、课程教学突出职教文化、校园建设突出职教传统、师生关系突出真诚和谐,整个校园弥漫着职教气息与氛围。

(二)课程模式突出职教新体系

我国传统的职业教育发展在工业化时期的大背景下进行,课程和教学必须直面以学校为主体,实行"双证书"制度,行业和企业参与程度低、层次类型多样化、发展不平衡等问题。河池市职业教育中心学校从成立开始,即与企业建立合作关系,引企入校建立"校中厂",校企合作、工学结合协同育人,传统的课程模式已明显不能适应教育教学要求。学校与企业共构校企模块式一体化课程模式,校企人才培养目标一致、校企一体化的教学管理和实训体系,校企精准对接的考核评价管理体系,将校企合作、工学结合的教学内容整合,精制成为"素质培养模块""专业基础与核心能力技能模块""职业定向与能力拓展模块""综合实训"四大模块,以信息化手段进行教育教学。以"汽车运用与维修""机电设备安装与维修""电子技术应用""会计""学前教育"等五大专业群为主体,分别构建实施了"四双驱动""两段三层""三对接定岗式""四层双轨""三层三进"等人才培养创新教学模式,学校教学全时域地体现了现代职业教育教学新体系,构筑了校企模块式、一体多元化、立体式的学生成绩评价体系。

二、职教特色的学校德育新载体

德育对学生健康成长和学校工作具有重要的导向、动力和保证作用。为贯彻落实党的十八大,十八届三中、四中全会和十九大精神,深入贯彻习近平总书记系列重要讲话精神,进一步加强和改进新形势下中等职业学校德育工作,国家教育部对2004年《中等职业学校德育大纲》进行修订,形成《中等职业学校德育大纲(2014年修订)》(以下简称《大纲》)。新《大纲》体现了十八大以来党和国家的新精神及对教育工作的新要求,是新形势下进一步做好中等职业学校德育工作的重要基础性文件。中等职业学校德育要以马克思列宁主义、毛泽东思想、邓小平理论、"三个代表"重要思想、科学发展观和党的十九大精神、习近平新时代中国特色社会主义理论为指导,全面贯彻落实党的教育方针,紧密联系实现"两个一百年"奋斗目标和中国梦的实际,遵循学生身心发展的特点和规律,按照培育和践行社会主义核心价值观的要求,坚持以人为本、德育为先、能力为重、全面发展的原则,努力培养德智体美劳全面发展的社会主义建设者和接班人。

(一)德育载体

1. 德育的界定

根据传统和习惯,我们把有目的、有计划地培养人的思想道德品质的活动统称为"德育"。"德育"是一个组合概念,是由"德"与"育"组合起来的。19世纪后半叶,西方社会较早提出"德育"一词;19世纪末20世纪初"德育"一词传入中国。1988年召开的全国中小学德育工作会议正式确定统一使用"德育"这个术语。

"德"是一个内涵极为广泛的概念。"外得于人,内得于己",包含着"身"与"心""人"与"己""内"与"外"等,可引申为一个时期有利于人们物质关系的观念。"育"是灌输、培养、训练的意思,是一种有目的的实现手段,是对德予以贯彻和实现。德育不等于德育教育。广义的德育是指所有有目的、有计划地对社会成员在政治、思想与道德等方面施加影响的活动，包括社会德育、社区德育、学校德育和家庭德育等方面。社会公德是广义德育的一项重要内容。

所谓社会公德，是指全体公民在社会交往和公共生活中应该遵循的行为准则。随着公共生活领域不断扩大，人们相互交往日益频繁，社会公德在维护公众利益、公共秩序、保持社会稳定等方面的作用更加突出，社会公德成为公民个人道德修养和社会文明程度的重要表现。我国倡导的社会公德的主要内容概括为：文明礼貌、助人为乐、爱护公物、保护环境、遵纪守法。社会公德是公民生活最基本的行为规范，是社会生活最起码的道德要求，也是衡量社会文明程度的重要标志。社会公德是中等职业学校德育的重要内容之一。中职生要想成为对社会有用的人才，遵守社会公德是其最基本的道德要求。

狭义的德育专指学校德育。学校德育是指教育者按照一定社会或阶级要求，有目的、有计划、有系统地对受教育者施加思想、政治、道德和法制等方面的影响，通过受教育者的认识、认知、体验与践行，以使其形成一定社会与阶级所需要的思想品德的教育活动，即教育者有目的地培养受教育者思想品德的活动。我国学校德育的主要内容包括道德教育、思想教育、政治教育、心理教育和法制教育五个方面。

2. 中等职业学校德育要求

国家教育部印发的《中等职业学校德育大纲（2014年修订）》对新时期中等职业学校德育的"德育目标""德育内容""德育原则""德育途径""德育评价""德育实施"六个方面作了具体详细的规定和要求。

（1）德育目标。

德育目标是党和国家对青少年和儿童在政治素质、思想素质、道德素质、法纪素质、心理素质等方面所应达到的规格要求，是德育工作的出发点和归宿点。德育目标是从建设有中国特色社会主义的实际出发，坚持面向现代化、面向世界、面向未来的方向；是根据党和国家对青少年和儿童在"德"的方面的要求，遵循青少年和儿童品德形成和发展的规律来确定的。目标应该是实事求是、切合实际的，是经过努力可以达到的，所以应当注意目标确定的现实性和可能性，充分考虑学生成长的自身需要，遵循品德形成发展的规律；而不是笼而统之、大而化之、"一刀切""齐步走"的客套。

中等职业学校德育目标是把学生培养成为爱党爱国、拥有梦想、遵纪守法、具有良好道德品质和文明行为习惯的社会主义合格公民，成为敬业爱岗、诚信友善、具有社会责任感、创新精神和实践能力的高素质劳动者和技术技能人才，成为中国特色社会主义事业的合格建设者和可靠接班人。

习近平总书记在全国教育大会上强调，要在党的坚强领导下，全面贯彻党的教育方针，坚持马克思主义指导地位，坚持中国特色社会主义教育发展道路，坚持社会主义办学方向，立足基本国情，遵循教育规律，坚持改革创新，以凝聚人心、完善人格、开发人力、培育人才、造福人民为工作目标，培养德智体美劳全面发展的社会主义建设者和接班人，加快推进教育现代化、建设教育强国、办好人民满意的教育。

（2）德育内容。

德育内容是为实现德育目标而确定和安排的特定的教育内容。德育内容的性质和构成由德育目标所决定；德育内容的深度和广度为受教育者年龄特征和思想品德发展水平所制约；

德育内容的针对性从学生成长的需要和现实社会的迫切要求出发。2014年《中等职业学校德育大纲（2014年修订）》规定德育内容是对学生进行政治教育、思想教育、道德教育、法纪教育、心理健康、时事政治教育。中职学校思政四门必修课为："职业生涯规划""职业道德与法律""经济政治与社会""哲学与人生"，"心理健康"为选修课程。

2020年版的中等职业学校《思想政治课程标准》对中等职业学校的德育内容做了适当调整，将德育课程名称改为"思想政治"，将原来必修的"经济政治与社会""职业生涯规划""职业道德与法律""哲学与人生"和选修的"心理健康"调整为"中国特色社会主义""心理健康与职业生涯""职业道德与法治"和"哲学与人生"。其中，"经济政治与社会"扩展为"中国特色社会主义"，增加文化建设和生态文明建设等内容，更准确、全面地反映习近平新时代中国特色社会主义思想的丰富内涵；"心理健康"与"职业生涯规划"整合为"心理健康与职业生涯"；"职业道德与法治""哲学与人生"延续2008年中职德育课课程设置，基本保持不变。

（1）思想政治课程性质与任务。

课程性质：思想政治课程是落实立德树人根本任务的关键课程。以立德树人为根本任务，以培育思想政治学科核心素养为主导，帮助中职生确立正确的政治方向，坚定理想信念，厚植爱国主义情怀，提高职业道德素质、法治素养和心理健康水平，促进学生健康成长、全面发展，培养拥护中国共产党领导和我国社会主义制度、立志为中国特色社会主义事业奋斗终身的有用人才。思想政治课程是中等职业学校德育工作主渠道，与初中道德与法治、高校思想政治理论等课程相互衔接，与学校其他教育教学活动相互配合，共同承担思想政治教育立德树人的任务。

主要任务：紧密结合社会实践和学生实际，讲授马克思主义基本原理、马克思主义中国化理论成果，用习近平新时代中国特色社会主义思想铸魂育人，对学生进行思想教育、政治教育、道德教育、法治教育、心理健康教育、职业生涯和职业精神教育，引导学生通过自主思考、合作探讨的学习过程，理解新时代中国特色社会主义经济建设、政治建设、文化建设、社会建设、生态文明建设的内容和要求，培育学生政治认同、职业精神、法治意识、健全人格、公共参与等核心素养，树立共产主义远大理想和中国特色社会主义共同理想，坚定中国特色社会主义道路自信、理论自信、制度自信和文化自信，自觉培育和践行社会主义核心价值观，为学生成为担当民族复兴大任的时代新人、成为德智体美劳全面发展的社会主义建设者和接班人奠定正确的世界观、人生观和价值观基础。

（2）思想政治课程学科核心素养与课程目标。

学科核心素养是学科育人价值的集中体现，是学生通过学习逐步形成的正确价值观念、必备品格和关键能力。中等职业学校思想政治学科核心素养包括政治认同、职业精神、法治意识、健全人格和公共参与。中职学生的政治认同，主要表现为坚持马克思主义世界观和方法论，领会中国特色社会主义理论体系，特别是习近平新时代中国特色社会主义思想，增进对伟大祖国、中华民族、中华文化、中国共产党、中国特色社会主义的认同，坚持社会主义核心价值体系，自觉培育和践行社会主义核心价值观。

中职学生的职业精神，主要表现为具有积极劳动态度和良好劳动习惯，具有正确职业理想、科学职业观念、良好职业道德和职业行为，具备理性思维、批判质疑、勇于探索的科学精神，能够正确认识和处理社会发展与个人成长的关系，并做出正确价值判断和行为选择，在社会实践中增长才干。

中职学生的法治意识，主要表现为具有社会主义法治观念、正确的权利义务观念，尊法学法守法用法，维护宪法尊严，自觉参与社会主义法治国家建设。

中职学生的健全人格，主要表现为具有积极心理品质和自尊自信、理性平和、积极向上的心态，能自我调节和管理情绪，做到自立自强、坚韧乐观，提高心理健康水平和职业心理素质。健全人格体现了人的基本精神面貌和意识倾向，是品德和行为习惯的基础，是健康心理、积极心理品质和良好个性心理特征的集中反映。具有健全人格，才能正确对待自我、他人和社会，调控情绪，处理好个人与他人、个人与社会的关系。培育中职学生的健全人格，有助于他们正确认识自我，学会有效学习，确立符合社会需要和自身实际的积极生活目标，培养社会责任感和创新精神，养成自信、自律、敬业、乐群的心理品质，有助于他们学会竞争与合作，树立正确职业理想，培养职业兴趣，提高适应社会、应对挫折、求职就业的能力。

中职学生的公共参与，主要表现为具有主人翁意识，坚持以人民为中心，能够有序参与公共事务、积极承担社会责任。广泛的公共参与，彰显人民主体地位，是公民行使知情权、参与权、表达权、监督权的表现，有助于更好地表达民意、集中民智，提高公共决策的科学性、民主性；有助于鼓励社会力量热心公益活动，发扬志愿者精神，积极参与包括社团活动和社区服务等在内的公共服务，激发社会活力，提高社会治理水平。培育中职学生的公共参与素养，有助于他们了解民主管理、体验民主决策价值、感受民主监督作用，增强公德意识、培养公共精神、提高参与能力。

课程目标是通过政治课程学习，培育中职学生的思想政治学科核心素养，主要包括五方面：

一是培养学生的政治认同素养。初步掌握辩证唯物主义和历史唯物主义基本原理，运用马克思主义立场、观点和方法，观察分析经济、政治、文化、社会、生态文明等现象，对社会现实和人生问题进行正确价值判断和行为选择；正确认识我国社会发展新的历史方位和社会主要矛盾的变化，理解习近平新时代中国特色社会主义思想是党和国家必须长期坚持的指导思想。拥护党的领导，领会中国共产党是中国特色社会主义最本质的特征和中国特色社会主义制度的最大优势，理解新时代中国共产党的历史使命；坚信坚持和发展中国特色社会主义是当代中国发展进步的根本方向，认同和拥护中国特色社会主义制度，坚定中国特色社会主义道路自信、理论自信、制度自信和文化自信；坚持社会主义核心价值体系，自觉培育和践行社会主义核心价值观；热爱伟大祖国，自觉弘扬和实践爱国主义精神，树立远大志向，在实现中国梦的伟大实践中创造自己的精彩人生。

二是培养中职学生职业精神素养。正确认识劳动在人类社会发展中的作用，理解正确的职业理想对国家以及人生发展的作用，明确职业生涯规划对实现职业理想的重要性，懂得职业道德对职业发展和人生成长的意义；树立正确的劳动观、职业观、就业观、创业观和成才观，强化无论从事什么劳动和职业，都要有干一行、爱一行、钻一行的意识，增强职业道德意识，确立通过辛勤劳动、诚实劳动、创造性劳动实现自身发展的信念；学会根据社会发展需要和自身特点进行职业生涯规划，正确处理人生发展过程中遇到的问题，养成良好职业道德行为习惯，自觉践行劳动精神、劳模精神和工匠精神，不断提升职业道德境界。

三是培养中职学生法治意识素养。了解与日常生活和职业活动密切相关的法律知识，理解法治是党领导人民治理国家的基本方式，明确建设社会主义法治国家的战略目标；树立宪法法律至上、法律面前人人平等的法治理念，形成法治让社会和谐、让生活更加美好的认知和情感；学会从法律的角度认识和理解社会，养成依法行使权利、履行法定义务的思维方式和行为习惯。

四是培养中职学生健全人格素养。具有自立自强、敬业乐群的心理品质和自尊自信、理性平和、积极向上的良好心态；能正确认识自我，正确处理个人与他人、个人与社会的关系，确立符合社会需要和自身实际的积极生活目标，选择正确的人生发展道路；能适应环境、应对挫折、把握机遇、勇于创新，正确处理在生活、成长、学习和求职就业过程中出现的心理和行为问题，增强调控情绪、自主自助和积极适应社会发展变化的能力。

五是培养中职学生具有公共参与素养。正确行使公民权利，自觉履行公民义务，热心公益事业，弘扬集体主义精神；具有人民当家作主的主人翁意识，积极参与民主选举、民主管理、民主决策、民主监督的实践，提高对话协商、沟通合作、表达诉求和解决问题的能力；遵守社会规则和公共道德，有序参与公共事务；乐于为人民服务，勇于担当社会责任。

（3）德育原则。

中职学校的德育要遵循如下几条基本原则：

第一，方向性和时代性相结合原则。要坚持正确的政治方向和育人导向，紧密结合社会需要和时代发展的要求，增强针对性和实效性。

第二，贴近实际、贴近生活、贴近学生原则。要遵循思想道德教育的普遍规律，尊重学生自我教育的主体性，适应学生身心成长的特点，开展富有成效的教育和引导活动，提高德育的吸引力和感染力。

第三，知行统一原则。要重视知识传授、观念树立，重视情感体验和行为养成，引导学生形成知行统一、言行一致的优良品质。

第四，教育与管理相结合原则。要进行深入细致的思想教育，同时要加强科学严格的管理，增强学生接受教育的主动性，实现教育与自我教育、自律与他律、激励与约束有机结合。

第五，解决思想问题与解决实际问题相结合原则。既要做到以理服人、以情感人，又要切实帮助学生解决学习、生活中遇到的实际困难和问题，增强教育的实际效果。

（4）德育途径。

德育途径，是指实现德育目标、任务和内容的具体活动渠道。德育途径是对学生实施德育影响的渠道，是实现学校德育目标、落实德育内容的组织形式。德育途径体系是以完成德育任务、提高德育实效为目的，以我国的国情和各级学校德育工作的实际情况为依据而提出的。我国高等院校根据新时代大学生政治思想工作需要，在全国推行"三全育人"（全员育人、全过程育人、全方位育人）试点，第一批试点是从2018年10月到2020年10月，全国10所高校、50个院系；第二批试点是从2019年3月到2021年3月，全国15所高校、42个院系。根据目前试点情况，德育效果明显。河池市职业教育中心学校根据德育工作和思想政治课程建设需要，借鉴高校"三全育人"的做法，从2018年开始，在全校推行"三全育人"理念，实施"组织育人""教书育人""管理育人""文化育人""环境育人""服务育人""创新创业育人"和"实践育人"八大工程，以学生为主体，构建"八位一体"大德育模式，学校德育效果良好，德育局面得到较大改观，这一举措得到广西教育厅和河池市政府的充分肯定。学校德育主要途径包括思想品德和思想政治课、其他各科教学、"三育人"（教书育人、管理育人、服务育人）、班主任工作、党团队和学生会工作、劳动与社会实践、课外活动、校外教育、校园文化建设、心理咨询和职业指导、家庭与社会教育等。德育途径体系要求，德育途径要对应德育内容，一项内容多条途径，有主有辅，协调配合，分工合作，形成合力。

学校应充分发挥主导作用，与家庭、社会密切配合，拓宽德育途径，实现全员、全程、全方位育人。遵循"课程教学—实训实习—学校管理—校园文化—志愿服务—职业指导—心理辅导—家庭和社会"等基本途径，有效开展德育教育活动。教育部门和学校应该采取积极措施，充分依靠共青团、妇联、关工委、社区以及各种社团，并同所在地的党政机关、企事业单位、部队等建立固定联系，发动、协调社会力量支持和参与德育工作，建立并完善学校与社会相互协作的社会教育网络。主动会同有关部门重点加强校园周边环境治理，为学生健康成长创造良好的文化环境、治安环境和社会环境。

3. 德育载体

载体，是指承载和传递能量、物质、知识或信息的物质形体。

德育载体指在德育过程中能承载并传递德育内容或信息的所有事物、活动及过程。也就是承载传导德育信息、内容，能为德育工作者所运用且教育者及受教育者可借以相互作用的途径、方法和手段。德育载体可以分为课堂教学载体、第二课堂活动载体、环境创设载体、网络德育载体、社会实践载体、顶岗实习载体等。安全和谐、文明卫生、文化氛围浓厚的校园环境，其本身就是学校最好的德育载体。多年的实践证明，思想政治课程课堂教学是德育教育的主渠道；班级德育是学校德育的主战场；丰富多彩的生活化德育实践是学校德育的有效途径；团结紧张、严肃活泼的同学关系和平等和谐的师生关系就是重要的德育载体；规范有序的课堂教学活动就是最好的德育载体。德育思政课程、文化基础课、专业理论课、实践实训实习课程、顶岗实习等就是德育载体；丰富多彩的第二课堂活动就是德育载体；学校科学的管理活动就是德育载体；传道、授业、解惑、为人师表的教师就是德育载体。德育载体具有时代性，要想使学校德育永葆青春活力，必须与时俱进，跟上时代步伐，不断创新德育载体，增强德育的思想性、理论性、亲和力和针对性，达到立德铸魂的效果。

4. 德育方法、管理及评价

德育方法指师生在德育过程中为达成德育目标而采用的有一定内在联系的活动方式与手段的组合。中职学校常用的德育方法主要有：说服教育法，又叫说理教育法，是借助语言和事实，通过摆事实、讲道理，以影响受教育者的思想意识，使其明辨是非，提高其思想认识的方法。榜样示范法，是教育者以他人的高尚思想、模范行为和卓越成就来影响学生的思想、情感和行为的德育方法。实际锻炼法，是有目的地组织学生参加各种实际活动，使其在活动中锻炼思想、增长才干、培养优良的思想和行为习惯的德育方法。情感陶冶法，是教育者自觉创设良好的教育情境，使受教育者在道德和思想情操方面受到潜移默化的感染、熏陶的方法。自我教育法，是通过在学校的系统设计策划下，以学生为中心，确定主题和目标范围，由学生自我教育、自我管理、自我评价，学校定期组织总结、反馈的方法。品德评价法，是通过对学生品德进行肯定或否定的评价而予以激励或抑制，促使其品德健康形成和发展的方法。品德修养指导法，是教师指导学生自觉主动地进行学习、自我品德反省，以实现思想转化及行为控制的德育方法。法无定法，具体哪些德育方法效果好，因为情况不同、环境有异,效果好坏不能一概而论。

德育管理是协调实施德育的组织与组织、组织与德育工作者之间的关系,以保证增强德育实效,完成德育任务,实现德育目标。它是整个德育工作的指挥和保证系统,具有协调、组织、实施和评价的功能。德育管理体系的构建,包括领导体系、法规政策、规章制度、队伍建设、督导检查和考核评价等内容。

构建德育管理体系的基本要求是,理顺健全领导体系,稳定提高教师队伍水平,建立健全规章制度,形成学校、家庭、企业以及社会德育网络。德育管理体系的构建是一个政策性、实践性很强的问题。要在《中共中央关于进一步加强和改进学校德育工作的若干意见》指导下,深入调查研究本校和广西及全国中职学校德育管理的成功经验,总结教训,以求构建一个科学、实用、高效的德育管理体系。同时,还应以大德育观为指导,建立学校、家庭、社会德育一体化、网络化的德育管理模式,以争取全社会对学校德育工作的关心和支持。

德育评价是学校德育管理工作的重要环节,也是保证学校德育目标实现的必要措施。德育评价是指依据一定的德育目标,运用可行的方法和技术,对德育的过程与效果做出价值上的考查、判断。德育评价是学校教育评价的一项内容,是学校德育工作的基本环节。其目的在于探索德育工作的客观规律;完善此项工作的控制系统;有效促进受教育者的思想品质向预期目标发展。按评价对象不同,德育评价可分为宏观与微观两种。前者以一个国家、地区或学校为对象;后者以教育者的德育工作和受教育者的思想品德为对象。现代德育评价同德育目标密不可分,现代德育评价具有综合性、连续性和灵活性的特点,现代德育评价具有注重诊断、分析的特点,现代德育评价已不仅是教师个人的工作,还应成为学生自己的事,现代德育评价要求客观、明智、公正地解释评价结果。

德育评价体系的构建是学校德育工作中一项带有根本性的建设,对于督导检查学校德育工作的水平和质量,为推动德育由虚变实、由软变硬发挥着不可替代的监督保证作用。德育评价体系的构建,包括教育行政部门对学校德育工作的评价、学校对班级德育工作的评价和对任课教师教书育人的评价、班主任及教师集体对学生个体的品德评价三部分内容。

构建德育评价体系的要求:三级评价体系健全,指标体系科学简明,认真研究评价原则,正确掌握评价方法。

德育评价要求建立学校、班级、学生三级评价体系。德育评价的难点是量化的指标体系,指标体系一般包括一级指标、二级指标、三级指标(具体指标)、权重、评价方法等内容,既要具有科学性、系统性,又要具体、简明,可行性强。整体构建学校德育体系,包括上述六个子体系的研究与构建。这是一个庞大的系统工程,需要认真运筹、科学管理、缜密计划和精心实施。

(二)职教特色的德育创新载体

河池市职业教育中心学校根据新时期职教特色、河池特质、民族特点德育体系建设需要,全面、系统地设计了一系列的德育创新载体。

1. 思政课程与课程思政融合,发挥课堂教学育人功能

中职学校的德育以思想政治理论课教学为主阵地和主力军。2008年12月,国家教育部印发的《关于中等职业学校德育课课程设置与教学安排的意见》(教职成〔2008〕6号)和《中等职业学校德育大纲(2014年修订)》规定,将"职业道德与法律""职业生涯规划"

"哲学与人生""经济政治与社会"确定为必修课程,"心理健康"等课程作为选修课程。为激发思政课课堂教学活力,推行"德育课程活动化"教学改革,构建实施"六位一体"课堂教学创新模式,德育课程教学效果显著。德育课程活动化,课堂教学呈现多样化形式,学生家长、行业企业代表可以进入课堂,共同分享学生的成长经历,提高了德育的吸引力,激发了思政课课堂教学的活力。德育课堂教学活动化,要求思政课教师课前深入了解学生实际,全面掌握学生的日常学习和生活情况,关注学生的个性差异,倾听学生的心声,帮助学生解决思想问题和实际困难,有针对性地开展教学,提高思政课教学的思想性、理论性、亲和力与针对性。

改革创新,思政课教学显性教学与隐性教学相结合。将思政课程与基础课、专业课和实践活动课、顶岗实习渗透融合。科任教师在课堂教学、实践中要上出"思政味",课程思政要求教师将个人的政治立场、政治态度、政治认同融入基础课和专业课的教育教学之中,将知识传授与思想品行修炼有机结合。强化"教书育人"理念,突出育人工作贯穿专业教育教学全程。汽车专业的课程思政要培养学生的核心品质是"高度负责";机电技术专业的课程思政要培养学生的核心品质是"精益求精";财经商务专业的课程思政要培养学生的核心品质是"诚信";电子技术专业课程思政要培养学生的核心品质是"专注";学前教育课程思政要培养学生的核心品质是"爱心"。通过课堂教学载体立德树人,如同春风化雨润物无声,实现思想和价值的引领,实现以文化人、以德铸魂的教学目标,培养民族地区工匠人才。加强班级建设,守好德育主阵地,面对全体学生实施德育与引导。

2. 准军事化管理,提高学生行为规范

河池市职业教育中心学校在校学生有 7 000 多人,70%以上是男生,男生中 80%以上来自农村家庭,管理难度可想而知。从 2015 年开始,学校实施准军事化管理模式。准军事化管理不是军事化管理,而是借鉴军事化管理的经验,根据学校发展需要实行规范化管理。准确定义,制定可行方案,外聘复员退伍军人组建教官队伍。成立领导机构,由分管副校长直接指挥,保卫科、学生处、教学部领导、各个班级的班主任、教官组成管理队伍。从新生入学时的主题军训入手,从学生日常管理抓起,扎实开展入学专题教育,引导学生树立正确的世界观、人生观、价值观、社会观,从准军事管理中抓落实;学生内务管理推行 7S 管理体系:整理(Seiri)、整顿(Seiton)、清扫(Seiso)、清洁(Seiketsu)、素养(Shitsuke)、安全(Safety)、节约(Save)。通过军训,巩固成果,严格参照军队管理模式对学生的仪容仪表、学生礼仪、内务纪律卫生等进行重点整顿。规范学生一日常规行为,早操响号,起床跑步;上课前集合站队,排队就餐,晚自习集合点名;晚寝响号,熄灯睡觉等。开展拓展活动,丰富学生课余文化生活。实施军事化管理,改善了校园环境卫生,改变了学生的不良行为习惯,有利于学生健康人格的形成,促进了学生的行为规范的养成。

3. 职教特色、丰富多彩的第二课堂活动

河池市职业教育中心学校紧紧围绕"德育、职教、红色、民族"四元素,开展第二课堂活动。

(1) 内容丰富的升旗仪式。

每周一的升旗仪式风雨无阻。组建一支由 20 名训练有素的学生组成的国旗班,仪式包括出旗、升国旗唱国歌、国旗下讲话、值周领导总结、全体师生宣誓或诵读《中职生文明公约》。升旗活动开展 8 年多来,活动形式进一步规范化,活动内容多样化。每周一的升旗仪式，已成为全体师生新的一周愉悦的开始，成为学校德育教育的主阵地，成为校园生活一道亮丽的风景线。常态化的升旗仪式，厚植师生的爱国情怀，浸润师生的心灵，陶冶师生的情操。

（2）诵读经典晨读活动。

学校制定晨读活动方案，规定每天早上增设一节晨读课，每天安排一个教学部的学生列队在学校广场上集体晨读，其他班级的学生则在班主任的组织下在教室晨读。每个学生准备一本晨读笔记，学校建立相应的班级晨读和教学部集体晨读评比办法，校长在期末技能抽查时"背诵经典"是必查项目。清晨踏进学校大门，朗朗的读书声为这座群山环绕的中职校园增添了一抹书香的韵味，让人心旷神怡！著名职教专家姜大源教授到河池市职业教育中心学校讲学时肯定了升旗仪式和晨读活动是广西职业学校的特色，并为学校主编出版《经典诗文习读》一书。2019年11月，广西职业院校德育研讨暨学术年会在河池市职业教育中心学校举行，在"三全育人"成果展演晚会上，全体学生集体演绎诵读多篇经典诗文，效果突出，场面震撼，得到与会领导、专家、嘉宾、家长和社会各界的一致好评。

（3）"我们的节日"主题活动。

以我国重大传统节日为契机，把壮族"三月三"、清明节、端午节、中秋节、春节等重大节日节庆活动纳入学校德育范畴，作为德育教育的重要内容，开展嘉年华、山歌演唱、民族体育竞技、祭奠祖先、缅怀先烈、校园美食节等活动，让学生了解和体验传统节日的民俗民风，增进民族情感、激发民族自豪感，取得显著的德育成效。

（4）定期开展各类文体活动。

定期开展文化节、艺术节、体育节、"团结杯"篮球赛、气排球比赛、文艺晚会等文体活动。开展制度化的文体活动，丰富"团结紧张、严肃活泼"的校园生活，让学生在文娱活动中体验德育，增强体验感、获得感，促进学生形成健全人格，使其各方面素质得到全面发展。

（5）组织开展学生社团活动。

围绕时代气息、职教特色、民族特点和企业元素，组建40多个学生社团，包括六大类：一是体育竞技类社团，如滑轮社、散打社、双截棍社、跆拳道协会、篮球协会、乒乓球协会、气排球协会、羽毛球协会等；二是文化传承类社团，如少数民族传统体育项目协会、龙狮文化艺术团、刘三姐之声艺术团、刘三姐合唱团、仫佬族剪纸协会、民族服饰及饰品设计社等；三是科技创新类社团，如海浪摄影社团、环境创设社团、新能源汽车社团、无人机社团等；四是专业实践类社团，如沙盘协会、电商协会、物流协会、会计手工综合社团、汽车美容服务社团、车辆修复社团、汽车营销社团、机电维修社团、水电安装社团、家电维修社团、智能制造社团、电工技术社团、机器人社团等；五是文化艺术类社团，如枫叶文学社、墨香书画社、吉他协会、远航通讯社、舞蹈社团、外语协会、声乐社、主持人社团、乐器社等；六是社会服务类社团，如志愿者协会、礼仪模特社团、礼仪文化社团、少数民族迎宾队；等等。学生社团作为校园文化建设的重要载体和中职生素质教育的重要阵地，是学校实施职业教育、提高学生职业精神与劳动意识的重要途径。为提高学生社团的活动质量，充分调动青年教师参与学生社团指导与管理的积极性，推动学生社团健康、有序发展，有效发挥学生社团在德育教育中的重要作用，由学校党委选派，每个学生社团配置一位指导教师。学生社团活动正常化，为校园文化建设奠定了坚实的基础。2019年5月，学校举办了"青春之我，砥砺之行"校园民俗体育竞技活动；同年9月，举办了"我和我的祖国"快闪拍摄活动；同年10月，举行了第五届"师生团结杯"篮球赛；同年11月，在秋季新生军训期间开展了社团现场大型招聘会；同年12月，开展了"青春之我、逐梦之光"手抄报比赛，组织开展了社团文化艺术节活动，包括演讲、知识抢答、文艺表演、经典诵读比赛、校园十佳歌手大赛、棋类比赛等技能竞赛活动，使校园文化建设与学生的身体素质提升、人文素质提升、实践能力提升有机结合，推动学校精神文明建设，营造了团结奋进、健康向上的校园德育氛围，最终达到促进学生人格健全、全面发展的育人效果。学生社团活动在校园中的发展可谓风生水起。

（6）成立校园电视台、学生记者团、学生摄影队。

由学生自发组织、自编自播的节目，弘扬主旋律、传递正能量，充分展示当代中职生的主流意识。

4. 传承红色基因，缅怀革命先烈

河池是广西红色资源最丰富的地区之一，红色资源富集。在河池市委、市政府的直接领导下，河池市红色资源综合开发的理论研究和实践探索均取得显著的成效。河池的红色资源综合开发利用围绕"活力老区、美丽老区、幸福老区、文化老区"的建设目标，基本形成以"壮乡英雄文化，河池民族风情"为主线的独特红色文化品牌，在全国红色资源开发、红色文化建设中占有重要地位。河池市职业教育中心学校以实践德育教育为载体，开展"传承红色基因、缅怀革命先烈"主题教育活动且效果明显。学校党委把红色文化传承列入学校实践育人活动计划，把东兰县广西农民运动讲习所旧址列宁岩、红七军前委旧址魁星楼、东兰革命烈士陵园、韦拔群纪念馆、韦拔群故居、河池镇红军标语楼、金城江革命烈士陵园等革命遗址遗迹作为革命传统教育实践基地。清明节、建党节、建军节组织学生前往教育实践基地开展缅怀活动，将革命优良传统植入学生的心灵。学校多数学生都会讲一两个河池革命故事，弘扬主旋律、传递正能量成为全校学生群体的思想主流。

5. 以校企合作为载体，校企文化渗透融合

2010年以来，在河池市政府的主导、推动下，河池市职业教育中心学校积极探索政校行企"四方联动、产教融合、校企合作、工学结合"的办学之路。由政府推动引导，学校以校企合作为载体，将学校德育与企业文化互融互通，形成校企特色德育。主要做法包括：校企共研德育教材、共构德育课堂教学模式，搭建校企文化互融平台，创新校企文化互融的育人模式。校企文化互融的育人模式为产教融合、校企合作、工学结合提供了德育支撑。

第二节 重构学校德育创新体系

一、合力德育，"三全育人"

（一）"三全育人"，构建学校大德育模式

河池市职业教育中心学校根据党和国家新时期的教育方针、路线与政策，针对现行德育体系存在的问题，结合学校的实际重构学校德育创新体系，贯彻落实党的十八大"立德树人根本任务"要求，一是方向性与时代性相结合，坚持正确的政治方向和育人导向，紧跟

时代要求，增强针对性与实效性；二是坚持"贴近实际、贴近生活、贴近学生"原则；三是知行统一，将传授知识与学生主体地位、情感体验、行为养成融为一体，学做结合、知行统一、言行一致、恪守诚信；四是教育与管理相结合；五是解决思想问题与解决实际问题相结合，以理服人、以情感人；六是解决"教"与"育"分离的弊端，形成"合力德育"。

1. "三全育人"

2018年10月26日，教育部办公厅正式发布《教育部办公厅关于公布首批"三全育人"综合改革试点单位名单的通知》，经报送单位推荐、专家审议、结果公示，遴选产生5个"三全育人"综合改革试点区、10个"三全育人"综合改革试点高校、50个"三全育人"综合改革试点院（系）。首批"三全育人"综合改革试点建设周期为2年，自2018年10月至2020年10月。"三全育人"涉及我国学校德育体系的改革方向问题，其艰巨性、复杂性不言而喻。从国家层面讲，首先从高校开始试点。

2. 三全德育，形成合力

河池市职业教育中心学校的决策者坚持学校办学的时代前瞻性、政治敏锐性。从2016年开始，大胆推行"三全育人"理念，形成一体化育人合力、一体化育人载体、一体化育人保障，构建起"三全育人"立体场域；构建课程育人、科研育人、实践育人、文化育人、网络育人、心理育人、管理育人、服务育人、资助育人、组织育人的"十大育人体系"，实现了育人资源共享、育人力量汇聚。

（二）一体两翼，立体德育

1. 学校、家庭、社会三方合力，建立高效德育场

合力德育，直接来源于马克思主义经典作家的思想。马克思主义经典作家，一方面，坚持唯物主义的基本原则，认为生产和再生产是在社会历史发展过程中起决定作用的因素，经济性因素起决定性作用；另一方面，反对单一的经济因素决定论或生产力决定论，而主张社会发展是经济基础与上层建筑的矛盾运动，是构成社会的众多个人、阶级、民族的主观意志综合作用的结果。受此启发，学生是生活在社会大环境中的活生生的个体，其思想品德的形成和发展是学校、家庭、社会等多方影响的结果，是教师、学生、家长等多主体主观意志努力的结果，是理论学习、实践体验、人际交往等多方面活动的结果。基于上述理念，学校要加强与家庭、社会的沟通、合作、共享，建立高效德育场，形成行之有效的合力德育。

13世纪意大利文艺复兴时期的作家但丁说过："道德往往可以弥补智慧的不足，智慧常常不能填补道德的空白。"中国著名教育家陶行知说："道德是做人的根本。"德育居教育首位，在方向、底线、动力和内部驱动力方面起到重要作用。在德育过程中，只有把学校教育、家庭教育和社会教育三者结合起来，才能促进德育发展。

2. "一体两翼"，建设学校立体德育

以学校德育为主体，家庭和社会为两翼，建设学校德育小高地。河池市职业教育中心学校高度重视德育建设，高质量推进中职学校思政课建设，强化系统思维，着力构建一体化的思政育人阵地体系，建设学校德育小高地。按照中职学校德育规律和学生思想认识特点，结合思政课程必修、选修的教学内容，打造"前沿阵地"——思政课程，着力构建梯次分明、有机统一、衔接有效的思政课体系；打造"互联阵地"——课程思政，培育选树一批"学科育人示范课程"，引导所有课程上出"思政味"；打造"互补阵地"——第二课堂，将学校原有的德育载体、模式、内容拓宽拓深，营造以校园文化为依托，思政课程浸润德育的浓

厚育人氛围；打造"保障阵地"——多方协同机制，全面保障思政课程健康有序；打造校内外共建思政课三大平台——结对共享、实践锻炼、教育体验，着力黏合好学校教育、社会教育、家庭教育。积极开展德育工作，形成合力，才能发挥整体优化的德育效应。

二、公民德育，德法兼治

（一）以社会主义核心价值观为主线

开展青少年法治教育，要高举中国特色社会主义伟大旗帜，以邓小平理论、"三个代表"重要思想、科学发展观为指导，深入贯彻习近平总书记系列重要讲话精神，全面贯彻党的教育方针，以培育和践行社会主义核心价值观为主线，以宪法教育为核心，把法治教育融入学校教育的各个阶段，全面提高青少年法治观念和法律意识，使尊法学法守法用法成为青少年的共同追求和自觉行动。

1. 深刻领会社会主义核心价值观的科学内涵

中国共产党第十八届中央委员会第四次全体会议（简称"十八届四中全会"）于2014年10月20日至23日在北京召开。十八届四中全会首次专题讨论依法治国问题。会议通过的《中共中央关于全面推进依法治国若干重大问题的决定》提出："将法治教育纳入国民教育体系，从青少年抓起，在中小学设立法治知识课程。"从2016年起，将义务教育小学和初中起始年级《品德与生活》《思想品德》教材名称统一更改为《道德与法治》。教育的内容是社会主义核心价值观和中华优秀传统文化、党的十八大以来历次会议精神。改革的要求是落实立德树人根本任务，突出社会责任感、创新精神、实践能力。紧跟时代发展的步伐，强调以社会主义核心价值观为引领，充分体现以人为本，为学生成长服务。为深入贯彻党的十八届四中全会关于"将法治教育纳入国民教育体系，从青少年抓起，在中小学设立法治知识课程"的要求，在国民教育体系中系统规划和科学安排法治教育的目标定位、原则要求和实施路径，制定《青少年法治教育大纲》。

（1）什么是价值观？

价值观是人们关于什么是价值、怎样评判价值、如何创造价值等问题的根本观点。价值观包括价值取向、价值追求、价值目标、价值尺度和准则。也就是我们平时所说的"值得与不值得，划算与不划算，应该与不应该，舍得与不舍得，有与没有等"。常言道："衣服不必名牌，干净合适就行；房子不必太大，通风朝阳就行；三餐不必佳肴，营养可口就行；若要活得轻松，生活量力而行。"

一部高档手机，70%的功能是没用的；一款高档轿车，70%的速度是多余的；一幢豪华别墅，70%的面积是空闲的；一大堆社会活动，70%是无聊空虚的；一屋子衣物用品，70%是闲置的；一辈子挣钱再多，70%是留给别人花的。结论：生活简单明了，享受人生守住30%便好。

（2）什么是核心价值观？

核心价值观是指一个社会中居统治地位、起支配作用的核心理念，也是一个社会必须长期普遍遵循的基本价值准则，具有相对稳定的特点。

（3）什么是社会主义核心价值观？

社会主义核心价值观是指那些在社会主义价值体系中居统治地位、起指导作用、从最深层次科学回答"什么是社会主义"或社会主义本质属性这一根本问题、在马克思主义理论体系中占据核心地位的价值理念。

（4）社会主义核心价值观的基本内容。

从国家层面，价值目标要达到富强、民主、文明、和谐的标准。

富强：经济价值目标，符合我国社会发展的规律和趋势，为全面建成小康社会，实现中华民族伟大复兴的中国梦提供物质基础和经济保障。

民主：政治价值目标，坚持在中国共产党领导下的依法治国，人民当家作主，突出人民的主体地位，实现民主选举、民主决策、民主管理、民主监督。

文明：文化价值目标，成为文化强国，公民的文化权益得到保障，文化生活丰富多彩，文化素质全面提高，国家文化影响力不断增强。

和谐：社会价值目标，社会和谐是中国特色社会主义本质属性，努力实现协调发展、和谐文化、安定有序、公平正义、团结和睦、社会活力与完善管理的目标。

从社会层面，价值准则要达到自由、平等、公正、法治的标准。

自由：在当代中国，自由的根本要求是保证人民依法享有广泛权利和自由。

平等：克服特权思想，要解决思想问题，也要解决制度问题。公民在法律和制度面前人人平等；党员在党章和党纪面前人人平等；城乡平等、男女平等，做到公民同命同价。

公正：形成较为全面的公平思想体系，建立公平合理的制度、机制体系，实现教育公平、分配公平、竞争公平、权利公平、规则公平、机会公平。

法治：科学立法、严格执法、公正司法、全民守法。核心要求：任何组织或个人都不得有超越宪法和法律的特权，绝不允许以言代法、以权压法、徇私枉法。

（5）从公民个人层面，要达到爱国、敬业、诚信、友善的标准。这一层次主要是个人层面的核心价值观，它从个人的政治道德、职业道德以及个人的德性品格这几个方面，强调了作为一个社会主义社会的公民，应当具有的核心道德价值。

爱国：个人对祖国依赖关系的深厚情感，是调节个人与祖国关系的行为准则。它同社会主义紧密结合在一起，要求公民以振兴中华为己任，促进民族团结、维护祖国统一，自觉报效祖国。在当代中国，爱国主义主要表现为：维护国家统一、忠实于民族整体利益、投身于中国特色社会主义伟大事业。

敬业：爱岗敬业是社会主义职业道德的基础。弘扬敬业价值，增强职业道德，提高业务技能，做到乐业、勤业、精业，尊重创造、尊重劳动、尊重知识、尊重人才。《中国青年报》社会调查中心在2009年度调查显示，社会对失去职业操守现象最严重的排序为：第一位是医生（74.2%），第二位是公安干警（57.8%），第三位是人民教师（51.5%）。俄罗斯前总统梅德韦杰夫说过，一个国家的青年，争着去当公务员，说明这个国家的腐败已严重透了。在美国，3%的大学生愿意考公务员；在法国，是5.3%；在新加坡，只有2%；在日本，公务员排在第53位；在英国，公务员进入20大厌恶职业榜；而在中国，76.5%的大学生愿意考公务员！从上述资料看，至少有一点是可以肯定的：在社会主义初期阶段，物质生活条件不是很丰富的当代中国，特权思想、金钱、权力，成为相当一部分人追求的最高目标，以至于滋生祸国殃民的腐败现象。

诚信：恪守社会主义职业道德的重点。要求公民诚实、守信用，是公民做人做事的基本准则。要求遵守国家法律、符合社会道德要求。要求公民做到政务诚信、司法诚信、商务诚信、社会诚信。

友善：国家对内走和谐发展道路，对外走和平发展道路；2018年6月25日，四川大学2018届学生毕业暨授位典礼在望江校区体育中心举行。典礼上，校长李言荣做了题为《顺境善待他人，逆境善待自己》的讲话，寄语川大2018届毕业生："在你顺利并有力量时要更加大度和有胸怀，示人以好、示人以善、示人以谦，而在你处于低谷时则要懂得对自己好一点、少跟自己较劲、不要用别人的错误来亏待自己。"一位博学多识、德高望重的中国名校校长对毕业生的临别寄语，就是友善的最好解释。公民要学会善待身边人、善待社会、善待自然。

社会主义核心价值观简短的24个字，回答了我们要建设什么样的国家，建设什么样的社会，培育什么样的公民的重大问题。

2. 以社会主义核心价值观为主线和引领

核心价值观，其实就是一种德，既是个人的德，也是时代大德、国家的大德、社会的大德。国无德不兴，人无德不立。

中共中央办公厅《关于培育和践行社会主义核心价值观的意见》强调指出，面对世界范围思想文化交流交融交锋形势下价值观较量的新态势，面对改革开放和发展社会主义市场经济条件下思想意识多元多样多变的新特点，积极培育和践行社会主义核心价值观，对于巩固马克思主义在意识形态领域的指导地位、巩固全党全国人民团结奋斗的共同思想基础，对于促进人的全面发展、引领社会全面进步，对于集聚全面建成小康社会、实现中华民族伟大复兴中国梦的强大正能量，具有重要现实意义和深远历史意义。

中国职业教育肩负着培养有为担当的成千上万社会主义建设者和接班人的历史重任。学校德育体系直接影响人才培养质量。学校德育以社会主义核心价值观为主线和统领。

（1）增强民族凝聚力需要。

民族凝聚力是建立在共同利益和文化认同基础上的民族亲和力、向心力和聚合力。中华民族强大的凝聚力，是中国人民抗日战争胜利的力量源泉和根本保证。和平年代，人们价值多元化，个人选择方面也出现了多元化的倾向。针对这种情况，很有必要引领整合多样化社会思潮，把不同阶层、不同认识水平的人们团结和凝聚起来，牢固树立社会主义核心价值观。社会主义核心价值观是增强民族凝聚力和向心力的纽带；是维系社会团结和睦、推动社会全面发展的精神动力；是实现社会主义现代化和中华民族伟大复兴中国梦的核心价值支撑。实现中国梦必须凝聚中国力量，凝聚中国力量必须要培育和践行社会主义核心价值观。

（2）抵御西方资本主义价值观，维护我国意识形态安全的需要。

欲灭其国，先灭其史，欲灭其史，先乱人心，欲乱人心，毁其太祖。1991年12月，苏联共有2 000万党员，却丧失政权、亡党亡国，这是历史上血的教训。苏联的解体不是因为物质硬实力不行，其解体的一个重要原因是文化软实力大厦的坍塌、意识形态防线崩溃、主流和核心价值观已被扭曲或失落。任何一个国家崛起的征途必定不会一帆风顺，正面竞争和遏制从不会缺少，背后的阴谋和诡计也从不会缺席。西方大国下一个阴谋的牺牲品，会是中国吗？这值得我们去深思。

（3）坚定"四个自信""四个自觉"。

坚持"道路自信""理论自信""制度自信"和"文化自信"，自觉做中国特色社会主义道路的"坚定信仰者"，自觉做中国特色社会主义理论的"忠实践行者"，自觉做中国特色社会主义制度的"坚强捍卫者"，自觉做提升中国文化软实力的"先锋模范者"。

软实力包括价值体系、文化形态、社会制度、国民素质、发展模式等表现出来的凝聚力、影响力。中科院院士杨叔子说："一个国家，一个民族，如果没有现代科学、先进技术，一打就垮；如果没有优秀传统，没有人文精神，没有软实力，不打自垮。"美国某知名政客说："中国毕业的科学家和工程师数量超过我们美国6至8倍，但是我敢问，告诉我，有哪一种创新的项目、创新的改变或是创新的产品是来自中国的？论市场规模，美国是第一位，中国是第二位，日本是第三位，德国是第四位。论创新能力，美国依然是第一位，日本是第二位，韩国是第四位，中国马上就掉到第三十二位了。论人才竞争力，瑞士是第一位，中国居然只是第四十七位。"2010年中国派了一个青少年科技代表团参加一个国际青少年的活动，一家权威咨询机构对21个参赛国家的青少年做了一个数字测评，发现中国中小学生的想象力全世界倒数第一名，创造力倒数第五名，算题能力第一名。中科院院士朱清时说过，中国的教育就越来越走向泡沫化，就是有很多学生努力学习了很多东西，但是并不是真本事，比如以我们的高考为代表的应试教育，学生很苦很努力，花了很多代价，但是这些东西都不是真本事，所以教育的本来面目就是让教育回归，让学生学到真本事上。我们的学生在进入大学之前，他们已经失去了那种用批判和质疑的眼光去看世界的能力。

现实生活中有许多事情，让人想不通。思想上具体表现为：热爱祖国被视为"假做作"，危害祖国成了"斗士"；服务群众被视为"爱逞能"，背离人民成了"本事"；崇尚科学被视为"书呆子"，愚昧无知成了"时尚"；辛勤劳动被视为"没本事"，好逸恶劳成了"潇洒"；团结同学被视为"冒傻气"，损人利己成了"能耐"；诚实守信被视为"老古板"，见利忘义成了"聪明"；遵纪守法被视为"不开窍"，违法乱纪成了"勇敢"；艰苦奋斗被视为"老保守"，骄奢淫逸成了"荣耀"。（《人民日报》）

习近平总书记指出：核心价值观是文化软实力的灵魂、文化软实力建设的重点，是决定文化性质和方向的最深层次要素。培育和践行社会主义核心价值观有利于加强道德建设，实现人的全面发展；有利于树立中国在世界上的良好国际形象，彰显社会主义核心价值观的影响力、感召力和引领力，提升中国的国际话语权和文化软实力。

职业教育的德育建设必须以合格公民作为德育体系的底线性要求。一方面，用"公民教育"来概括系统丰富的学校德育，用"公民道德"来构建新时代学校德育的基础性内容。另一方面，用公民参与、公民实践来培养合格公民。

（二）以宪法教育为核心

以宪法教育为核心，普及法治知识，养成守法意识，使青少年了解、掌握个人成长和参与社会生活必需的法律常识和制度，明晰行为规则，自觉尊法、守法；规范行为习惯，培育法治观念，增强青少年依法规范自身行为、明辨是非、运用法律方法维护自身权益、通过法律途径参与国家和社会生活的意识和能力；践行法治理念，树立法治信仰，引导青少年参与法治实践，形成对社会主义法治道路的价值认同、制度认同，使他们成为社会主义法治的忠实崇尚者、自觉遵守者、坚定捍卫者。法治教育要与道德教育相结合，注重以法治精神和法律规范弘扬社会主义核心价值观，以良法善治传导正确的价值导向，把法律的约束力量、底线意识与道德教育的感化力量、提升精神紧密结合，使青少年理解法治的道德底蕴，牢固树立规则意识、诚信观念、契约精神，尊崇公序良俗，实现法治的育人功能。让学生明白，法律底线是幸福生活核心中的核心，公民在法律面前人人平等，触犯了国家法律法规，无论是谁都帮不了自己的忙。中职生在"三观"形成的关键时期，遵纪守法才能安全，法律观念重于泰山，法治意识是合格公民的保底高压线。

三、道德德育，培育"三心"

学校德育体系，除了得到国家制度、国家政权的支持，拥有政治的合法性，还要追求自身的正当性，拥有伦理的合法性，保持自身的德行品质，用真正的、有道德的教育来培育人，而不是用虚假的教育来误导人、危害人。

（一）坚持德育体系的正当性

坚持教育的道德本质，坚持道德的判断能力，严格区分"道德的教育"与"不道德的教育"。把道德的伦理本质放在优先考虑的位置，把受教育的平等、公平、公正作为优先追求的目标；正视道德教育与传授知识、技能训练的区别，学校德育固然要注重基本知识与技能的培养，但还要注重对学生情感、态度、价值观的培养，对学生良好道德行为习惯的培养。学校德育以知识与技能为基础，但高于知识技能，高于升学考试，其目的在于培养学生生命自觉，提升学生的人生境界，引导学生对道德、对法律的认知、认同，促使学生不断成长、不断成熟、不断认识自己、超越自己和完善自己。

在教育的目的上，为了发展学生，开发学生的潜能，让学生通过教育的过程变得越来越聪明，越来越善良，越来越健康，而不是封闭学生，让学生变得愚昧。

在教育的内容上，持相对真理观，把所传授的知识和道德看作是不断发展的，可以完善的，它们能够被学生质疑甚至可以是被学生否定与反对的。而不是持绝对真理观，把教育当作教条，让学生被动地接受。

在教育方法上，持人本教育、生本教育观念，突出学生的主体地位，培养学生的主体意识，建立和谐的师生关系，加强理解、沟通与交流。而不是物本教育，目中无人的教育，用对物的办法来教育学生。

（二）人本德育，培育"三心"

河池市职业教育中心学校地处桂西北山区，85%以上的学生来自农村贫困家庭。针对学生普遍存在情感缺失和情感匮乏的现象，提出"人本德育，培育'三心'"的德育目标，即培养学生的良心、塑造学生的信心、提升学生的责任心，进而丰富学生的心灵世界、唤醒学生的主体意识、培育学生的健全人格，并使他们积极主动地思考、发现、理解和感悟人生的意义和价值。

1. 为人处世讲良心

英国的沃尔特·雷利曾说过："良心是人生的根本。"在中国，"良心"最早源于《孟子》一书，孟子认为，人皆有良知良能的良心。所谓良心，即本然之善心，也就是仁义之心，体现为恻隐之心、羞耻之心、恭敬之心，良心是一定的社会关系和道德关系的反映，是人们的各种道德情感、情绪、体验在自我意识中的统一，是人们在履行对他人和社会义务过程中形成的道德责任感和自我评价能力、评价标准。中国是"礼仪之邦"，中国人对良心看得很重。良心是一个人做人的底线，丢什么也不能丢掉良心。良心是只做善事、不为恶行的心态，就是对父母尽孝、对朋友尽义、对国家和民族忠诚、对事业尽责。只要有良心，人生就能过得坦然、过得轻松，就能有获得感、幸福感。

河池市职业教育中心学校从 2009 年起开展"感动校园"年度人物评选活动，从 2011 年起开展"最美学生"年度评选活动，以这两项主题活动为主线；同时通过开展主题班会、道德讲堂、感恩教育等活动，充分挖掘当地道德模范人物事迹、学校师生的典型事迹，用以教育学生、影响学生，激发学生对"良心"这一概念的理解和认知。在学生感性认识的基础上，对在校的一些学生进行了问卷调查。调查表明，学生在回答"做人为什么要讲良心"这一问题时，51%的学生选择了"父母供我上学不容易，我得讲良心，报答他们"，31%的学生认为"学校为我们提供了优越的学习环境，老师对我们那么关心，我们还获得国家助学金，我们应该讲良心"，18%的学生选择了"一个人良心良知不灭，就不会把坏事做尽"。这一调查从侧面反映了大多数学生能把个人的价值观和周围的具体事情结合起来，形成自己独有的"良心论"。心没有污染，就会清亮不浊；心没有偏袒，就会正直不邪。

2. 正确定位自己，重塑信心

民族地区的学生由于家庭条件相对贫困，走入城市后或多或少都会有一些自卑的心理。而进入职业学校的学生大部分初中成绩不理想、目标不明确，考上高中无望，在无奈中选择了职校。另外，当前社会对职业教育依然存在歧视心理，一些社会舆论也认为读职业学校是没有出息的表现。上述种种原因，导致学生进入职业学校以后，在心理上仍然无法摆脱自卑的阴影，难以树立自信心。不自信导致他们对自己的前途感到迷茫、困惑。

帮助学生正确定位自己，重塑信心。学校下大力气做好新生入学教育这篇文章，入学教育为期一个月，集中教育学习不得少于两周，其中，新生入学教育第一课坚持由校长主讲。另外，还建立了"一个重心、两项活动"为主要内容的新生入学教育体系："一个重心"即紧紧围绕"帮助学生树立信心"这一重心，开展"五大专题"讲座，让学生了解学校、了解自己，增强适应性，树立自信心。"两项活动"即"我爱我家"班级活动和"我行我愿"体验活动。以此提升学生的存在感和自信力。

"五大专题"是指校情校史教育、中职学习适应性教育、安全法纪教育、中职生常见心理问题疏导教育、校园礼仪教育。通过校情校史教育讲座，让学生全面了解学校的发展历史以及学校的基本情况，特别是学校在发展过程中沉淀下来的精神、校风、学风等。通过讲座提高学生对学校的认知度和认可度，增强学生的爱校情感。通过中职学习适应性教育，让学生了解中职学校学习特点及要求，指导学生理性选择适合自己的专业，更好地端正学习态度。通过安全法纪教育，让学生了解学校的管理模式和纪律要求，增强学生的安全法纪意识，避免发生重大的安全事故或违纪违法行为。通过中职生常见心理问题疏导教育，让学生认识心理健康教育，关注自身的心理健康，掌握基本的心理疏导方法，培育健康的心理状态。通过校园礼仪教育，提升学生的文明礼貌素养和人际交往能力，避免因人际关系不和谐影响其在学校的正常学习生活，重新树立起良好的学生形象。

"我爱我家"班级活动包括：组织新生照第一张班级全家福、过班级第一个生日会、召开第一次班级座谈会、装扮"我们的家园"教室、宿舍美化活动、制定班级制度文化、选唱班歌活动等。"我行我愿"体验活动包括"我向他人问声好"大胆行礼体验活动、"我向他人送祝福"师生寄语体验活动、"我向他人展风采"新生才艺展示晚会等。

3. 通过革命红色文化主题教育，强化责任心

河池市职业教育中心学校校长韦伟松经常说的一句话："一个有强烈责任心的人，一辈子不会差到哪里去，他表现出来的是对自己有责任、对家庭有责任、对事业有责任、对国家有责任，这种人做事往往会考虑后果。"河池作为革命老区，有着丰富的红色革命传统教育资源。学校充分利用这一独特优势，通过开展红色教育活动强化学生的责任心。一是把韦拔

群故乡的东兰革命烈士陵园、河池镇红七军革命旧址作为学校德育实践教学活动基地,组织学生到红色革命传统教育基地接受革命传统教育。二是在校园内建设"红色革命传统文化园",丰富学校校园文化内容。通过开展这样的实践活动,使学生了解革命先烈英勇斗争的事迹,让学生学习革命先烈"英勇奋斗、百折不挠、艰苦奋斗、勇于牺牲"的精神,激励学生热爱家乡、认真学习技能,为红色革命老区、贫困山区、少数民族地区的经济发展贡献自己一份力量的责任意识。通过开展主题活动、职业素养等教育,让学生把这种责任意识延伸到对自己的人生、对集体、对社会、对国家负责任。学校通过开展培育"三心"的德育活动,有效地唤醒了学生的自我意识,从根本上帮助学生树立起正确的世界观、人生观和价值观,让学生重拾理想,激发进取的热情,提升自己的能力,塑造全新的自我,展现阳光、自信、青春的中职生风采!

(三)提升"四爱",增强学生情感意识

受个人生活习惯的影响,不少学生,尤其是男生缺乏一定的自理能力。他们在家里基本上是衣来伸手,饭来张口,就连清洁卫生也做不好。来到学校之后,他们依旧如此,生活能力差会导致这些学生的集体观念比较淡薄。另外,由于学生长时间生活在农村,不少学生的语言表达能力、沟通能力、交际能力都比较欠缺,"爱"的表现意识不完整,自我认识能力不强。在家里不能准确地把自己定位为子女、晚辈;在学校不能准确地把自己定位为学生;在社会上不能准确地把自己定位为公民。针对这些实际情况,学校把提升"四爱"作为德育教育抓手,通过敬畏生命、爱惜身体、注重形象等方面的教育活动,提升学生"爱自己"的意识;通过理解父母、学会感恩、知道孝顺等教育活动,提升学生"爱家庭"的意识;通过爱护公物和环境、维护学校声誉、我为学校添光彩等教育活动,提升学生"爱学校"的意识;通过提高公民意识,增强爱国情感等教育活动,提升学生"爱国家"的意识。

(四)构建"八育人"大德育体系

"三心四爱"明确了学校德育教育的主线和核心内容,学校的德育工作有了明确指向。为进一步整合学校各种育人资源,调动全体教职工参与到学校的德育工作中,形成"人人是德育工作者,事事为育人服务"的良好氛围,学校在坚持"三心四爱"教育主线的同时,全面扎实推进"八育人"工程,即组织育人、教书育人、管理育人、服务育人、文化育人、环境育人、创新创业育人与实践育人。

1. 成立机构,健全队伍,组织育人

学校成立以党委书记为组长的德育工作领导小组,全面负责德育工作体系机制构建和网络建设。建立三支德育工作队伍,一是以学校领导为主体的学校德育领导队伍,校长、书记亲自抓德育建设;二是以教学部领导、处室中层领导、班主任和思政课教师为主体的德育管理队伍;三是以学校团委、学生会为主体,班团干部为辅助的学生自我管理队伍。健全德育组织管理体系机制,规范运作,常态化管理,层层联系,信息畅通,发挥德育管理的效能,从组织上保证德育工作的实施。

2. 教书育人,提高教育教学满意度

学校坚持以学生为中心的思想,以学生的满意度作为评价各项工作的主要标准,以学校为载体推进教书育人工作,多渠道更新教师理念、提升教师能力、强化教师责任意识,特别提出一切以学生满意为工作目标,制定了学生满意度测评制度,由学校纪检督查室定期在学生中开展满意度测评活动。通过测评及时发现学生不满意的问题,及时进行通报整改,有力

地推进了教书育人工作的深入开展。

3. "制度落实年"，管理育人有实效

建章立制，强化管理。2015 年，河池市职业教育中心学校成为国家中职示范校后，为固化成果，形成长效机制，进一步规范学校管理工作，从根本上改变有制度不落实、有制度无法落实的问题，把学校各项制度重新精简、修订、完善，制定出操作性强、责任明确、能解决问题的新制度。自下而上，经过全体教职工讨论、完善各项规章制度，编印《河池市职业教育中心学校制度汇编》精制本，共制定出科学、可行的管理制度 240 项，其中包括"学校工作管理"（18 项）、"岗位管理"（55 项）、"教育管理"（22 项）、"教学常规管理"（22 项）、"师资建设与科研管理"（14 项）、"实训管理"（14 项）、"教学设施管理"（36 项）、"学校安全管理"（48 项）、"学生实习与就业管理"（4 项）、"财务财产卫生管理"（2 项）、"校园网络管理"（5 项）。自 2015 年至 2017 年开展了"制度落实年"活动，并以分管领导作为责任人，带头把各项制度落实，力争把每一件事都做到事前计划科学周密、事中督查管理、事后评估跟踪，使管理育人工作得到有效落实。

4. "一线工作法"，服务育人接地气

学校全面实施"一线工作法"和"马上办"机制。这一机制就是以问题为导向，以转变作风为根本，以抓工作落实、高效解决问题、为师生服务为主要内容。紧扣解决师生反映强烈的热点难点问题，深入管理、服务一线，真正做到了解情况在一线，发现并解决问题在一线，感情在一线融合，满意度在一线提升，绩效在一线考核，形象在一线树立。通过实施"马上办"机制，达成了学生问题得到快速反映，快速转办，高效办结的效果。这两项机制使工作作风得到根本转变、师生关系更加密切、各项工作得到切实落实，使服务育人工作真正落到实处。

5. 环境育人，浸润德育

河池市职业教育中心学校新校园总投资 3.5 亿元，占地 300 亩，是广西拥有全新校舍、齐全设备的中职学校。学校领导把特色校园建设作为重点工作来抓，投入近 1 300 万元，进行数字化校园建设，网络实现全覆盖，每间教室安装智能平板电脑，成为教育部认定的第一批信息化试点单位；投入 500 多万元，进行校园环境文化建设，精心设计了校园四大区域——立德楼、立行苑、立技园、立业园。同时全面加强学校管理，保证了学校的安全稳定。把学校建成为一所信息化程度高、文化气息深厚、基础条件优良、安全稳定的特色校园，使环境育人真正发挥作用。

6. 文化育人，彰显特色

河池市职业教育中心学校通过打造第二课堂活动品牌，成立各种专业协会、文体社团 20 多个，组建国旗班、青年志愿者协会、校园电视台等学生团队 10 多个，为学生提供了广阔的舞台。组织学生参加文明风采竞赛活动、河池市中华经典诗文诵读比赛以及校内外各类德育竞赛活动，让学生充分展示自我。组织开展一系列民族文化传承与创新活动，形成了民族娃娃、壮锦刺绣制作、山歌演唱三大特色活动项目。丰富多彩的活动让学生在实践活动中提升了能力、体验了成功、升华了情操。

"三心四爱八育人"的德育工作新机制。河池市职业教育中心学校针对民族地区职业学校学生的特点提出"三心四爱八育人"大德育模式。这一机制的实施使学校跳出了传统的德育思维模式，体现了德育工作的创新和与时俱进，解决了学校德育工作导向不明确、主线不鲜明、系统性不强的问题,使学校的德育工作从过去随机性的零敲碎打式,变成有序地、系统地推进,增强了学校德育工作的系统性、特色性和实效性。德育工作成果也不断取得历史性的突破,成绩喜人,开创了学校德育工作的新局面。一所"八好"(精神状态好、安全稳定好、教风学风好、爱护公物好、环境卫生好、文明礼貌好、行为习惯好、身心素质好)美丽校园正在河池这片热土上崛起。

7. 回归育人本质,创新创业育人

1991年,东京创业创新教育国际会议提出,创新创业型人才是指具有首创精神、冒险精神、创业能力、独立工作能力以及技术、社交、管理技能的开创性人才。2010年5月7日,我国国家教育部《关于大力推进高等学校创新创业教育和大学生自主创业工作的意见》(教办〔2010〕3号),正式确认"创新创业"教育。2014年9月10日,世界经济论坛2014年新领军者年会(第八届夏季达沃斯论坛)在天津开幕,首次提出"大众创业、万众创新",简称"双创",自此,全国掀起创新创业教育改革的大潮。2015年国务院下发《关于深化高等学校创新创业教育改革的实施意见》(国办发〔2015〕36号)。北大、清华等众多高校纷纷制定实施方案,开展创新创业教育改革,各级政府也先后出台创新创业支持政策。创新创业教育在全国各地铺展开来,中职学校也开始了创新创业教育发展之路,地处桂西北山区的河池市职业教育中心学校,也不失时机地加入创新创业教育改革的行列。

河池市职业教育中心学校的决策者坚持"为学生幸福铺路"的办学理念,关注学生的幸福。把人作为创新创业教育的目的,回归育人的本质。不是为了开设一门创新或创业课程,也不是一定要让学生发明创造某些产品,更不是要求每个学生都能创业成功,而是通过具有专门化课程形式的创新创业教学活动,通过创新创业实践活动,促进个体思维发展、潜能开发,形成自信、独立、坚韧等良好个性品质,从而完善个体的综合素质,增强个体的应变能力,帮助个体自我成长。只有回归育人本质,新生的创新创业教育才能成为适应时代发展要求的教育,成为凸显教育本质和终极价值的、与人的创新本质相统一的教育。

准确而全面地把握创新创业教育的内涵。只有正确认识和理解中职创新创业教育的内涵,才能在开展中职创新创业教育实践过程中把握正确的方向和道路。中职创新创业教育的本质是以培养创新创业人才为根本指向的,全面的中职教育改革创新,旨在全面改革传统中职教育教学、切实培养创新创业人才的新教育理念和模式,它以培养中职学生的创新创业意识、创新创业思维、创新创业精神和创新创业能力等素质为核心,具有普遍性、全面性、特殊性和革命性等显著特征。它将促使学生的创新创业精神、创新创业思维、创新创业品格、创新创业技能在实践层面得以统一。

在实践层面全面落实创新创业教育理念。首先,鼓励人人参与,打造全员参与的中职创新创业教育。中职创新创业教育不是少数人的创新创业教育,而是所有中职学生都应该接受的教育。所以,开展中职创新创业教育不仅需要全体学生的参与,还需要中职学校全体教师的共同参与。全体教师要树立创新创业教育的新理念和新观念,并掌握实施创新创业教育的方法和技能,从而在日常教育教学活动中渗透创新创业教育。更重要的是,每位教师自身都要首先成长或转型为具备创新创业思维和能力的个体,如此才能培养出具有相应能力的学生。其次,推动教学创新,创建贯穿全过程的中职创新创业教育。营造倡导创新创业的校园文化氛围,构建灵活开放的教育教学管理制度,开设多样化的学生选修课程,营造民主、平等、自由的教学氛围,满足学生个性化的学习需求,使创新创业教育的理念深入学校教学管理和课堂教学的方方面面，使全体教师掌握教学自主权，转变教育教学方式，变知识传递为知识创新，变技术传承为技术创新，使全体中职学生在学习过程中切实得到创新创业教育的启发和熏陶，真正发挥教育的主体作用，真正成为教育的主体。再次，挂钩专业教学，构建全方位覆盖的中职创新创业教育。创新创业教育与专业教学相结合，是打通创新创业教育与专业关联渠道的最佳途径，是促使中职学生活学活用的最佳方式，脱离了专业教育的创新创业教育只能停留在意识与知识层面，使创新创业教育成为无源之水、无本之木。使创新创业教育与专业教学相挂钩，就要求专业建设、课程设置、教学方法等都要融入创新创业教育的理念。把创新创业思维教育、创新创业精神教育和创新创业品格教育等融入专业课程教学中，使学生在学习以及运用所学的专业知识和技能的过程中不断发挥想象力和创造力，实现技术技能的创新和新事业的开创。最后，依托活动载体，变革中等职业学校教育教学模式。教育教学模式将越来越贴近学生的现实生活，教学内容也将取材于工作或生活实际，并以活动或项目的形式呈现，每个活动或项目涵盖多种技术技能和知识，学生在完成活动或项目的过程中，发现问题、探索问题，主动学习相关领域的知识和技能，并运用知识和技能创造性地解决问题。在实际问题的解决过程中，不仅中职学生的专业技能会得到深度锻炼，核心素养能得到全面提升，而且中职学生的创新创业意识将被彻底激发，创新创业思维将逐步形成，创新创业能力将大大提高。

8. 实践育人，知行统一

《中等职业学校德育大纲（2014年修订）》对德育途径做出明确规定。中职思想政治理论课四门必修课"职业道德与法律""职业生涯规划""经济政治与社会""哲学与人生"和两门选修课"心理健康教育""形势与政策"等教学课程是学校德育的主渠道，这就是中职学校的思政课程。其他公共基础课和专业课应结合课程特点，充分挖掘德育因素，有机渗透德育内容，结合专业特点和职业岗位要求，寓德育于理论教学和实践教学过程中，这就是中职学校的课程思政。学生需要理论指导生活，然而生活远比理论丰富和现实，理论要发挥其意义还需要与实践相结合。师生之间的关系也应多种多样、不拘一格，教学内容也应该紧跟时代贴近生活。

对于"实践育德"，《中等职业学校德育大纲（2014年修订）》就实训实习、学校管理、校园文化、志愿服务、职业指导、心理辅导与家庭社会等实践德育环节做了系列规定。网络信息化的发展改变了中职生的世界观、人生观和价值观，也对中职学校的德育提出挑战。中职学校应重点探索从课堂教学到课外教学，从理论知识学习拓展到社会实践的全程化、全方位的实践育人模式。

实践育人是指在教学中以学生在课堂上获得的理论知识和间接经验为基础，激发学生课外自我教育和相互教育的热情和兴趣，并且开展与学生的健康成长密切相关的各种实践活动，不断加强对学生的思想政治教育，促进学生形成高尚品格、祖国观念、人民观念、创新精神、实践能力的新型育人方式。

河池模式在实践育人模式上做了有益的尝试和大胆的探索，取得了良好的育人效果。

首先，优化德育过程，加强理论的实践性。针对德育内容空泛化问题，河池市职业教育中心学校进行"德育生活化"的改革创新，将德育理论教育与行为教育核心化，并将德育理论教育转变为日常化、社会化、生活化的实践模式，在德育理论课教学中，注重培养学生的人文素养，紧扣时代热点，在社会事件中渗透社会常识和正面价值取向；教学内容贴近实际、贴近生活、贴近学生，引入与学生自身利益相关的案例及本地区、本校和学生身边发生的案例辅助教学，让学生对课程内容感兴趣，主动思考，积极参与，大胆体验，增强学生的获得感、幸福感，让德育理论课教学"入脑、入耳、入心"，从本质上影响学生的思维，达到潜移默化的育人效果。

其次，构建以"立德、立行、立技、立业"为内核的校园文化。河池市委、市政府投入5亿元、划地300多亩为河池市职业教育中心学校建成广西一流的现代化中职校园。学校树立"为学生幸福铺路"的全新办学理念，围绕"品德优良、技能精湛、人文扎实、身心健康"的培养目标和"三心四爱八育人"的德育目标，精心打造以"立德、立行、立技、立业"为内核的文明和谐的校园文化。聚集交汇着中华优秀传统文化、河池革命红色文化、河池多姿多彩的民族文化、河池产业文化、国内外创新科技文明成果和极具现代职业教育气息特征的校园文化，潜移默化地影响校园师生共同的价值取向、观念认同和行为规范，形成正面健康的价值体系指导着学生的成长。配合开展与时俱进、与时代同向同行的第二课堂活动，每周一次的升国旗活动、常态化的经典诵读活动、校园电视台、LED大屏幕宣传牌、校园记者站、网上论坛、征文比赛、创意竞争、社团活动、青年志愿者活动、课堂交流、舞龙舞狮、抛绣球、板鞋舞等内容丰富多彩、形式灵活多样的实践活动，将德育贯穿于学生生活的全程、全时域，进一步培养学生参与德育的主体意识，提高学生的体验感、获得感、幸福感，拓宽学生的视野，帮助学生更好地认识社会、走进社会。

再次，加强对学生的心理健康教育。注重引导学生正确认识自我，了解自己的优势和劣势，学会客观地对待事物，提高学生对抗挫折和困难的能力。引导学生学会自我调节。河池市职业教育中心学校由校医室和思政课教师组成学生心理辅导站，针对个别有心理问题的学生进行有效调节与诊治。把心理健康教育作为选修课，正常开展教育教学活动。为学生全面健康成长提供有力的保障。

最后，积极打造"就业与组织"双平台。根据中职一至三年级学生的学习规律和身心特点，有针对性地开设"就业指导""人际交往与职业礼仪""演讲与口才""心理健康教育""团队协作"等系列课程。围绕提高学生职业核心竞争力，改革教育教学方式，开发教学案例，创新考核办法，以就业、创业为导向，开展实践教育活动，组织学生参加顶岗实习，工学结合，打造就业创业型平台。适应新形势要求，打造组织型平台，积极动员学生参加党组织、共青团和学生组织，让学生在其中培养和提升自身的工作能力。通过民主选拔制、聘用制、轮岗制、竞聘制等形式让学生参加干部竞聘。在学生中设立助理班主任和实施学生辅导员工作制，对学生进行思想引导、专业辅导、生活指导、心理疏导，促进学生综合素质全面提高。通过开展系列班级、宿舍文化活动，丰富学生的业余文化生活；通过先进集体和个人的表彰活动，树立典型、学习先进。帮助学生成长，让他们学会生活、学会工作。

四、班级德育：德育主战场

（一）班级德育，班会"五步法"

学校工作德育为首。所有教师都肩负着树德育人的神圣职责，班主任则是这支育人大军中的主将，班级理所当然成为德育的主战场。河池市职业教育中心学校在这个主战场上出奇制胜。班级管理主要通过班会这个重要载体进行，学校规定每周日晚上两节自习课由班主任组织学生召开班务会（又称"班会课"）。班主任根据学校统一管理要求，总结本班所取得的成绩，针对存在的突出问题拿出解决的具体措施，布置下一阶段的班级工作任务。学校层面，在长期的班级管理中探索出行之有效的班会"五步法"——"一读二看三听四论五导"：一读是班会课开始的时候，全班起立，齐声诵读"中等职业学校学生文明公约"。48个字的"中等职业学校学生文明公约"对于管理学生非常适用。经常诵读"中等职业学校学生文明公约"，在全体学生中入心化行，让学生认同公约、接受公约；二看是收看学校校园电视台播放的每周校园新闻，了解学校一周以来的重要工作、典型人物与事件、师生突出表现等，让学生见贤思齐，向榜样学习；三听是认真听取值周班干部做值周总结；四论是针对重大事件、典型人物与事件、突出问题展开讨论；五导是最后由班主任做总结引导、形成认识、共同提高。经过近十年班级管理实践证明，"五步法"可称为班级育德的"一绝"。

（二）德育考量化，"分年级系列化"主题班会

按《中等职业学校德育大纲（2014年修订）》的规定和要求，中职学生的德育内容主要包括：理想信念教育、中国精神教育、道德品行教育、法治知识教育、职业生涯教育与心理健康教育六个部分，按学生入学时间顺序，开设"职业生涯规划""职业道德与法律""哲学与人生""经济政治与社会"四门必修课程和"心理健康"等选修课程。我校根据学生思政课教育教学开设的顺序、学生各个阶段身心特点和掌握知识技能情况，将学校德育细化与可考量化，开展"分年级系列化"主题班会。根据德育核心内容，以"三心四爱"模式设计"分年级系列化主题班会"资源包，包括理想信念教育、中国精神教育、民族精神教育、感恩教育、道德品行教育、安全法治教育、校园文化教育、心理健康教育、时事政治教育等。按年级制作模块课件，制定主题班会课程表，按计划开展主题班会课，达到立德树人、德育细化考量的育人奇迹和效果。

（三）实施星级班级评比制度

河池市职业教育中心学校总结按学期开展班级评比这一传统做法的经验和不足，改变评比方式，构建实施以导向性评价为核心的星级班级评比机制。以班级的重点工作安全、学习表现、卫生清洁、爱护公物、文明礼貌、第二课堂活动六项内容作为考评体系内容，每个方面都制定达到星级标准的条件要求，班级在一个星期内某项工作达到星级标准的，学校授予本周星级称号，在相关班级教室外星级评比牌上贴上星级标志；每月四周各项工作都达到星级标准，则授予该班一星级班级称号，一个学期表现最优的班级可得到五星级班级称号，期末根据获星的数量评优评先。传统做法侧重于结果的考评，星级机制则注重过程的考评，符合班级德育从量变到质变的辩证法原理，学校从总体把控，面对全体学生，做到事前计划科学周密，事中督促检查，事后评估跟踪，坚决打赢德育主战场攻坚战。

五、目标德育："德、行、技、业"

（一）将培养目标融入学校德育

目标德育，只能拆分来理解。所谓"目标"，就是指射击、攻击或寻求的对象，也指想要达到的境地、标准和水平。法兰西第一帝国皇帝拿破仑曾说过："不想当将军的士兵，不是好士兵。"说的是当兵的目标就是要当上将军。网络上也有一种调侃说法："先定个小目标，赚它一个亿"，这是创业的目标。每所学校都有自己的办学目标，是指引导全体学生通过努力将要达到的思想水平、品德水平、技术技能、职业能力等目标。

河池市职业教育中心学校的学生85%以上是来自农村的贫困家庭。家长送子女到学校

就读最大的心愿就是希望子女通过3年的职校学习、锻炼，能够成人成才，成为一个知书达理、拥有一门技术的人，改变自己和家庭的命运；能够自食其力，在将来过上幸福美好的生活。学校针对学生和家长的心愿，把"品德优良、技能精湛、人文扎实、身心健康"确定为培养目标。为能让学生达到以上目标，把"立德、立行、立技、立业"确定为校训。"德"是中华民族优良传统，德行是中国人安身立命的根基。学校传承、发扬"德"的品行，融入时代特征内涵和规范，要求学生时时处处以德为先。"行"就是个人的行为规范，要求学生的个人行为要合于情、止于理，符合时代的、大众化的要求，要举止适度、文明礼貌、和谐团结、助人为乐。"技"就是学生个人的技术技能，学好一技之长，学生才能在社会上安身立命，拥有幸福人生。"业"就是学校面对全体学生，通过培养学生成才，实现大就业。对于学生个人而言，就是通过学习、实践，提高职业能力和职业素养，稳定就业，增加收入，过上幸福的生活。将"德、行、技、业"融入学校德育体系，引导学生外化于行、内化于心，成为学生的自觉行为和习惯。

（二）学校德育核心与校园文化内核融为一体

河池市职业教育中心学校在十年的发展与探索中，形成了"立德、立行、立技、立业"的校园文化体系。对于学校而言，立德就是要坚持社会主义办学方向和社会主义核心价值观；立行，就是培养人才、传承文明、服务社会；立技，就是传承和创新技术技能，培养高素质技术技能型人才；立业，就是努力创建职业教育品牌学校。对于教职工而言，立德即忠诚党的教育事业，铸师魂、塑师德、弘师风；立行即以身作则，行为示范；立技即学高为师，严教善导；立业即教研相长、著书立说、技艺常新。对于学生而言，即加强社会公德、职业道德和家庭美德养成；立行即培养好习惯、养成好修养；立技即勤学苦练，掌握过硬本领，技能精湛；立业即以技立身、就业创业。

把"为学生幸福铺路"作为办学理念，将"德、行、技、业"融入校园的物质文化、精神文化、制度文化和环境文化各个时域，让全体教职工和学生一踏入校园，抬头、低头都能见到"德、行、技、业"，闻到其书卷味和芬芳味，让教职工自然而然地把"德、行、技、业"牢记于心，使学生自觉地认同"德、行、技、业"，在优雅美丽的校园环境中受到熏陶，激发学生修身立业的激情和美好愿景，达到以文化人、以文育德、以文育行、以文育技的育人效果。

"河池模式"将"德、行、技、业"融入学校的每一个细节，学生在校学习、生活期间，能够把"德、行、技、业"作为学习、生活的动力、方向与目标，一致表示要把"德、行、技、业"全面融入自己的生活，做最美好的自己、最规范的自己、最强大的自己、最幸福的自己，构成"河池模式"独特的"目标德育"。

六、河池特质、民族特点：红色基因与民族文化

（一）将红色基因融入德育体系

1. 红色基因

红色基因是一种革命精神的传承。红色，象征光明、凝聚力量、引领未来，红色基因是中国共产党人的精神内核。瑞金、井冈山、遵义、延安、西柏坡、百色、河池、东兰等地，无一例外地因为"红色"而典藏历史。河池市是广西红色资源最丰富的地区之一，革命遗址遗迹有270处，其中东兰县是河池革命老区的核心县，是韦拔群烈士的故乡，红七军战斗

序列中东兰弟子有5 000多人，有1 600多人参加二万五千里长征。红色基因的基本内涵具体表现为五点：一是信念坚定，纪律严明；二是对党忠诚，一心为民，永远忠诚党、忠诚人民、忠诚共产主义事业是共产党人的政治本色；三是艰苦奋斗，勇于牺牲，一不怕苦，二不怕死的革命精神，是共产党人独有的标识，铸就了我们的党魂和军魂；四是实事求是，勇闯新路；五是清正廉洁，无私奉献。红色基因是中华民族的精神纽带，在中国得到传承和发扬光大，孕育着永放光芒的抗洪抢险精神、抗震救灾精神、北京奥运精神、载人航天精神、武汉新冠肺炎阻击战精神。红色基因鼓舞着中国人民自强不息、勇往直前，写下了无数令世人惊叹的"中国故事"。

2. 红色基因融入德育体系

毛泽东同志曾称赞韦拔群是"壮族人民的好儿子、农民运动的好领袖、党的好干部"。韦拔群等无数革命先烈用生命和鲜血在河池这片红土地上铸就了"对党忠诚、一心为民、追求真理、百折不挠、顾全大局、无私奉献"的拔群精神，是无产阶级彻底的革命精神，是河池各族人民优秀人文道德和精神血脉在民主革命时期的深沉积淀和光辉体现，构成了河池红色基因的主题，承载着河池革命老区人民厚重而辉煌的历史，蕴藏着崇高而伟大的精神力量，传承着河池各族人民坚强不屈的品质和肝胆披沥的情怀。

河池市职业教育中心学校立足河池，从2012年开始，选派专人挖掘韦拔群等革命先烈红色资源题材，编写校本教材；将韦拔群精神和"逢山开路、遇水搭桥"的河池精神融入学校的德育体系，让河池学子自觉地学习先烈的革命精神并吸收养分。将革命传统与红色基因中蕴含的集体主义精神、艰苦奋斗精神和敢于创新精神与中华优秀传统文化中的重民本、讲仁爱、守诚信、崇正义、尚和合、求大同的精神有机结合，融入教育教学和管理服务各个环节，做到"八个融入"：一是融入教材建设。编写红色文化教材和普及读物，推进红色文化进教材、进课堂、进头脑。二是融入学科课程建设。学校硬性规定思想政治理论课教师把河池革命传统内容融入思政课教学内容，编制教学模块，系统传承红色基因。三是融入课堂教学计划，推动红色文化教学改革创新。四是融入实践育人活动。学校党委把红色文化传承列入学校实践育人活动计划，把东兰县广西农民运动讲习所旧址列宁岩、红七军前委旧址魁星楼、东兰革命烈士陵园、韦拔群纪念馆、韦拔群故居、河池镇红军标语楼、金城江革命烈士陵园等革命遗址遗迹作为革命传统教育实践基地。清明节、建党节、国庆节等节庆日，以班级为单位到基地缅怀革命先烈、继承先烈遗志，激发全体学生加强思想道德修养、发奋学习技能，争当中国特色社会主义现代化建设的建设者和接班人。五是融入校园文化建设。将韦拔群精神和河池精神作为"立德、立行、立技、立业"的底蕴和基础内容，构建具有河池特质的校园文化体系。六是融入节庆主题活动。革命传统教育和红色基因传承是河池市职业教育中心学校每星期一次的升旗仪式和经典诵读、每学期一次的开学典礼、每年一次的国庆或元旦文艺晚会的主题。同时，以红色文化为主线，每学期开展一次报告会、一次征文比赛、一次演讲比赛等活动。七是融入学校网络思想政治教育教学平台。八是融入教师队伍建设。每学期举行一次以红色文化为题材的论文比赛、课题研究及其他科研活动。建立激励机制，把红色文化传承列为教职工考核评优、职称晋升等的硬性指标。

（二）融入民族文化，打造品牌德育

1. 创建传承民族文化基地

河池市是广西少数民族重点聚居地之一。境内世居民族有8个，少数民族人口占总人口

的 85.3%。河池市职业教育中心学校的少数民族学生占学生总数的 78%以上。河池的少数民族历史悠久、人们勤劳勇敢，壮、瑶、毛南族等各少数民族优秀传统文化成为中华优秀传统文化的瑰宝。河池市职业教育中心学校充分挖掘民族文化资源，创建传承民族文化基地。2013 年 3 月，自治区教育厅、自治区民委批准河池市职业教育中心学校为民族文化技术技能人才培养基地，重点建设服装设计与工艺和学前教育两个专业。同年 8 月，学校成立"民族文化艺术教学部"，构建具有浓厚民族特色的校园环境、教学环境和实训环境，加大投入，搭建民族文化艺术教学、民间工艺技术技能传承的良好平台。教育教学设备先进，建有舞蹈室 3 间、数字化多媒体音乐演示厅 2 间、服装实训室 5 间、录音棚 1 间，有钢琴 10 架，教学设备总值 200 多万元。自 2013 年秋季学期起正常招生、教学。除本校专业教师外，学校还聘请本地区非物质文化遗产传承人、民间艺人兼职任教，依托服装设计与工艺和学前教育两个专业，开设少数民族文化及民间手工艺术课程，加大培养民族文化技术技能人才的力度，扎实推进民族文化基地建设。

在《体育与健康》课程教学中，将"地方少数民族传统体育项目"列入教学计划，把打陀螺、竹竿舞、板鞋竞速、高竿绣球、背篓投绣球、舞龙舞狮等少数民族传统体育运动项目作为体育与健康课程的必修内容。将民族民间美术与专业课程教学有机结合，在学前教育专业的美术课中融入民族民间的绘画、雕塑、玩具、剪纸、扎染等必修内容，实现民族民间美术与学前教育专业教育教学的完美结合，在传承与弘扬民族民间美术艺术的同时，实现艺术的再造与创新。发挥特色专业的传承作用，结合特色专业建设，搭建民族文化技能人才培养新平台。根据少数民族歌舞项目，如壮语原创歌曲，壮族、苗族、瑶族、毛南族、仫佬族舞蹈等，创编《外婆留下的歌谣》《百里歌海》《苗家酒歌飘过来》等歌曲，创作《最美不过花竹帽》《姥姥门前看大戏》等民族舞蹈，在河池市内巡演；学生创作的马尾绣和"民族娃娃"等系列作品，在河池市非物文化遗产展示中得到自治区、市领导的高度评价。

2. 民族特色打造品牌德育

挖掘民族文化资源潜力，打造民族地区职业学校品牌德育。河池的民族文化蕴藏着丰富的民族智慧、民族情感和民族精神，是世代相传的文化财富和民族根基，是河池市职业院校铸就品牌德育的基础。河池市职业教育中心学校综合开发利用民族文化资源，从 2013 年开始，做了实实在在的具体工作，富有成效。一是实施"321"工程，促成民族文化进校园的"新标本"。硬性规定每位少数民族学生学会唱 3 首河池少数民族歌曲，学会跳 2 曲少数民族舞蹈，学会制作 1 项民族工艺。二是组建学校龙狮队，成为弘扬民族体育文化精神的"新使者"。从学校层面系统规划组建龙狮队，河池市龙狮协会、龙狮训练基地在河池市职业教育中心学校挂牌，几年来，龙狮队成为学校弘扬民族体育文化精神的"新使者"。三是组建迎宾礼仪队，打造传递少数民族重礼好客的"新名片"。以传承河池少数民族重礼好客的民族传统为重点，成立学校迎宾礼仪队。组织队员深入民间采访调研，邀请民间艺人作为指导老师，使服饰、舞蹈动作、迎宾送客歌等在吸收各民族特点的基础上进行拓展与创新，打造一支形象优美、精通礼仪、特色鲜明的民族迎宾队。民族文化育人效果显著，增强了全体学生的文化自信与民族自信；师生精制的民间工艺品壮族马尾绣《水秀南方》、壮族卷绣《壮乡锦韵》、民族娃娃《姐妹情深》等多次在广西区内展示；创作一批具有民族特色的文艺作品，何璐茜老师的原创舞蹈《姆洛甲的女儿》，何璐茜、姚亮的原创歌曲、舞蹈《瑶山哈西》，胡伟华老师的原创舞蹈《雄魂》等获得国家级金奖，姚亮、韦红彤老师制作的河池市世居民族原创歌曲集《寻梦山水间》及同名唱片在国内公开发行，学生制作的DV作品《探秘会唱歌的石头》《印象毛南·花竹帽》分别获得广西青少年科技创新大赛二等奖和三等奖。学校培养了一批具有真才实学的民族文化传承人才，姚亮老师被中央民委授予了"仫佬族祝福使者"称号，5名学生获得广西"新时代刘三姐"称号。

河池市职业教育中心学校将民族优秀文化融入德育、校园文化建设，形成广西独具一格的民族地区职业学校品牌德育。河池市职业教育中心学校正高级讲师韦红彤编著《美丽河池，水乡南方》一书，由电子工业出版社出版，简要记录"文化河池，多彩职教"的内容，详细介绍河池少数民族——水族马尾绣的制作工艺，充分展示河池民族文化品牌德育的神奇色彩。由韦红彤主编的画册《传承筑梦根文化，产教融合育工匠》成为学校传承创新民族文化的典型校本教材。

七、校企文化渗透互融，校企合一的文化育人模式

（一）校企渗透，文化互融

中职生因为初中阶段文化基础、学习成绩、思想情绪等方面原因，容易造成价值观偏离正轨、职业观和职业理想认识偏差的不良后果，再者因为家庭教育缺失，导致不能对个人职业进行正确定位，不能胜任职场工作，不能很好地融入社会生活。河池市职业教育中心学校针对上述现象，基于产教融合、校企合作的视角，大胆探索校企文化渗透互融、校企合一的文化育人模式。一是校企共同研定、整合德育教材。将企业管理、经营理念、人文理念、职业素养、规章制度等融入中职学校的"职业生涯规划""职业道德与法律"等思政课程，实现企业文化进课堂教学。二是打造独具职教特色、河池特质、民族特点的文化品牌。河池市职业教育中心学校经过多年的探索和实践，构筑了具有职教特色、河池革命老区特质、河池民族特点的文化育人品牌，形成了具有职业教育特色的办学理念、培养目标、治校方略、教风、学风与校风，构建了具有职教特色的课程体系和管理体系，建成了以"立德、立行、立技、立业"为内核的校园文化体系，为校企文化融合奠定了坚实的基础。三是建成了校企文化互融的职业环境。专业文化建设彰显行业特色，以"勤学苦练、精益求精"为学风，逐步形成汽车专业的"负责"、机电专业的"精益求精"、电子专业的"专注"、学前教育专业的"爱心"等核心品质；实训楼以"尚技楼""勤技楼""精技楼""乐技楼"命名。环境文化氛围突出"德、行、技、业"的企业特色，形成校企文化渗透融合的良好局面。

（二）育人模式、管理体系与活动平台

河池市职业教育中心学校通过探索与实践，形成符合职业教育规律并具有职教特色、河池特质、民族特点的职业素养培养体系，按照贴近产业、贴近行业、贴近企业的"三贴近"原则，把企业文化融入专业教学过程中，积极搭建校企文化互融的协同育人平台。先后尝试开办由各种企业冠名的订单培养班，如"风华班""博世励志班""烙铁手班""民航班""高铁班""无人机班""智能机器人班""新能源汽车车身修复班"等。在引进企业师资、教材的同时，把企业的管理理念、企业文化融入订单培养班的教学管理，实现企业文化的嵌入，培养了学生的企业认同感。把企业的管理文化融入学校的教学管理和班级管理，不断提高师生的职业素养，持续加强师生对企业文化的认知、认同。把企业文化引入教学，把课堂、实训室变为企业的生产车间，形成基于典型工作任务的人才培养模式，在工作环境、工作流程、工作方式和工作任务上深度融入企业管理文化。把企业文化融入班级管理，把班级

变为企业的"班组",促进良好班风、学风的形成。将企业文化融入各类学生活动,在潜移默化中提高学生的职业素养。定期组织学生到企业见习、实习,包括教学实习、顶岗实习等形式,河池市职业教育中心学校已成功地把企业文化融入校园文化,已走出一条校企文化融合的育人模式、管理体系、活动平台创新之路。

第三节 构建"六位一体"思政课堂教学模式

思想政治理论课(以下简称"思政课")是落实立德树人根本任务的关键课程。思政课不仅是马克思主义理论和习近平新时代中国特色社会主义理论传授的平台和载体,更是社会主义核心价值观引领与践行的主渠道和主阵地。习近平总书记在 2019 年 3 月 18 日全国学校思政课教师座谈会强调指出:"青少年是祖国的未来、民族的希望。我们党立志于中华民族千秋伟业,必须培养一代又一代拥护中国共产党领导和我国社会主义制度、立志为中国特色社会主义事业奋斗终身的有用人才。在这个问题上,必须旗帜鲜明、毫不含糊。"河池市职业教育中心学校聚焦思政课建设,把思政课建成一个完整的学科体系,做到"坚定主心骨、唱响主旋律、守好主阵地、建强主力军",构建、实施"互联网 + 八相统一、三渗透、六融通"即"六位一体"的思政课堂教学模式,致力于打造"情理相融"课堂、"知行合一"课堂、"资源链通"课堂,学校思政课教育教学的思想性、理论性、亲和力、针对性明显提高。

一、守正创新,教学改革坚持"八相统一"

(一)思政课建设存在的问题及成因分析

1. 部分地方党政重视不够

首先,思政课程建设的政治站位不高。由于各种原因,部分地方党委、政府对思政课程建设的重视不够,没有从党和国家"两个一百年"的战略地位和全局的高度抓紧抓好;没能全面深入地贯彻落实党的教育方针;没能从根本上解决"坚持马克思主义指导地位,贯彻落实习近平新时代中国特色社会主义思想,坚持社会主义办学方向,落实立德树人根本任务,坚持教育为人民服务、为中国共产党治国理政服务、为巩固和发展中国特色社会主义制度服务、为改革开放和社会主义现代化建设服务,扎根中国大地办教育,同生产劳动和社会实践相结合,加快推进教育现代化、建设教育强国、办好人民满意的教育,努力培养担当民族复兴大任的时代新人,培养德智体美劳全面发展的社会主义建设者和接班人"等系列问题。部分职业院校重技能轻文化基础课,把思政课教学当作一般的文化课,随便给学生讲讲故事就过了一节课;甚至有少数职业院校不开设思政课程,期末成绩由教师或班主任给个 60 分过关。这些做法将思政课教学低俗化、简单化。

其次,思政课程建设的体系机制创新不够。部分地方党政领导对思政课建设重视不够、认识不高、力度不大,导致了教育行政部门、组织人事部门、宣传部门、财政部门等没能形成思政课程建设的创新体系机制,思政课程建设的制度保障、体系机制、人员配备、经费落实、跟踪落实等还没有形成创新的体系机制。思政课程建设,重点要解决"教师""教材"与"教法"三个问题,其中思政课教师最为关键。明显地体现在思政课程教材体系的目标性、大中小学阶段的整体性与系统性不够；思政课教师队伍建设的时代要求、人员配备、专业特点、评价激励机制创新不够，思政课教师的社会地位不高，在评优评先、外出学习培训、职称晋升等方面思政课教师都排在后面；思政课程建设的经费支持不够，科研体系不健全；等等。

2. 部分学校领导紧迫感和政治站位不高

首先，部分学校领导对思政课程建设重视不够。重技轻德育的现象突出，对思政课程的总体安排不科学、不合理，流于形式。部分学校领导对思政课程的理解存在三大误区：一是误认为思政课程是德育教研组的职责，不需要其他部门同频共振；二是误把思政课程作为一般基础课程完成基本教学，这是导致思政课程建设低水平循环的重要原因；三是误认为办好思政课程的主体是思政课教师，不需要其他队伍协同共进。

其次，对思政课教师的素质要求、人员配备、评价考核不科学。部分中职学校领导对思政课程建设政治站位不高，紧迫感不强，导致对学校思政课教师的专业性降低，对思政课教师选拔门槛低，甚至把英语专业、数学专业、音乐专业或其他专业课教师当作思政课教师使用。有的学校思政课教师一个星期授课20多节，教学任务繁重，教学质量降低。思政课教师没有培训进修的机会，评优评先没有思政课教师的名额，思政课教师岗位没有吸引力，思政课教师难以树立自豪感和荣誉感。

3. 部分思政课教师的教学存在突出问题

首先，教学观念落后、方法陈旧，缺乏"三贴近"。教学过程的主体是学生，他们掌握教学话语权。"老师讲、学生听、一间教室、一本教材、一块黑板、一支粉笔、一张嘴"的教学模式，不能满足学生的求知欲望。任课教师信息技术运用能力较差。在"互联网+"时代，部分教师的思想、理论、信仰、知识深度与广度、廉洁、品德等已不适应"互联网+"时代思政课程教学需要。中职学校每学期开一门思政课程必修课，课程内容之间存在纵向比较和横向内在联系，知识出现碎片化，思政课与其他学科及实践课缺乏渗透与融合，导致知行脱节现象严重。

其次，守正与创新不到位，理论与实际脱节。部分中职学校领导和思政课教师一直认为，职业教育是就业教育，学生应以学习技术技能为主，忽视了德育，重技轻德现象突出。部分思政课教师弄不清思政课"守正"要守什么，"创新"要创什么，思政课教学的政治立场、政治方向、政治原则、价值追求被忽略。教学理论创新、观点创新、模式和手段方法创新没有做到位，出现知与行脱节现象。部分思政课教师误认为中职思政课只需照本宣科、形式活泼、迎合学生的教学评价，不需要追求思想性、理论性、亲和力、针对性相统一。

再次，学生对思政课缺乏兴趣。大部分中职学生在初中阶段的成绩不是很好。学生对思政课学习缺乏信心和兴趣，缺少学习动力。思政课的教学内容因为缺少创新而变得枯燥乏味，无法激发学生的学习欲望，这是目前中职思政课教学中存在的最大问题。"兴趣是最好的老师"，学生缺乏对思政课的学习兴趣，只能死记硬背，很难学好思政课。培养学生的学习兴趣，是中职思政课教学需要解决的最突出的现实问题。

（二）八相统一，各尽其责，守正创新

1. 习总书记提出"八个相统一"

习近平总书记对思政课守正创新提出"八个相统一"，为我们指明了方向。要坚持政治性和学理性相统一，以透彻的学理分析回应学生，以彻底的思想理论说服学生，用真理的强

大力量引导学生。要坚持价值性和知识性相统一,寓价值观引导于知识传授之中。要坚持建设性和批判性相统一,传导主流意识形态,直面各种错误观点和思潮。要坚持理论性和实践性相统一,用科学理论培养人,重视思政课的实践性,把思政小课堂同社会大课堂结合起来,教育引导学生立鸿鹄之志、做奋斗者。要坚持统一性和多样性相统一,落实教学目标、课程设置、教材使用、教学管理等方面的统一要求,又因地制宜、因时制宜、因材施教。要坚持主导性和主体性相统一,思政课教学离不开教师的主导,同时要加大对学生的认知规律和接受特点的研究,发挥学生主体性作用。要坚持灌输性和启发性相统一,注重启发性教育,引导学生发现问题、分析问题、思考问题,在不断启发中让学生水到渠成得出结论。要坚持显性教育和隐性教育相统一,挖掘其他课程和教学方式中蕴含的思想政治教育资源,实现全员、全程、全方位育人。

2. 党委统一领导、党政齐抓共管

党委统一领导、党政齐抓共管,大打一场思政建设攻坚战。以习近平新时代中国特色社会主义思想为引领,从党和国家"两个一百年"的战略地位和全局高度出发,坚决贯彻落实以习近平同志为核心的党中央做出的战略决策,从建设中国特色社会主义现代化强国和民族复兴千秋伟业的政治站位,党委高度重视,政府各部门形成合力,大打一场思政建设攻坚战,形成新时代思政课程建设创新的格局,建立健全思政课程建设新体系新机制,为思政课守正创新提供强大的组织基础和制度保证。部门各负其责、社会协同配合,形成思政建设攻坚合力,政府统筹,教育、人社、宣传、财政等部门各司其职,对思政建设的制度保障、体系机制、教材体系、人员配备、经费落实、跟踪落实、法律法规等方面给予足够的保障,为全社会思政建设攻坚战奠定坚实的基础。

3. 职业院校"四个守正创新"

(1) 指导思想守正创新。

中职学校领导应在办学理念和指导思想上守正创新。彻底改变"重技轻德"的旧观念,校准党和国家思政建设的"航向标",切实按照党委、政府的思政建设指令,真抓实干思政建设,贯彻落实习近平新时代中国特色社会主义思想,坚持社会主义办学方向,落实立德树人根本任务,坚持教育为人民服务,为中国共产党治国理政服务,立足于本地办好职业教育,培养担当民族复兴大任的时代新人。这是思政建设取得成功最关键的一个环节。

(2) 教材体系守正创新。

按照中职一至三年级学生的认识规律和特点,循序渐进、螺旋上升地开好四门思政必修课程和选修课程,统筹开好"职业道德与法律""哲学与人生""经济政治与社会""职业生涯规划"四门必修课和"心理健康教育"等选修课,研究编制中华优秀传统文化、河池革命红色文化、河池民族文化、社会主义先进文化、河池产业文化、企业文化、科技创新文化及总体国家安全观等课程教材图谱,使其融入校园文化,形成校本教材;科学选定教材规划,注重提升思政课教材的政治性、时代性、科学性、可读性。做到教材体系守正创新。

(3) 队伍建设守正创新。

办好思政课,关键在教师。思政课教师作用不可替代,思政课教师队伍责任重大。学校应强化人本思维,配齐建强思政课教师队伍。严格按照习近平总书记提出的"政治要强""情怀要深""思维要新""视野要广""自律要严""人格要正"的"六个要",打响"聚才"攻坚战,坚持引才、留才并举,提高优秀人才待遇,拓展事业发展平台,确保思政课教师数量充足、素质优良,思政课教师队伍结构合理。打响"育才"攻坚战,抓好新教师准入培训,大力资助中青年骨干教师成长,重点择优支持优秀中青年教师。打响"培训"攻坚战,加强经费支持与动态管理,高质量满足思政课教师培训研修需求。打响"职称"攻坚战,出台思政课教师职称评聘方案,推进思政课教师职称评定单列计划,探索学校思政课建设"名师工作室""名师团队"等形式。建设专职为主、专兼结合、数量充足、素质优良的思政课教师队伍。

(4)体系机制守正创新。

坚持从严管理和科学治理有机结合。党委书记、校长带头走进思政课堂,带头推动思政课建设,带头联系思政课教师。鼓励、邀请教学名师上思政课,推动思政课内涵式发展。

4. 思政课教师"三守正、三创新"

(1)守立场之正,创理论之新。

思政课教师必须守政治站位之正,创理论传授之新,坚持正确的政治站位、政治方向、政治原则。通过坚守马克思主义立场,实现理论传授、系统育人与思想武装的根本育人目标。每位思政课教师必须以实际行动,正面回答"培养什么人、怎样培养人、为谁培养人"这个根本问题。守政治方向之正,创系统育人之新。坚持马克思主义的指导地位和社会主义的根本方向,不断强化对马克思主义最新成果的传授,深刻理解全过程、全课程、全方位育人的科学内涵,通过课程育人、科研育人、实践育人、文化育人、网络育人、心理育人、管理育人、服务育人、资助育人、组织育人等"十大育人"体系,构建思政课程建设立体式、整体性、系统化的教育新结构。守政治原则之正,创思想武装之新。坚持政治性与学理性相统一,以政治性为灵魂,以学理性为基础,将其融入思政课程建设全过程。将中国化的马克思主义理论成果的理论内涵讲明白、讲清楚、讲透彻,让学生听得懂、能领会、辨是非、可落实,达到入耳入脑入心入行的教学效果。

(2)守观点之正,创内容之新。

守"三观"之正,创最新理论成果教育之新。坚持科学的世界观,将习近平新时代中国特色社会主义思想纳入思政课程建设体系,构建面向全体学生的教育体系、系统专业的学科体系、符合规律的教材体系、科学有效的教学体系、铸魂树德的价值体系。坚持科学的人生观,传授真理、批判谬误,传递善良、批判邪恶,传播美好、批判黑暗,培养信真理、讲善良、求美好的社会主义接班人。坚持科学的价值观,将社会主义核心价值观纳入思政课教学体系,实现固本正源、铸魂育人。

守核心课程之正,创思政课资源深度挖掘之新。在纵横视野和比较中多维探求思政课的教育资源。在纵向上,既注重从传统思政课教育教学中汲取精髓,又重视从现代教学方式更新中及时汲取养分,突出思政课教学的时代性与灵活性,实现思政教学的与时俱进。在横向上,既立足于国内、区内、市内和校内,整合思政课教学的优秀典型和样本案例,有针对性地吸收高质量成果,又放眼世界,汲取国外相关课程教学的新内容新方法,实现思政课的与世同行。在知识传授上,侧重于学习方法和知识架构的培养与搭建;在教学管理上,将教育资源有机整合并合理嵌入,优化教学效果;在教学课堂上,优化课程结构,将思政课程模块化、融通化,与其他学科浸透化,使课程内容交叉互补。整合河池红色革命传统文化、民族传统文化、产业文化、企业文化等教学资源,编写校本教材,做到因地制宜、因时制宜、因材制宜,打造多元化的思政课程教材体系,实现教育资源最优配置的效益最大化。

守经验总结之正，创思政课内容丰富和谐之新。透视中华五千年文明，把厚重历史沉淀出的中华文化精髓，以道德规范、价值品格、思想观念为学生打好底色，筑牢学生爱国爱民的深厚感情，将知识传授与优秀文化教育资源结合起来，实现中华优秀文化的创新性研究和创新性转化，奠基思政课的深厚内涵，培养和打造学生自信、自立、自强的人格。要立足当下、贴近现实、适应变化、放眼未来，及时发现教学中的新问题，运用科学合理的方法、手段、途径不断调整和优化教学内容，认识、把握和利用其发展变化的规律走向，推进思政课与时俱进，使思政课教育呈现新思想、新文化、新自信相互映衬和相互交融的崭新境界。

（3）守方法之正，创手段之新。

守实事求是方法之正，创对话性和引领性教学之新。思政课课堂教学坚持因材施教、因堂施教、因生施教，创造教师与学生之间平等对话的机会，了解和把握学生总体情况、知识需求和个体差异，有针对性和侧重性地有效教学。课后注重运用新媒体，搭建学生与教师之间交流的第二平台，通过微信群、公众号等平台，打造师生交流的隐性空间，打破教师与学生之间的单向关系，破除隔阂与屏障，及时了解学生的动态，培养互信互敬互重的师生关系，形成有效的信息交流回路。

守辩证分析方法之正，创直观性和巩固性教学之新。马克思主义辩证分析方法要求坚持以发展的眼光看问题，用矛盾的观点看问题。在教学过程中，应聚焦教学任务、教学目标和教学环境的变化，抓住重点和难点，不断优化和更新教学设计和方案。在教学方法上，以传统模式为基础，提高知识传授的精准度和全面性；掌握必备的现代教育技术，将知识具象化、直观化，增强知识传授的生动性、灵动性、趣味性，提升学生知识内化的效果和程度，实现教育方式和手段的多样化。同时，要保持教学过程的连贯性，摒弃碎片化、局部性教学，实现全面性、系统化教学，打造教学体系的整体性格局。在教学内容上，注重对已学知识的重提和温习，在新知识的教学中，强化对已学知识的逻辑关系整合，提高学生知识结构的稳固性，提升巩固教学成效，促进教学系统良性循环。

守知行合一方法之正，创体验性和应用性教学之新。在教学过程中，要优化教学方案设计，在知识传授的前提下，通过场景模拟、小组讨论、案例分析等方法，展现知识体验的过程，并以交流反馈的形式予以知识输出，将硬性知识以软性方式导出，不断激发知识理论内化的动力，帮助学生快速、准确、深刻地理解教学内容，培养学生的创新能力和创新思维，形成知识传授、知识体验和知识反馈三段式完整教学回路。强化课堂内外教学的配合，注重室内和室外相统一，增加实践教学课时，丰富实践教学活动，以室外的实践印证室内的真理，以室内的真理指导室外的实践，进而丰富和拓展学生的知识体系，提高学生分析问题、解决问题的能力，推动学生将知识和理论转化为自觉行为以指导实际行动，让学生在实践中实现自我再教育，不断推动自我完善和自我发展。

二、"三元渗透"，产教融合

"河池模式"坚持立德树人的政治方向与职业教育产教融合的时代特征相结合，用好、用足、用活教育部关于《中等职业学校德育大纲（2014年修订）》（以下简称《大纲》）精神，在坚守思政课堂教学"前沿阵地"的同时，将思政课渗透到产教融合、校企合作实践课堂，打造"前沿阵地"——思政课程，着力构建梯次分明、有机统一、衔接有效的思政课程体系。打造"互联阵地"——课程思政，培育选树一批"学科育人示范课程"，引导所有课程上出"思政味"。打造"互补阵地"——第二课堂，将学校原有的德育载体、模式、内容拓宽拓深，形成以校园文化为依托、思政课程浸润德育的浓厚育人氛围。将思政课堂融入"产教融合、校企合作、工学结合、知行合一"的育人机制，打造政行企校协同育人的"保障阵地"。全面保障思政课健康有序。打造校内外共建思政课三大平台——结对共享、实践锻炼、教育体验，着力黏合好学校教育、社会教育和家庭教育。

（一）渗透之一：思政课程之间渗透融合

为贯彻落实党的十八大和十八届三中、四中全会精神，深入贯彻习近平总书记系列重要讲话精神，进一步加强和改进新形势下中等职业学校德育工作，教育部重新修订2004年发布的《中等职业学校德育大纲》（以下简称《大纲》），根据我国职业教育发展新情况对其做出了较大的修改。新《大纲》规定"职业生涯规划""职业道德与法律""经济政治与社会""哲学与人生"等四门课程作为中等职业学校德育必修课，将"心理健康教育"等作为选修课程。"河池模式"的德育课程教学分两步走，一是将四门必修课的教学内容进行有效渗透融合；二是将四门必修课与心理健康教育、就业指导、社会主义核心价值观、中华民族优秀传统文化、革命老区红色文化、产业文化、优秀企业文化、职业文化、中职生文明公约、重大时事政治、中外历史地理、军事以及反映时代进步的中外重大科技创新发展成果等进行有效渗透融合。

1. 四门必修课内容渗透融合

按《大纲》的要求，中职德育的主要目标是把中职生培养成为爱党爱国、拥有梦想、遵纪守法、具有良好道德品质和文明行为习惯的社会主义合格公民，成为爱岗敬业、诚信友善，具有社会责任感、创新精神和实践能力的高素质劳动者和技术技能人才，成为中国特色社会主义事业合格建设者和可靠接班人。习近平总书记提出的"培养什么人、怎样培养人、为谁培养人"，就是中职学校德育最为核心的问题。重中之重的问题是要"培养拥护中国共产党领导和我国社会主义制度、立志为中国特色社会主义事业奋斗终身的人"。围绕德育目标和核心问题，德育的内容可分为五个方面：一是理想信念和中国精神教育；二是道德品质教育与道德行为的培养；三是法治教育，将宪法、刑法、劳动法、职业教育法等融入职业纪律和岗位规范教育、校纪校规教育；四是职业生涯教育，职业精神、职业能力与素养、就业创新创业教育、终身学习与职业生涯可持续发展教育；五是心理健康教育，针对中职生的身心特点和职业要求，进行心理健康的基本知识与方法教育。

"河池模式"根据五大教学内容，将思政必修课程渗透融合，分块教学。中职思政必修课虽经多次修改，但各门课程之间的内容过于理论化、条条框框太多，"三贴近"不够。河池市职业教育中心学校思想政治课教师围绕立德树人根本任务，按照"三贴近"原则，把四门德育必修课程内容优化整合为一体，使德育课程之间融会贯通。加强四门必修课程之间的纵横向联系与渗透，围绕培养目标，按照上述五大教学内容，归类分块，研究制作"模块化"的信息化教学设计教案，在课堂教学中实现德育课内容融会贯通，提高育人效果。

2. 将必修课程与相关教学内容渗透融合

河池市素有"五乡"之美誉，是全国闻名的革命老区和少数民族地区。河池是著名的革命老区，是广西农民运动的发祥地、百色起义的策源地、右江革命根据地的腹地，是红七军和韦拔群烈士的故乡，成长了韦国清等7位共和国的开国将军，有着丰富的革命斗争历史和红色教育资源。河池又是少数民族地区，境内世居8个少数民族，少数民族人口占总人口的85.3%，丰富多彩的少数民族文化是我国优秀传统文化的瑰宝。"河池模式"将社会主义核心价值观、河池革命红色文化、河池民族文化、产业文化、优秀企业文化、职业文化、中职生文明公约、重大时事政治、中外历史地理、军事以及反映时代进步的中外重大科技创新发展成果等渗透融合。

（二）渗透之二：思政课程与课程思政渗透融合

习近平总书记强调"坚持显性教育与隐性教育相统一"。在教学实践中，就是深入推进思政课程与课程思政渗透融合，围绕立德树人根本任务，使思政课程与课程思政有机统一、双向互动、同向同行、增强思想政治教育的协同效应。

1. 立德与树人、育人与育才的有机结合

立德树人应以德为先，德才结合，德育与智育并举。立德居其首位，立德树人包括立德与树人两个不同的侧重点。立德是树人的前提和基础，树人是立德的指向和目标。北宋司马光在《资治通鉴·第一卷》周纪一·周威烈王二十三年（戊寅、纪元前 403 年）中云："才者，德之资也；德者，才之帅也。"所谓立德，就是立德业、养德性、有德行。要培养受教者具有坚定的理想信念、崇高的思想品格、优良的道德品质。所谓树人，就是培养才能、练就技艺、具有才学。要培养高素质、能力强、具有健康心智、有一技或多技之长的人才。立德体现的是育人，树人体现的是育才。立德与树人、育人与育才也就是我们坚持主张的德才兼备、又红又专。立德，必须通过思政课程教育教学来实现，树人必须通过课程思政的教育教学来实现。思政课程教育教学作为立德的"主渠道""主阵地"，传播马克思主义理论和中国共产党的创新理论，用习近平新时代中国特色社会主义思想铸魂育人，教育引导学生掌握科学理论知识，坚定理想信念，坚定"四个自信"，树立正确的世界观、人生观与价值观，厚植爱国主义情怀，养成优良的思想品德、健康心理，体现的是立德和育人的特征要求。课程思政作为树人手段和方法，通过系统专业的知识体系和实际技能教育教学，培养学生成才成长，掌握报效国家的技术技能，把爱国情、强国志、报国行自觉融入坚持和发展中国特色社会主义事业、建设社会主义现代化强国、实现中华民族伟大复兴的奋斗之中，体现的是树人与育才的特征。思政课程与课程思政有机结合，两者的功能相互支撑，实现立德与树人的最佳结合，达到良好的育人效果。

2. 拓宽渠道，全员参与，实现思政课程与课程思政的渗透融合

思政课程教育教学，课堂是主渠道，课程是重要载体。思政课程教育教学主要通过课堂教学来覆盖中职学校所有专业、面向全体学生，在立德树人、育人育才实践中有独特优势，对于引导学生坚定"四个自信"，践行社会主义核心价值观，引导学生成才成长发挥了直接的思想和价值引领作用。通过真正高质量有针对性的"情理相融"课堂、"知行合一"课堂、"资源链通"课堂，让学生感觉"有滋有味"，让学生在成长中"回味无穷"，终身受益。按现行中职学校的教学制度，思政课程教育教学也有其局限性，每周只开两节课，并不能覆盖中职学校教育教学的全过程和所有环节，少数学生在接受教育教学的过程中，会存在一些逆反心理和认知差异。

课程思政的隐性教育主要是通过思政课以外的基础课、各种专业课程课堂教学和实践教学中蕴含的思想政治教育资源进行的教育教学活动，就是要求科任教师在上述课程的教学、实践中要上出"思政味"。课程思政的隐性教育如同春风化雨润物无声，实现思想和价值的引领，实现立德树人的教学目标。课程思政把教师的政治立场、政治态度、政治认同融入基础课和专业课的教育教学之中，寓价值观引导于知识传授之中，通过知识和技能传授，让学

生在渴望求知的兴奋、愉悦和暗示下接受熏陶，启发学生自觉认同、产生共鸣与升华，实现潜移默化的育人效果。同时，课程思政具有见贤思齐性、榜样示范性、交流平等性、知识专业性与方法灵活性等特点，可弥补思政课程教育教学的一些局限性。课程思政隐性教育教学没有固定的模式，需要科任教师具备立德树人的责任感和使命感，结合课程特点去探索落实，需要思政课程的方向性引领，需要学校的德育体制机制的约束。

3. "三全育人"，实现思政课教师与专业课教师队伍的有机结合

"河池模式"以"三全育人"为前提。学校所有教育教学工作者都肩负育人的责任与使命。从事思政课教育教学的教师、班主任以及其他基础课、专业课与实践课教学的所有教师、实验员，能够相互配合，共同推进思政课程与课程思政的建设，真正实现双向互动、同向同行，形成育人育才的协同效应。思政课教师对学生进行政治理论教育，引导学生树立坚定理想信念，树立科学的世界观、人生观和价值观，认知、认同和践行社会主义核心价值观，养成独立人格、优良品质和良好心智。同时，真正做到习近平总书记提出的"六个要"，拓宽视野、博学多识，给学生传授专业知识、前沿尖端知识，展示与当前经济社会发展和产业转型升级相关的人类最新科技成果，将中华民族优秀文化、文学、历史、地理、军事、"互联网+"、大数据、云计算等与思政课内容融为一体，让学生在思政课堂教学中一举多赢，耳闻目睹多门知识。专业课教师需要结合不同学科专业特点，引导学生学好专业知识、掌握专业本领，拓展多方面的能力。思政课教师和专业课教师都要注重培养学生的独立思考能力、创新创业创造精神、文化素养、人文与科学精神、协作精神、沟通和交流能力，将工匠精神嵌入专业教育教学，让学生自觉把自己培养成为民族地区经济社会发展急需的工匠人才。

（三）渗透之三：思政课与产业互融共振

1. 思政教学对接产教融合

新《大纲》规定："方向性与时代性相结合。要坚持正确的政治方向和育人导向，紧密结合社会需要和时代发展的要求，增强针对性和实效性。"立德树人是新时期思政课教育教学的根本方向。党的十八大、十九大提出的"产教融合、校企合作"是职业教育国家发展战略。思政课教学必须与产教融合紧密对接，将思政课堂建立在产教融合、校企合作的环境之中，思政课才有生命力。

河池市职业教育中心学校自2010年以来，实施产教融合、校企合作、"引企入校"等模式，收效很好，先后在校内校企共建"烙铁手"实训基地、"河池市泰禾教育用品有限公司""河池市泰安职教中心汽车服务有限公司"与汽车美容基地、"河池市永丰源电子电器维修中心""河池市职业教育中心会计服务有限公司""河池市职业教育机械加工中心"等"校中厂"，与广西现代职业技术学院合办"河池市职业教育中心机动车驾驶员培训学校有限公司"等。各专业在对应的校中厂推行现代学徒制人才培养模式试点。学校党委顺势而上，把思政课程建设与产教融合、校企合作有机对接，学生的思政课成绩由企业评价和学校教师评价组成，基本实现思政教学与产教融合渗透互融，将德育基本原则的作用发挥到极致。

2. 思政教学融入"三对接"过程

"贴近实际、贴近生活、贴近学生"是中职学校德育的又一个基本原则。根据"互联网+"、大数据时代，出现"社会大环境轻视德育、评价办学指标弱化德育、学校内部分工

边缘化德育"等实际情况，从 2015 年开始，河池市职业教育中心学校党委认真贯彻立德树人根本任务的方针政策，加强学校德育工作，提出"三全育人"方案，构建"八位一体"的大德育模式，把思政课程建设在与产业企业合作的"产业链"上，将"三贴近"原则用好、用够、用活，在"政行企校、四方联动"的办学体系机制中，把思政课教学与产教融合、校企合作有机结合，将思政课教学融入专业与产业对接、课程内容与岗位技术对接、教学过程与生产过程对接等三个环节中，在每个"对接链"中确保思政课程与课程思政的有机衔接，思政课程显性教育教学与隐性教育教学相统一，在校企合作育人的机制下，人才培养的思想政治素质、道德品质、职业素养、人文与技术技能、工匠精神等达到较彻底的融合。

三、"六位一体"，模式创新

"河池模式"在"互联网+思政课教学"的背景下，致力于探索出一条思政课堂教学模式创新的道路，称为"互联网+六位一体"思政课堂教学模式，即思政课教师"六要素"一体化、思政课教学多元化、思政课教学内容模块化、思政课堂教学信息化、思政课教学信息平台数据化、思政课成绩考评立体化。

（一）思政课教师"六要素"一体化

"互联网+"时代，思政课教师应坚持终身学习，努力达到"六要素"的标准。在我国"两个一百年"奋斗目标和立德树人战略实践中，与其他学科科任教师相比，思政课教师的使命与责任更大、地位与作用更高、任重道远。思政课教师应具有崇高理想，政治立场坚定，坚持立德树人；情怀深，始终保持家国情怀；思维新，以信息技术为引领推动思政课教学现代化；视野广，知识面广、学识渊博、精通古今、涉猎中外。在推进信息技术与现代职业教育深度融合的伟大实践中磨炼自己，以教学任务为出发点，自学和培训相结合，增强信息化理念，提升信息技术水平，切实掌握现代信息技术，不断提高信息素养，致力于研究与探索教学模式、提高育人质量。自律严，约束自己的行为、管住自己的嘴巴，经受得住党和人民的考验，经受得住时代的风浪。人格正，率先垂范，正人先正己。自觉把"六要素"融为一体，努力成为可信、可敬、可靠、乐为、敢为、有为的思政课教师。

（二）思政课教学多元化

多元化教学，统一与多样相结合。思政课堂教学，坚持教师的主导作用与学生的主体地位相结合。教师发挥自身的智慧与能量，千方百计引导学生好学、勤学，提高学生德育学习的兴趣与爱好。学生发挥自身的聪明才智积极参与思政课的学习，交流互助、勇于实践。根据学校的实际，将多层次、多元化的教学思想、教学内容、教学方法有机整合，形成完整的德育系统模式，为构建中职思政课教学模式提供保障。教育行政部门负责人、书记、校长带头进课堂，教学名师和专家进课堂。

（三）思政课教学内容模块化

通过信息化思政课教学平台和资源库，实现政治与学理相结合。以"八个相统一"和《大纲》为核心，以服务社会和就业创业为导向，以职业能力和工匠精神为核心，以"三贴近"为原则，对德育四门必修课程以及心理健康、就业指导、核心价值观、中华传统文化、民族传统文化、企业文化、中职学校学生公约、重大时事等相关内容优化整合，突破学科体系局限，精制成简单的知识模块，制作成科学规范的教学课件，精心组织、认真教学，提高学生的体验感与获得感。例如，在"职业生涯与规划"课堂上，把职业生涯规划作为重要内容纳入课堂教学，将《职业道德与法律》第四课的职业道德规范"爱岗敬业、诚信公道、服务奉献"内容进行整合，融入课堂教学，将"职业教育课程"分成"职业"与"就业、创业"两个模块，对择业与求职、创业之路、创业准备、创业实施等方面的内容可以适当地多讲，鼓励学生自主探究，科学构建教学内容框架。

（四）思政课堂教学信息化

以信息技术为支撑引领推动思政课教学现代化。建立"互联网＋思政课""思政课＋智慧云课堂""思政课堂教学＋云班级""思政课堂教学＋实践"等模式。通过移动互联网，进行私人订制式的一对一教学，让思政课成为学生的德育课。课堂教学与云平台技术紧密结合，思政课课堂教学呈现跨时空、多样化、多元化特点。实现课堂系统与社会系统良性互动，与中国著名教育家陶行知先生的"社会即学校""教学做合一"的教学思想相吻合。通过互联网、云计算、大数据、微课、MOOC（慕课）、翻转课堂等教学模式，让信息技术融入课堂教学，让学生在人机交互、师生交互、生生交互中，获取信息、探索问题、协作讨论、解决问题和构建知识，建立以自主、合作、开放、探究为基本特征的教学方式，提高德育的思想性、理论性、亲和力、针对性。

（五）思政课教学信息平台数据化

广西教育厅正在筹建的职业教育信息化体系预计于2020年建成。思政课教师可借助"互联网＋"、物联网、云计算、大数据、移动通信等新技术和学校的数字化校园大平台，创建思政课教学信息平台和资源数据库。将模块化后的教学内容、典型案例、考试题目、主题班会、重大德育活动等教学资源，通过数字化校园网络平台实现优质数字资源共享，建成思政课资源数据库，通过大数据海量的信息资源收集，精选出国内、区内、市内和本校的就业、创业典型和法制案例用于教学。实现思政课堂教学、学生管理、校园文化的信息化，构建"三全德育"（全员、全程、全方位）科学体系，为思政课教学营造良好的大德育环境，实现德育课教学的"四性"。

（六）思政课成绩考评立体化

构建"互联网＋教师＋学生＋家长＋行业企业"中职思政课立体化的成绩考评体系。多元化评价是在卷面考试成绩基础上，综合评价学生参加各种德育专题活动的成绩。过程化评价是对影响学生思想道德品质和良好行为习惯形成的全过程进行全面评价和考核，包括学生在课堂内外的表现以及学生遵守日常行为规范情况等。利用"互联网＋"实现评价主体立体化，包括思政课教师、学生、家长和社会评价及学生本人的自我评价。根据德育立德树人根本任务需要和学校实际，将思政课教学各环节的权重比数据进行科学的综合分析，得出学生的思政课学科学业考核成绩。构建科学合理的考评机制，确保中职思政课教学目标的实现。

第五章
"引企入校"，产教融合

职业教育产教融合已成为我国职业教育发展的主线和基本模式。党的十八以来，党和国家相继出台一系列职业教育产教融合、校企合作新文件，职业教育产教融合被提高到国家发展战略高度，包括国务院印发《关于加快发展现代职业教育的决定》（国发〔2014〕19号）、教育部等六部委联发《现代职业教育体系建设规划（2014—2020年）》的通知、《职业学校学生实习管理规定》（教职成〔2016〕3号）、《国务院办公厅关于深化产教融合的若干意见》（国办发〔2017〕95号）、教育部等六部委联发《职业学校校企合作促进办法》（教职成〔2018〕1号）、《国务院关于印发国家职业教育改革实施方案的通知》（国发〔2019〕4号）等。产教融合、校企合作已经正式成为我国现代职业教育发展的基本模式。

河池市职业教育中心学校是国家重点、国家中职示范学校，广西首批五星级学校。2008年8月该校整合组建之前，各所中专学校均已有30多年的办学历史。4所中专学校都先后积累了较为丰富的办学经验。20世纪90年代末，中专学校发展势头较猛，各学校为了解决招生与就业问题，先后与沿海发达地区企业联合办学，经历了"产教结合"阶段，学校培养人才，企业进校优先录用技术员工，形成了简单的培养与需求合作关系。这个阶段的校企合作，大都表现为"半工半读""工学结合""顶岗实习"等较为简单的校企结合模式。河池市机电工程学校、河池民族中专、河池财经学校、河池经贸学校等4所中专学校先后与沿海地区企业联合办学。2008年四校整合成立河池市职业教育中心学校以后，学校认真总结以往各校与企业联合办学的经验，在市政府的主导、推动下，构建"政行企校、四方联动"的产教融合、校企合作机制，探索构建"引企入校"的产教融合模式，取得了较显著的成效。

第一节 政府搭桥，引企入校

一、建立"政行企校、四方联动"机制

为了顺应我国职业教育以政府办学为主的体制，河池市的职业教育以政府办学为主。政

府办学就要以政府的主导、推动为内驱动力。"河池模式"在市委、市政府的主导、推动下,积极探索"政行企校、四方联动"的校企合作新道路。"政行企校、四方联动"结构图如图 5-1 所示。

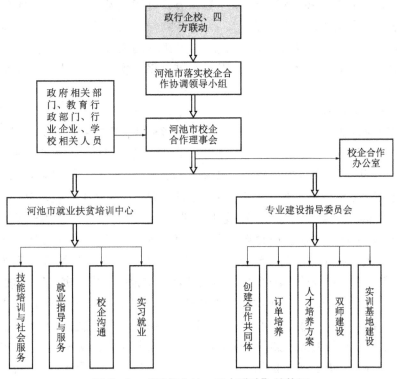

图 5-1 "政行企校、四方联动"结构图

(一)一个平台,两个机制

河池市委、市政府印发《中共河池市委员会办公室 河池市人民政府办公室关于成立河池市落实校企合作协调工作领导小组的通知》(河办发〔2012〕299 号)文件,成立由政府主要领导任组长,市教育局、人力资源与社会保障局、财政局、扶贫办等部门及各中高职院校参与的"河池市落实校企合作协调领导小组",成立河池市校企合作理事会,在河池市职业教育中心学校挂牌,该校校长韦伟松任常务副理事长,制定《河池市校企合作理事会章程》,暂时代理校企合作共同体的职能。在市政府协调领导小组的推动下,以政府工作报告为主导,行业支持,学校与企业深度合作,走出一条政行企校多方合作的新道路,搭建中职教育与区域产业经济的双向互动平台,形成两大机制:一是"政行企校、四方联动"合作机制,由政府各部门、学校、行业、企业共同组成校企合作理事会;二是一体化培训服务机制,由政府、行业、企业、学校共建扶贫基地,构建"四精准、四共同"一体化培训服务机制。

1. 一个平台

2012 年 12 月,河池市委、市政府联合印发河办发〔2012〕229 号文件,成立政府层面的校企合作协调领导小组。时任市长谢志刚任组长,市发展改革委、市教育局、财政局、人力资源与社会保障局、扶贫开发办公室、招商局、移民局、农业局等部门和中高职业院校参与。由政府统筹、协调、推动全市职业教育的校企合作,搭建产教融合、校企合作的信息沟通、服务平台，为河池市职业教育发展奠定基础。

2. 建立"政行企校、四方联动"合作育人机制

成立由政府各部门、学校、行业、企业共同组成的河池市校企合作理事会。建立管理机构，发挥政府的组织优势、资源调握优势、公共管理优势，制定税费优惠扶持政策与项目支持措施，吸引企业参与职业教育，指导和协调校企合作有序开展；构建"政府政策主导与推动、企业行业实体支持、学校具体实施"的人才培养机制，形成企业为学校提供支持，学校为企业输送人才，共同服务区域经济，实现三方共赢、合作发展的长效机制。

3. 建立市级层面的人力资源服务体系

由于传统管理体制，政府各部门的人力培训资源分散，市教育局、人社局、扶贫办、民政局、农业局、林业局、移民局、工会、妇联、共青团等各部门手中都有培训经费，因体系、渠道、政策等原因，很难整合资源、集中培训。在"政行企校、四方联动"合作机制与平台中，由政府统筹安排，集中全市主要的培训资源，以河池市职业教育中心学校为河池市统一的"四共同、四精准"就业扶贫技能培训基地，建立河池市人力资源培训、服务体系。该学校拥有较为雄厚的职业教育培训资源。2009年，广西"农村劳动力转移就业培训基地"在河池市职业教育中心学校挂牌；2011年，广东省东莞市经协办与河池市扶贫办共建的就业扶贫基地在该校挂牌；2012年12月，"河池市校企合作理事会"在该校挂牌成立；2013年10月，"河池市农民工培训中心"在该校挂牌成立；2013年，经广西人力资源和社会保障厅批准，河池市职业教育中心学校"职业技能鉴定所"成立；2014年，由河池市职业教育中心学校、广东智通人才连锁股份有限公司、深圳国泰安教育技术股份有限公司产教融合共建的"河池市家庭服务技能培训中心"在该校挂牌成立。河池市"政府主导、产教融合、政校企三方协同"的校企就业扶贫技能培训新格局正式形成，有效地推进了河池市经济社会发展和产业转型升级。

（二）建立专业指导委员会，校企精准对接

在校企合作理事会的统筹协调下，河池市职业教育中心学校与河池市内的行业、主要产业、企业积极横向沟通，各重点专业群先后建立专业指导委员会。专业指导委员会由市教育行政部门人员、相关行业企业的专家、专业负责人、骨干教师组成。该校管理机制改革创新，设置交通运输教学部、机电技术教学部、财经商务教学部、电子信息教学部和民族文化艺术教学部等5个教学部。与之相对应的交通运输专业群、机电技术专业群、财经商务专业群、电子信息专业群和民族文化艺术专业群都建立了专业指导委员会。各个专业指导委员会具体负责本专业与产业对接、课程与职业岗位对接、教师与技师对接、教室与车间对接、校园文化与企业文化对接等校企之间"五个精准对接"工作。协调、指导各专业人才需求和岗位能力调研、行业企业标准的运用、校企共同制定人才培养方案、组织教师培训以及兼职教师聘任、共建生产性实习实训基地、共促学生实习与就业、共同实施先进技术研发应用与推广及员工培训等工作。

（三）市、校、部三级管理体系

"河池模式"的校企合作，由市政府主导统筹、协调推动，实行市级、校级和教学部级的三级管理的运作方式。

政府层面。成立由市长任组长的校企合作协调工作领导小组，负责组织、统筹、推动全

市职业院校校企合作的正常开展。

学校层面。学校牵头成立由政府、行业、企业、学校共同参与的河池市校企合作理事会，具体落实校企合作工作的开展。

教学部层面。以专业群教学部为单位，成立专业建设指导委员会，由市教育行政部门人员、行业企业专家、专业负责人、学校专业骨干教师参加，具体落实"五个精准对接"。三个层面同向同行、精准发力，"政行企校、四方联动"协同育人机制落地生根。校企合作，建章立制，规范操作，严格管理，管理制度见表5-1。

表5-1 校企合作管理制度一览表

序号	制度类别	制度名称
1	校企合作管理制度	（1）河池市校企合作理事会章程
		（2）专业建设指导委员会（暨校企合作委员会）章程
		（3）校企合作管理试行办法
		（4）校企合作奖励制度
		（5）校企合作工作考核制度
		（6）校企合作人才培养方案
		（7）校企合作培训实施办法
		（8）引企入校管理办法
		（9）校企合作开发教材管理办法
		（10）校内生产性实训基地管理办法
		（11）校外实习基地管理办法
		（12）工学结合暨订单班学生管理办法
2	顶岗实习管理制度	（1）实习带队教师选派与管理办法
		（2）教师下企业实践管理办法
		（3）优秀实习指导教师评选办法
		（4）优秀实习生评选办法
		（5）学生顶岗实习成绩评定办法
		（6）顶岗实习突发事件应急预案
		（7）学生校外实习保险规定
3	就业指导管理制度	（1）毕业生就业指导工作制度
		（2）应届毕业生就业管理规定
		（3）毕业生就业跟踪反馈制度
		（4）毕业实习就业评价与反馈制度
		（5）学生顶岗实习管理办法

二、"引企入校",模式创新

(一)引企入校策略

1. 政府搭桥

纵观我国职业教育发展史,职业院校以政府办学为主体,企业和行业办学为补充。职业教育要为国家经济社会发展服务,职业院校培养的各类实用型人才成为国家经济建设不可缺少的重要生力军。政府在职业教育发展过程中起着领导、主导和引领的作用。国家的发展离不开职业教育,同理,职业教育的起步、创建和发展离不开国家的支撑。河池是全国闻名的欠发达地区,职业教育的发展更加离不开政府的支持和保障。河池市政府高度重视职业教育产教融合、校企合作,发挥政府的职能优势、资源调控优势和信息沟通优势等,利用广东东莞市对口扶贫河池的契机和其他横向联合优势,为河池市职业院校与省外企业合作搭建桥梁,建立学校"引企入校"政策支持和服务体系,构建政府、企业、学校三方联动机制。这是"河池模式"成功引企入校的基础。

2. 学校与企业建成利益共同体

职业院校与企业是两个不同性质的单位。学校是在政府领导下以培养合格人才为目标的公益性组织,以知识传播、人才培养、技术成果研发与创新等为主要任务。企业是以营利为目的的市场实体,没有利润的事情企业是不会参与的。要调动企业参与职业教育的积极性,只有破"局",寻求学校与企业之间的利益契合点,充分考虑双方的利益诉求,确保双方的基本利益达成一致,建立利益共同体,才能实现学校与企业稳定的合作关系。多年来的实践证明,只有政府出面统筹协调,财税用地、资金支持等政策规定协同推进,解决校企利益共同体的建立难题,才能促进双方建立稳定长久的合作关系。河池市职业教育中心学校的决策者力争得到政府的大力支持、协调推动,为"河池模式"引企入校解决了关键性的问题。

3. 发挥专业带头人的骨干作用

专业带头人是专业建设的领航者,又是专业与产业精准对接的具体执行人。河池市职业教育中心学校在建设国家中职示范校的实践中把"汽车运用与维修""电子技术应用""会计""机电设备安装与维修"4个骨干专业列为重点支持建设的专业。"河池模式"充分发挥了专业群学科带头人的骨干作用,建立相应的专业建设指导委员会,实现与企业的"五个精准对接"。

4. 直面双方利益诉求,建立激励机制

校企合作是一项复杂的系统工程,光靠责任解决不了根本问题,还要建立激励机制,充分调动学校内部、企业内部和学校与企业双方的积极性才能更好地完成这项工作。学校从调动内部积极性入手,制定"引企入校"的奖励办法,发动各教学部、各部门、专业带头人及教职工,利用各个渠道引进企业资金,在校内建设"校中厂"。在政府的主导和推动下,加强学校与行业、企业的横向联合,吸引企业积极参与校企合作,取得了良好的效果。

(二)创新模式,"引企入校"

在河池市政府的主导和推动下,河池市职业教育中心学校"引企入校",建设"校中厂",建成校企合作的利益共同体;"订单"办学,形成校企共同制定培养方案、共育技能人才、共建实训基地、共促学生就业的"四共同"人才培养模式;校企深度融合,提升校企合作的深度和广度,实现政府、行业、企业、学校、学生"五赢"的办学目标。据统计,学校引进企业资金3 000多万元,新增校外实训基地18个,校内兴建5家企业,建成1个校内创业园。学校新增专业实训室21个,实训工位1 945个,生产性实训项目比例达77%。校内开办的"校中厂"主要有以下几个:

1. 河池市泰禾教育用品有限公司

2010年5月,河池市教育局、发改委引进福建企业与该校共建河池市智德教育用品有限公司(校内服装厂),总投入2 000万元。现在已建成并投入使用,年产值达9 000万元。通过《校内企业顶岗实习条例》等一系列制度,服装厂同时具备商品生产及学生实训的双重功能。服装厂能够满足实践教学在真实职场氛围中的训练要求,逐步培养学生的专业技能、岗位能力、职业素质、创新创业能力。学生通过与生产岗位"零距离"接触,毕业后很快成为企业技术能手。

2. 电子焊接装配(烙铁手)实训室

该校与纬创资通(中山)有限公司合作,开设"纬创班",投资40万元在校内开设"烙铁手"实训室(电子技术应用专业),采用国内一流设备,企业的一线骨干工程师亲自到校授课,规范培训、严格要求,采用企业模式管理,培养一流的烙铁技术人才。烙铁技术人员的市场需求大,工作待遇高,行业发展前景好。

3. 博世汽车诊断实训中心

2012年12月,经国家发改委牵线,博世(中国)投资有限公司把该校作为教育扶贫试点单位,捐赠人民币500万元在该校汽车专业开设"博世励志班",投入45万元建立博世汽车诊断实训中心。未来3年该公司将在贫困生资助、师资培训、教学设备等方面,给予学校全方位扶持。

4. 河池市泰安职教中心汽车服务有限公司

2013年10月,该校与河池市泰安汽车配件有限公司合作,在校内开办河池市泰安职教中心汽车服务有限公司,学校以现有的价值500多万元实训设备入股,企业出资70万元,开设包括汽车维修和美容的全套项目,可容纳30多名学生在校内实习就业。

5. 河池市加多利电子电器设备维保有限公司

学校与河池市丰源电器有限公司合作开办河池市加多利电子电器维保有限公司,由企业投资50万元,在校内兴办永丰源电子电器4S维修中心。同时,新建电子电焊装配实训室、电子CAD实训室、家电综合维修实训室、制冷设备维修实训室。

6. 河池市职业教育中心会计服务有限公司

会计专业与河池市会计师事务所联合,在校内开办河池市职业教育中心会计服务有限公司,新建ERP沙盘模拟实训室。解决财会专业学生进入企业实习难的问题,同时对外经营会计服务业务。

7. 河池市职业教育中心学校机械加工中心

该校的机电设备安装与维修专业实训设备实力雄厚,拥有价值500万元的一整套标志性的数控加工设备。学校与企业联手,在校内兴办河池市职业教育中心学校机械加工中心,既解决学生的校内实习实训,又对外营业,承接各种配件的加工。

8. 河池市职业教育中心机动车驾驶员培训学校有限公司

学校与广西现代职业技术学院联合开办河池市职业教育中心机动车驾驶员培训学校有限公司。公司有固定资产300多万元,年培训各类驾驶员4 000多人,经运管部门评估,已成为国家一级驾校。

9. 创业园，开办"爱童幼儿园"

该校把原河池民族中专老校区改造成"创业园"。引进资金，在创业园举办"河池市爱童幼儿园"，为学前专业学生解决校内实习实训基地。

第二节 校企合作、工学结合的课程模式

在我国职业教育的发展历史中，"教师、教材、教法'三教'改革是三个关键点和切入点"。实施"三教"改革的根本任务是立德树人，培养德技并修的高素质劳动者和技术技能人才。而贯穿这项改革的主线是深化产教融合、校企合作，目标是实现理实结合，提高教学的针对性、职业性、实用性，提升人才培养水平。在教师、教材和教法三者之间，教师是教学改革的主体，是"三教"改革的关键；教材是课程建设与教学内容改革的载体；教法（或教学模式）是改革的路径，教师和教材的改革最终要通过教学模式、教学方法与手段的变革去实现。

"河池模式"样本学校——河池市职业教育中心学校，从 2009 年起，伴随着自治区重点中职学校、自治区示范中职学校、国家重点中职学校、国家中职示范校的办学目标，深化改革人才培养模式，优化整合课程体系，"汽车运用与维修""机电设备安装与维修""会计""电子技术应用"等重点专业都一直在探索构建校企合作、工学结合的校企模块式一体化课程模式。

一、工学结合课程模式的探索与实践

（一）课程模式的选择

1. 课程

"课程"一词在我国较早出现在唐朝。唐朝孔颖达为《诗经·小雅·巧言》中"奕奕寝庙，君子作之"一句注疏："维护课程，必君子监之，乃得依法制也。"这里所用课程的含义与今天所用之意关系不大。宋朝朱熹在《朱子全书·论学》中多次提到"课程"，如"宽着期限，紧着课程""小立课程，大作工夫"等。朱熹所用的"课程"，大概是功课与进程的意思，与今天我们所说的"课程"之意也不相同。所谓"课程"，有广义与狭义两种不同的理解。广义的课程指学校为实现培养目标而选择的教育内容及其进程的总和，即学生在学校获得的全部经验，包括学科设置、教学活动、教学进程、课外活动以及学校校园环境的影响，既包括书本知识，也包括对学生进行的各种课内外教育活动。

狭义的课程指学生所应学习的学科总和及其进程与安排。课程是对教育目标、教学内容、教学活动方式的规划与设计，是教学计划、教学大纲等诸多方面实施过程的总和，主要体现在教学计划、教学大纲和教科书之中。

2. 课程模式

所谓"课程模式"，是指具有一定课程结构和育人功能并适用于一定环境的课程组织形式，也称"课程类型"。简而言之，课程模式就是典型的、以简约方式表达的课程范式，这种课程范式具有特定的课程结构和特定的课程功能，与某类特定的教育条件相适应。职业教

育的课程模式就是具有我国职业教育特征的课程结构和课程功能,与职业学校教育相适应的课程范式,包括课程目标、课程内容和课程评价三个因素。

课程模式与课程结构有着紧密的关系。课程结构是课程模式的基础,任何一种课程模式都应包含特定的课程结构。职业教育的课程模式一定要以职业教育的课程结构为基础,课程结构以课程模式为基本框架和载体。一定的课程模式是一定的课程结构进行转换的组织形式。"河池模式"的课程结构因需要对接校企合作、工学结合的办学体系,课程结构的调整需要转换课程模式。

一种课程模式的生成,一般需要经历如下过程:"明确建模目的""研究典型实例""形成模式主题""确立课程结构""构建支持系统""模式实施""模式检测"等7个主要环节。

3. 几种常见课程模式的基本特征

常见的课程模式有学科系统化培养模式、三段式、双元制、CBE（Competency Based Education,能力本位教育,也称"能力模块"）、MES（Modules of Employable Skills,模块式技能培训,也称"任务模块"）、宽基础活模块、工作过程系统化课程模式等。

三段式是一种以时间先后顺序对教学内容排列的课程模式。针对某一特定职业或工作岗位需要,以学科为中心进行的课程编制,其基本结构分为文化基础课、专业基础课和专业实训课三段。强调课程的等级,按照知识的学科边界划分课程,把实践能力培养仅仅看成是知识应用的结果,重知识、轻技能。

德国双元制模式的课程设计以职业需求为核心。德国双元制模式的理论课程设计是以职业活动为中心来选择课程内容的,理论课覆盖了专业所需的所有理论,知识面广,深浅适度,综合性强,有利于培养学生综合分析问题和解决问题的能力。而所有的课程都按照学期进行细分,无论哪一学期的课程,始终都是围绕汽车维修实践从泛到精、由浅入深展开的。课程的选择都是由教学经验丰富的业内专家综合编排的,更注重直接性的职业经验。

（二）学科系统化培养模式与工作过程系统化课程模式比较

我国的中等职业教育长期沿用学科系统化培养模式培养学生,在20世纪八九十年代,取得了良好的教学效果。随着国际多极化发展,综合国力、科技竞争力的重要性日益凸显,我国经济社会进入转型升级、发展动力转换接续的关键阶段,职业教育供给侧结构性改革远不能满足经济发展需求侧的需要,中职学校学科系统化培养模式下学生理论知识不扎实、动手能力与解决实际问题能力不强等弊端逐渐暴露出来。

1. 培养目标的变化

学科系统化中职教育体制在适应计划经济体制过程中产生,教学上仿照高等教育教学体制,按教学大纲要求教学,强调知识传授的系统性和完整性;重知识、轻技能,重理论、轻实践。工作过程系统化的教学目标就是工作任务和工作目标,要求学生在掌握知识和专业技能的同时,培养其关键能力和拓展知识的学习能力,学会动手操作的能力和解决问题的基本方法,培养目标明确,内容精简实用。

2. 教学内容的变革

学科系统化教学内容由文化课、专业基础课和专业课三大部分组成。只强调系统、全面,容易造成理论与实践脱节。各学科专业教师按大纲要求教学,各门课程之间缺乏联系与沟通,学与用不统一。工作过程系统化以工作任务和目标为主要教学内容,教师根据本专业特点,结合行业企业生产过程需要精心设置工作任务和目标,每项工作任务都具有综合性特征，既有知识学习，又有技能操作，集工作要求、工作对象、工具、方法和劳动组织方式为一体。工作过程系统化教学内容更具针对性、实际性。

3. 教学方法的改革

学科系统化按"教师讲，学生听"的传统方法进行教学，教学地点局限在教室和实验室；教师是绝对的主体，学生的主体地位不能体现，缺少真实工作环境的训练和体验，学生学习的积极性、主动性和创造性得不到体现，难以实现培养目标。工作过程系统化教学采用"学中做，用中学"的方法，学生边学习理论专业知识，边动手操作，教师即师傅，一对一指导学习、实践。在教学过程中教师不再是绝对的主体，而是组织、引导学生学习知识、掌握技能的组织者、引导者、合作者、参与者。每项工作任务由"任务—准备—计划—实施—检验—实践"等几个主要环节组成，基于典型工作任务由教师通过行为导向投入教学，指导学生明确任务、查找资料、制订计划、实施计划、解决具体问题，最后由学生和教师共同评价任务完成情况，学生掌握理解整个工作过程的全部思路和方法，掌握相关的知识与技能，以此突出学生的主体地位。

4. 评价方式的改革

学科系统化培养模式通常采用笔试的方式评价学生的学习成绩。实践证明，对于中职教育来说，笔试存在评价滞后、不能准确反映学生综合职业能力等弊端。各学科考试在课程结束后进行，试卷所反映的学生存在的问题不能及时反馈给学生，发现问题不能及时解决。笔试对学生综合能力的测评出现偏差、不全面。基于典型工作过程化教学采用学生自评、小组评价、教师评价和总体评价结合的方法，能较准确地反映学生对专业知识、技能的掌握情况，测评出学生解决实际问题的能力与方法；能测评出学生的学习和工作态度、团队合作意识、组织能力等水平。通过学生自评—小组评价—教师评价，按权重比例录入系统，自动生成学生的考核成绩，学生通过信息化系统及时了解自己的成绩，增进师生之间的交流。

（三）校企合作、工学结合对课程体系的要求

2008年8月，河池市职业教育中心学校整合成立以前，河池市机电工程学校、河池财经学校、河池民族中专、河池经贸学校等4个中专学校均已有30多年的办学历史。20世纪90年代末中专学校发展势头迅猛，各学校先后与广东、江浙等沿海发达地区的企业，以工学结合、半工半读、顶岗实习、企业"冠名班""订单班"等模式联合办学，据不完全统计，四校共与广东风华集团公司、深圳富士康、美的电器、东莞三星、中山纬创公司、惠州东风本田汽车公司等58家企业联合办学。各学校开始探索"学科系统化""三段式"等课程模式。采用"2+1"教学模式，学生在校内学习、实习两年，第三学年进入企业顶岗实习、工学结合。由于注重知识的传授积累，放松对学生生产技术技能的培养，部分学生进入企业不适应生产需要，企业满意度不高。而后，各学校进一步探索"宽基础、活模块"的课程模式，进行人才培养模式的改革，对教材做了相应的优化整合。"宽基础、活模块"课程模式，以职业分析、工作任务分析为基础，课程设计以知识、技能、态度为三维目标，围绕职业基础能力、职业基本能力、课程一般通用能力、行业通用能力、核心能力整合课程。"活模块"则以选修课的形式为学生提供可选择的特定模块，以学习以技能为主，与职业资格考试结合，提升了学生的就业竞争能力，使企业、学生、学校都满意。"宽基础、活模块"符合学校教师习惯的课程思维框架，符合学生的认知规律，但在为学生提供符合职业成长规律的工作经验方面存在缺陷，在学生个性发展和职业能力拓展等方面，不能满足学生的培养要求。

河池市职业教育中心学校从整合成立开始，即与企业建立校企合作关系，传统的学科系统化培养模式很快就暴露出弱点和不足；"宽基础、活模块"在新时期"产教融合、校企合作、工学结合"协同育人机制下，也不能完全适应人才培养的需要。为能与企业长期合作，为行业企业量身定制、培养合格人才，河池市职业教育中心学校着手投入课程改革，校企共同制定人才培养方案，共同制定优化整合方案，建立了基于典型工作任务的校企模块式一体化课程模式。

二、校企模块式一体化课程模式的主要内容

（一）校企一体化的基本特征

针对以往职业技术人才培养供需"两张皮"现象，河池市职业教育中心学校与"校中厂"企业和校外联合办学企业，按"学校所教—学生所学—企业所用"三方一致原则，提高校企深入合作的契合点。

1. 人才培养目标一致，校企共定目标

校企商定以"品德优良、技能精湛、人文扎实、身心健康"为人才培养目标。在校企合作培养人才的过程中，学生与员工的身份交互替换，在校是学生，在企业是员工；在不同的教育环境与教学资源中，校企双方对学生的培养目标若不一致，就会造成企业对学校送出去的学生不领情、不满意，在企业实习或实践中出现"放羊"现象，学生抱怨学不到知识和技能。

2. 校企一体的教学管理和实训体系

在"河池模式"下，校企共同研制课堂教学管理制度和实训教学管理制度，二者紧密衔接，中间不脱节。而部分职业学校传统的教学模式过于简单，实行"课堂理论教学—课后作业练习—课程实习—顶岗实习"流程。学生的能力培养主要放在后三个环节，课后作业练习、课程实习是为加深了解课程内容而进行的现场实习或模拟实习，"顶岗实习"放在最后一学年进行实际工作岗位或模拟的专业综合实习，主要缺陷在于课程的理论教学与技能训练脱节，影响能力培养的效果，学生学完一门专业课，没有完全掌握该门课程完备的技能要求，又陷入学科系统化培养模式，偏重于理论化、知识化教学，不利于技术技能的习得，使学生学习知识、掌握技能的积极性、主动性和创造性没有机会发挥。

3. 校企精准对接的考核评价管理体系

部分职业学校的教学和实训评价体系、评价主体单一。实训项目和评价体系由教师自行选择，没有统一的考核时间、考核项目和要求，教师根据情况直接确定学生的成绩，对学生的技能、职业态度与职业能力的考核，缺乏科学统一的标准和依据，教考不分，实训考核没有题库。"河池模式"发挥信息化教学的资源优势，利用"互联网+"构建在线教学和评价体系，建立针对知识体系要点化的互联网教学平台，该平台包括教学、实训、考核三大系统，教师在平台上在线完成课堂教学和理论知识，提高教学效率，利用大数据加强学生学习成果分析，挖掘学生知识薄弱点，有针对性地定点辅导和重点教学。利用互联网建立基于企业、教师、学生小组和学生个人的立体化多元评价体系。

（二）校企模块式一体化课程模式的基本结构

1. 模块式一体化教学

模块式一体化教学是指理论课与实践课在空间和时间上的有机结合。一体化研究的是教学方法，模块式研究的是教学内容。校企模块式一体化体系将教学内容和教学方法紧密结

合,相互促进,达到模块式一体化教学效果,实现理论性与实践性的高度统一。在教学内容上,由学校模块教研组与校企合作的专家团队共同研究完成,把所学专业课程涉猎的内容进行整合归类,组成理论化、系统化的模块教学体系;在教学方法上,打破理论课与实践课的界限,在实训场地讲授理论,使学生有条件边学习边动手操作;在课程设置上,改变传统理论课与实践课比例,合理匹配设置,实现课程设置模块化。任课方面要求由同时具备专业理论知识和生产操作技能的"双师型"教师来授课。

"河池模式"的校企模块式一体化教学遵循以下四条原则:

(1) 依据行业岗位对接专业能力、素质需求和职业技能标准,制定培养目标,划分教学模块。

(2) 模块内容是专项能力,不是系统知识。

(3) 教学环境以真实或模拟职业环境取代传统课堂教学环境。

(4) 教学评价以模块式一体化教学效果和职业技能鉴定为标准,而不是传统的期末考试成绩。

2. 课程设置模块化

根据各门专业课的特点和教育教学要求,以服务发展、促进就业为导向,精准对接职业岗位的技术技能标准,结合该专业学科教学现状,成立由学校专业课教师、生产实训课教师、行业企业专家团队组成的模块教学课研小组,将每门专业课划分为"通识课程模块""专业技能与核心能力模块""职业定向与能力拓展模块""综合实训包"四大块(包)。建立模块教学路线图和时间表,明确各个阶段的教学任务、目标,教务管理人员按路线图和时间表对校企模块式一体化教学过程和效果进行有效监管,做到事前有周密计划、事中进行监督管理、事后跟踪评价督查。校企模块式一体化教学课程结构如图 5-2 所示。

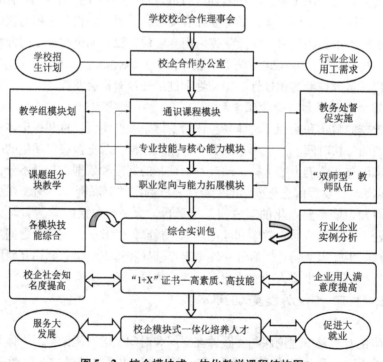

图 5-2 校企模块式一体化教学课程结构图

（1）模块之一：通识课程模块。

该模块为公共基础课课程模块，包括德育课、文化课、职业素养与工匠精神、职业指导、心理健康等五个子模块。

（2）模块之二：专业技能与核心能力模块。

该模块基于专业基础与核心能力，由基础能力与核心能力两个子模块构成。如计算机专业，基础能力子模块包括计算机办公软件、计算机网络基础、计算机组装与维护；核心能力子模块包括数据库技术、图形与图像处理、数字媒体技术等。汽车车身修复专业，基础能力子模块包括汽车维修基本技能、汽车结构识图、汽车构造基础、汽车钣金基础、汽车涂装基础；核心能力子模块包括小损伤修复、汽车钣金技术、汽车调色技术、汽车涂装技术、车身覆盖件修复、车身结构件修复。

（3）模块之三：职业定向与能力拓展模块。

该模块对接经济社会发展与产业转型升级需求，由各个具体职业岗位所需的知识与技能标准来划分，是各个专业的核心模块，学生根据自己的职业意愿与个性选择来确定，具有灵活性与可选择性。旨在"专才教育与培养"，以培养技能性与专项性人才为目标，同时实现职业能力与职业资格证书精准对接。该模块由定向能力与拓展能力两个子模块组成。计算机专业的定向能力子模块包括信息管理系统、网页设计与制作、多媒体设计；拓展能力子模块包括数据库开发、网站建设与管理、网络组建与维护。汽车车身修复专业的定向能力子模块包括小损伤修复、汽车钣金技术、汽车调色技术、汽车涂装技术、车身覆盖件修复、车身结构件修复、汽车美容；拓展能力子模块包括汽车新能源技术、汽车电子技术、汽车人工智能技术、汽车物联网技术、汽车工匠技术。

（4）模块之四：综合实训包。

该模块是在明确各个专业的教学目标与任务的前提下，促使学生由被动学习变为主动学习，有利于培养学生在知识积累过程中发现问题、分析问题、解决问题的能力。

（三）校企模块式一体化课程模式的实施

1. 明确培养目标，确定模式主题

每一种课程模式都有鲜明的主题，而特定的培养目标则是模式主题确定的前提条件。这种鲜明的主题来自特定的办学理念、教育思想、课程主张。河池市委、市政府整合成立河池市职业教育中心学校，就是为了整合职业教育资源，发展职业教育，为河池市经济社会发展和产业转型升级提供人才支撑，服务大发展、促进大就业。政府统筹协调、主导推动产教融合、校企合作、工学结合，助推职业教育的改革与发展。学校加强市场调查研究，明确学校在河池主导产业链中的定位和作用。对接当地产业行业企业，调整专业结构，优化课程组合，提升办学综合实力。根据学校现有的汽车、机电、电子信息、财经商务、民族文化五个重点专业群，具体明确每个专业的人才培养目标，每个专业需要面对的职业领域，校企共同修改培养目标和培养方案；通过人才需求市场调查，认真分析每个专业职业岗位群的工作全过程和工作活动的所有因素，基于典型工作任务，编制每个专业面向职业岗位及职业能力构成表与线路图，为专业核心课程和专门化课程设置提供精准依据。

2. 修订专业培养方案，完善专业课程结构

（1）人才培养模式改革。

"河池模式"的四个重点专业群结合学生实际、人才培养要求，对校企一体模块化课程进

行改革创新。汽车运用与维修专业引入行业、企业标准，构建基于典型工作项目的课程体系，形成"订单培养、工学交替"的人才培养模式。电子技术应用专业构建"以岗位职业能力为核心"校企一体课程体系，实施"工学交替、校企一体、顶岗实习"的"递进式"人才培养模式。会计专业构建基于岗位职业能力需求的模块化课程体系，实施"四层双轨递进"系统化教学模式，形成"分阶段职业岗位递进式"工学结合人才培养模式。机电设备安装与维修专业构建"基于工作过程导向"的实践主导型课程体系，形成校企合作、工学结合"两段三层"人才培养模式。各个专业校企合作、工学结合人才培养模式改革如图 5-3 所示。

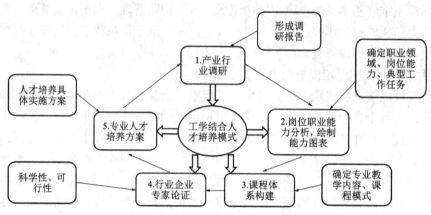

图 5-3　校企合作、工学结合人才培养模式结构图

（2）修订专业课程体系。

根据上述人才培养模式改革，对接各个重点专业群具体落实专业课程结构。各个重点专业在全面开展市场调研、职业岗位能力分析的基础上，校企共同重新调整各个专业的人才培养方案，明确本专业的通识课程（公共基础课程）、专业基础课程、专业核心课程与专门化、能力拓展课程、专业开设的实训室建设、设备配备、教师队伍配备的基本标准，为各个专业的课程模式构建、实训室建设和专业教师队伍建设提供基本依据。校企模块式一体化课程体系构建如图 5-4 所示。

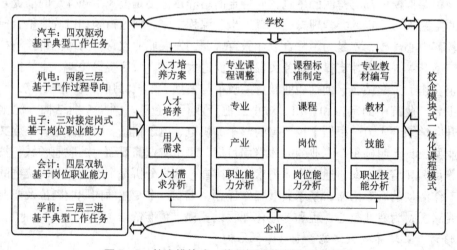

图 5-4　校企模块式一体化课程体系构建示意图

汽车运用与维修专业的培养目标：适应国家新型工业化和汽车产业转型升级需要，培养德、智、体、美、劳全面发展，具备相应的科学文化基础知识，掌握运用与维修技术专业基础理论知识，具有良好的职业道德素质，具有较强的汽车运用与维修能力，在汽车检测、汽车维修、汽车组装、汽车整车销售、汽车配件销售、新能源汽车维护、维修、销售等企业从事车辆维护接待、检测接待、修理接待、整车销售、配件销售、新能源汽车维护、维修、销售等方面的中级职业技能人才。具有相关设备操作、维护技能，具有专业技术的综合应用能力、创新创业与工匠精神，满足生产、建设、管理一线需要的具有良好职业道德素质、多种技能并有明确职业岗位定位的中级技能型人才。其职业岗位群定位在汽车生产线操作工、汽车修理工、汽车钣金工、汽车电器修理工、汽车美容工、机动车辆检验工、4S店汽车销售员、新能源汽车维护员、维修员、销售员等。

汽车运用与维修专业，基于典型工作任务，按"核心能力+岗位能力"的教学思路，将课程整合为四个模块：通识课程模块、专业基础知识与技能课程模块、职业素养课程（隐性课程资源、工匠精神）模块、岗位技能课程模块。实施校企"四双驱动"教学模式，即"双专业带头人""双教学团队""双教学监控""双考核评价"，教学团队由校内专业带头人和企业行业带头人、学校骨干教师和企业行业技术专家组成；教学评价由学校教学监控、考核和企业行业教学监控、考核构成。实施"基础理论（学员）—仿真模拟（学徒）—实验实训（准员工）—顶岗实习（员工）"四步递进式教学模式，分别对应专业基础与素质教育、专业知识与技能教育、训练、综合技能训练+"滚动式"生产性综合技能轮岗实训和企业顶岗实习等四级递进式人才培养方法。如汽车专业递进式的培养模式，基础能力—专业能力与技能—岗位能力—现代汽车新技术（汽车电子技术、汽车人工智能技术、汽车物联网、汽车新能源技术），结合学生的个性、爱好差异，满足学生不同层次的学习和个性化培养需求。

以汽车车身修复专业的模块化课程为例，课程设置见表5-2。

表5-2 汽车车身修复专业的模块化课程设置表

课程模块名称	学科类别	课程名称	课时
通识课程模块	公共基础课程	职业道德与法律	34
		职业生涯规划	32
		经济政治与社会	32
		哲学与人生	34
		心理健康	32
		创新与工匠精神	30
		语文	66
		数学	66
		英语	66
		计算机应用基础	166

续表

课程模块名称	学科类别	课程名称	课时
通识课程模块	公共基础课程	体育与健康	128
		革命文化与民族文化	62
		艺术（美术、音乐）	70
专业基础知识与技能课程模块	公共基础课程	汽车维修基本技能	64
		汽车机械识图	66
		汽车构造基础	132
		汽车钣金基础	98
		汽车涂装基础	98
	专业方向课程	小损伤修复	66
		汽车钣金技术	132
		汽车调色技术	100
		汽车涂装技术	132
		车身覆盖件修复	66
		车身结构件修复	66
		车身修复综合实训课	224
岗位技术模块	生产性综合训练模块	顶岗实习	924
现代汽车新技术能力拓展模块	学生个性培养、能力拓展方向课程	汽车新能源技术	40
		汽车电子技术	40
		汽车人工智能技术	40
		汽车物联网技术	40
		汽车工匠技术	40

总课时数3 186，其中通识课程模块占26%，专业基础知识与技能课程模块占39%，岗位技术模块占29%，现代汽车新技术能力拓展模块占10%。

汽车车身修复专业按照校企模块式一体化课程体系，构建科学合理的工匠人才培养路径。四轮进阶式课程，能力模块构造如图5-5所示。

电子专业"纬创班"根据人才培养需求，构建校企模块式一体化课程结构体系（图5-6），优化教学资源，改革人才培养模式。

3. 加强企业实践课程教学，重点培养学生实践动手操作能力

"河池模式"注重对学生的职业体验与实践动手操作能力的培养。河池市职业教育中心学校的学生85%以上来自河池农村贫困家庭，生源质量相对不高，存在文化基础偏低、道德缺失、行为习惯不规范、法制观念薄弱、缺乏沟通能力等现象。学校针对这一实际，分时间、分阶段、有针对性地进行职业体验、生产实习、顶岗实习三个层次的企业课程教育教学。

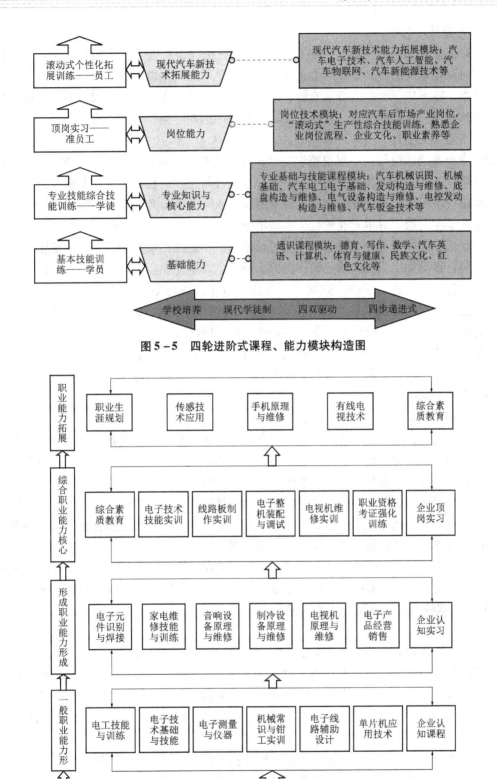

图 5–5 四轮进阶式课程、能力模块构造图

图 5–6 电子专业"纬创班"课程体系结构图

（1）企业见习教学。

在基础模块教学阶段（第一学年），安排两至三次的企业见习、认知教学活动。在新生入学教育时对接职业岗位，安排学生进入相关企业见习一个星期。第二学期再安排一个星期的见习教学。重点培养学生的劳动意识、时间观念、纪律观念、服从意识、创业意识、就业意识、团队意识、企业精神等。让学生在心中对未来的职业岗位有一个底。

（2）专业实习教学。

根据专业基础课程与核心课程教学需要，安排一至三次生产实习时间。学生进入企业，在生产现场以工人、技术员、管理员等身份，直接参与生产过程，了解专业职业岗位的生产流程和岗位技术标准，对企业的文化、规章制度、人际关系等有一个清晰的思路。生产实习的重点是让学生更加了解本专业的社会实践机会，了解未来的职业岗位和生产流程、企业文化、企业管理、人际关系等。通过生产实习教学环节，达到几项教学效果：一是加深学生对专业的了解，提高学生的实践动手操作能力。使学生对本专业职业岗位的技术、设备、工艺流程等方面有比较全面的了解，激发学生专业学习积极性与主动性，提高实践动手操作能力。二是提高学生的综合素质。通过生产实习，锻炼学生的观察能力、分析能力、动手能力、综合运用能力、团队合作意识等，学会处理技术问题和人际关系问题。三是促进教与学的有机结合。学生在实习中会碰到各种具体的理论和实际问题，需要查阅资料、加强学习、学会思考。这些问题如果需要教师和企业师傅来解答，在解答的过程中能够促进专业教师和技术师傅专业知识的提高。

（3）顶岗实习。

根据教学安排，在学生学完所有的课程之后到毕业之前，安排其到合作企业或生产性实习基地进行为期一个学期或一年的岗位实习，这是学生上岗前的"实战演习"。一是开展顶岗实习教育，进行实习动员、专业技能传授、心理健康辅导、安全培训，下达毕业实习任务书；二是每位学生由1名企业实践指导教师负责，教师指导学生开展生产业务，同时负责管理与评价；三是学生结合工作情况，每星期写1份实习书面汇报交给指导教师；四是撰写实习报告或进行毕业设计。通过顶岗实习，全面检阅学生理论联系实际的综合实践能力，检视学校的教学成果，也为学生就业奠定基础，使学生走向社会、接触本专业工作岗位，拓宽知识面、增强感性认识，培养综合运用所学知识，独立分析问题、解决实际问题的能力。

（四）构建校企立体多元化的成绩评价体系

1. 成绩评价的原则

中职学校担负着为我国经济社会发展和产业转型升级生产、管理、服务一线培养高素质技能人才的重任。随着校企产教融合、校企合作、工学结合的广度、深度与高度的不断拓展，全面、科学、系统地评价中职生学业成绩的重要性日益凸显。"河池模式"校企模块式一体化教学，精准对接行业企业的用人需求，与社会认同相适应，坚持以下成绩评价五项原则：

一是立德树人，把学生的政治立场和思想品德放在第一位，重点考核学生的日常行为表现、遵纪守法和道德行为规范；二是重视学生学习过程的考核；三是重视学生操作技能的考核；四是重视学生个性发展的考核；五是重视学生职业素养与职业能力的考核。

2. 考核的内容

一是思想品德，包括对学生爱党爱国、遵纪守法以及践行社会主义核心价值观的具体表现等的考核。二是学习过程，包括对学生学习态度、出勤、课堂表现、课后作业等的考核。三是技能操作，包括对学生实训课程、技能考证、技能竞赛等的考核。四是个性发展，包括对学生个人特长、社团活动、公益活动等的考核。五是职业能力，包括对学生职业素养、岗位能力、创新能力与工匠精神等的考核。校企模块式一体化教学成绩考核评价体系结构如图5-7所示。

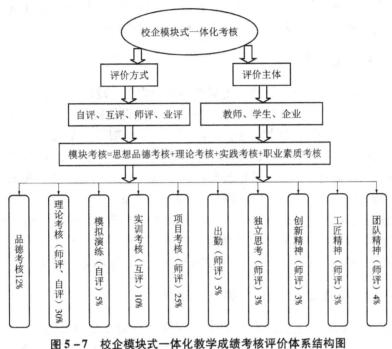

图5-7 校企模块式一体化教学成绩考核评价体系结构图

第三节 政府主导，校企共育"双师型"队伍

人才强校是河池市职业教育中心学校持续发展的亮点。学校立足河池欠发达地区实际，依托河池市政府重视职业教育优势，促成"政府主导、校企合作、教师发展、学生得利"的"双师型"队伍建设大格局。

一、理念更新，举措创新

"双师型"教师队伍建设是职业院校队伍建设的特色和重点，已达成业界的共识。

何谓"双师型"教师？笔者认同甘肃兰州女子中专杨萍老师的观点：一是职业资质，"双师型"教师在具备教师资格的基础上，同时具备某一行业相关技能的职业资质，认定标准是教师资格证书和职业技能证书；二是职业能力，"双师型"教师应同时具备教师基本职业能力和某一行业的职业能力或相关技能；三是教师队伍结构，根据学校教育教学任务需要，"双师型"教师队伍应由学校内部专任教师和校外实践基地、企业、行业的兼职教师组成。"双师型"教师既要具备理论教学素质，又要具备实践教学与操作素质，体现知识与能力并重，资质与实践并重，教学与科研并重的主要特征。"双师型"教师是新时代职业教育产教融合、培养中国特色社会主义现代化合格建设者和接班人的主要硬件之一。

2008年，河池市职业教育中心学校整合成立之初，师资队伍力量薄弱。学校仅有教师173人，其中研究生5人，占总人数2.9%，本科学历105人，占总人数52%，高级职称5人，占总人数2.9%，中级职称90人，占总人数52%。教师数量不足、队伍结构不合理、"双师型"教师人数少。学校的决策者意识到问题的严重性，查找短板根源，更新理念，紧紧依靠政府的力量，通过政府主导、校企合作，校企共育"双师型"教师队伍，以"双师型"队伍建设为突破口，为学校快速、持续、健康发展奠定根基。

二、政府主导是前提

政府在学校的发展中具有指导性和规划性的基础作用。政府通过制定"双师型"教师队伍建设的指导性政策和文件，创新"双师型"队伍建设的氛围，建立长效机制，形成多方位、立体式的"双师型"教师教育工作局面，对"双师型"教师教育工作进行质量督导和评估检查；通过政府搭桥和引线，校企合作，形成学校与企业合作共育"双师型"队伍的良性互动机制。政府把关，健全学校教师准入机制，提高"双师型"教师比例。政府主导，推进学校与大中型企业共建"双师型"教师培养培训基地，实行新入职教师先实践、后上岗和教师定期实践制度。政府设立"双师型"教师专项补贴资金，引导教师教学与科研并重，提高教师的科研能力和教育教学研究水平。政府引导，引企入校，学校先后建成"校中厂"8家，为学校建成"双师型"教师队伍建设提供了必要的基地。

三、学校建立完善教师专业发展长效机制

学历结构是教师结构的基础。学历结构对教师队伍的整体结构和教学科研水平有直接的影响。学校制定《教师接受学历教育管理规定》，明确教师参加学历进修的优惠政策，先后有40多位教师通过进修获得本科或研究生学历，提升了教师队伍整体学历水平。建立和完善了教师专业发展长效机制。针对不同的教师个体、不同的专业、不同的学科，引导教师做好专业生涯规划，把教师的学历、职称、"双师"、教学科研成果和晋级、评优、深造等挂钩。充分调动广大教师创新创业和工作的积极性，让每位教师主动把个人的发展纳入学校的大发展之中，教师形成"校兴我荣"的大局观念，每一位教师都能在学校大平台中实现自身价值，找到个人发展的空间和目标。不惜血本，组织校内培训。每年的寒暑假坚持举办教师校内培训，聘请国内优秀专家、教授、学者、行业领军人物到校讲学，先后邀请全国著名职教专家姜大源、马树超教授，北京大学张辛教授、教育部职业教育研究所专家吴全全，《中国职业技术教育》杂志主编赵伟，全国中职学校联合会主席邹宪伟，广西师范职教院王屹院长、王艳芳教授、唐锡海教授、郑小军教授，全国著名德育专家张国宏，中国就业促进会副会长、北京大学中国职业研究所所长陈宇等20多位专家、学者做专题讲座40多场。通过多措并举，推进"双师型"教师队伍建设进程。

四、鼓励教师下企业实践锻炼

鼓励教师下企业实践锻炼是"双师型"培养的重要环节。学校制定《"双师型"教师队伍建设方案》《教师下企业实践管理办法》《校企合作培养技术技能型人才实施办法》等制度，每学期安排20多名中青年教师下企业实践锻炼。学校把参加专业实践作为专业教师晋

级的一项硬性指标，与教师经济待遇和职称晋升挂钩，引导和激励教师向着"双师型"教师方向发展。青年教师入驻企业，在生产一线锻炼实践能力；同时，学校强力推进校企深度合作，免费提供场地，吸引企业入校投资，邀请企业专家和管理人员入校培训，给师生上课。通过安排专业教师下企业，熟悉企业的新知识、新技能、新工艺、新方法，了解企业的用人标准和岗位技能要求，掌握从事实践、生产、技术开发和科研等专业生产实践的能力，利用校企合作平台，促进教师向"双师型"教师转化。

五、开展现代学徒制试点，培养"双师型"教师

现代学徒制人才培养模式是制度化的现代职业教育形式。我国近年实行的现代学徒制是引用西方现代学徒制，结合中国具体国情开展本土化实践的发展过程，是以政府主导、学校主体、企业参与的发展模式。目前，我国职业教育现代学徒制主要有学校主体型、企业主体型和校企双主体型三种形式。河池市职业教育中心学校根据本校实际，采用校企双主体型形式，在汽车运用与维修、机电设备安装与维修、汽车车身修复、电子技术应用、服装设计5个专业试行现代学徒制人才培养模式。在现代学徒制教学实践中，教师即师傅，学生即学徒，开展一对一的教学、指导。通过现代学徒制人才培养模式，培养"双师型"教师队伍，效果明显，学校、企业、学生和家长都很满意。

通过理念更新、举措创新，学校教师队伍的学历、职称等结构趋向合理。目前，学校有专任教师300人，其中，专业教师198人，"双师型"教师211人，正高级讲师7人，副高级讲师120人。

第六章
"河池模式"成效与价值

自 2008 年 10 月,河池市职业教育中心学校整合组建成立以来,在河池市委、市政府的直接领导下,在自治区教育厅及行业企业社会各界的支持、帮助下,学校领导班子带领全校教职工克难攻坚、奋力拼搏、团结协作、改革创新,不断增强"政治意识""大局意识""核心意识""看齐意识",坚定"道路自信""理论自信""制度自信"与"文化自信",做到坚决维护习近平总书记全党核心、军队统帅和人民领袖的崇高地位,坚决维护以习近平同志为核心的党中央权威和集中统一领导,立足于河池经济欠发达的少数民族贫困地区和革命老区,积极探索职业教育的办学模式、领导体制、教育教学内容与方法等,形成独特完整的职业教育产教融合、校企合作、工学结合新体系,形成了"河池模式"。

"河池模式"是河池市委、市政府高度重视、大力发展职业教育的历史见证,是河池市职业教育集团化办学、内涵式发展的办学成果,是河池市职业教育中心学校十多年来办学实践的经验总结,是学校领导班子和全体教职工集体智慧的结晶,是经过实践证明了的符合职业教育人才培养规律、职业教育发展规律、社会发展规律的可持续发展、可借鉴复制的办学模式。

"河池模式"的构建、实施及发展,促进了学校办学条件逐年提高,办学成效极大提升,学生就业创业能力显著提高,毕业生实现优质就业,学校在短短几年内得到跨越式发展,实现自治区重点、自治区示范、国家级重点中职学校、国家中职示范校、广西职业教育首批五星级学校的办学目标,为学校实现"立足河池、唱红广西、名扬全国、走向世界"的长远目标奠定了坚实的基础。

第一节 "河池模式"的成效

一、高效整合,品牌建设

(一)高效整合成为典范

2007 年 12 月,广西壮族自治区党委、自治区人民政府印发《关于全面实施职业教育攻坚的决定》（桂发〔2007〕32号），决定用三年时间，在全区实施职业教育攻坚计划。2008年8月25日，河池市委、市政府印发《关于成立河池市职业教育中心学校的决定》，决定整合河池市机电工程学校、河池财经学校、河池民族中专学校、河池市经贸学校，组建河池市职业教育中心学校（定为正处级单位），任命时任河池市委副秘书长的韦伟松为校长，借用河池市教育局办公楼6楼为临时办公地点。整合之初，困难重重，学校债务多、信访多、学生人数少、设备少、校区分散、人心涣散、招生形势严峻。学校领导班子迎难而上，发扬艰苦奋斗精神，把凝聚人心放在第一位，通过召开四校领导、共产党员、中层干部、教职工、退休老干部等座谈会、茶话会、文艺晚会等，达成共识。随后制定"学校组建工作方案"，成立发展规划、清产核资、项目实施、教育教学管理、招生等8个工作小组，强力推进组建工作；制定2008至2010年发展规划，学校基本框架形成。2008年10月13日，河池市职业教育中心学校在机电工程学校校区挂牌成立，以机电学校、财经学校为主校区、河池民族中专为分校区进行教学。2009年5月，召开第一届教职工代表大会；2009年6月，召开第一次党员大会，成立学校党委；2009年7月，举行中层干部竞聘上岗，理顺管理体制。仅用1年时间，学校实现人、财、物、教学管理等实质性的整合。时任广西壮族自治区党委书记、自治区人大常委会主任郭声琨到校检查工作，称赞河池市职业教育中心学校是广西职业教育攻坚成功整合的典范。

（二）校区建设，全国一流

2008年10月，据学校清产核资统计资料显示，四所中专学校校园土地面积共有132.42亩（不含机电校区未办证的土地6.71亩）。四所学校校园分散，面积小，严重制约着学校基础设施能力建设。经学校多方争取，河池市委、市政府高度重视，时任市委书记蓝天立、时任市长谢志刚亲临现场实地察看、选定地址，在城区划地300亩、市级财政担保银行贷款投入5亿元，为河池市职业教育中心学校建设新校区，并把新校区工程作为民生工程建设，新校区工程坚持政府主导、层层强力推进。从2010年4月30日第一期工程奠基动工，到2013年5月3日搬迁新校区，共花费3年多时间。新校区包括综合教学和办公大楼1栋、实训实习大楼4栋、学生公寓楼5栋、学生食堂1栋、广场1个。新校区的建成使用，使学校的办学条件全面升级，从根本上提升学校的基础设施建设，对学校成功创建国家中职示范校具有重要的意义。良好的校园布局、绿化美化、宽阔的广场、笔直的校园大道、碧波荡漾的人工湖以及底蕴深厚的校园文化，河池市职业教育中心学校的新校区成为河池城区一道亮丽的风景线。

河池市职业教育中心学校新校区第一期工程完成后，投入3.5亿元的第二期建设工程相继得到新一届河池市委、市政府领导班子的高度重视，投资1.6亿元兴建的运动场、投资1.2亿元兴建的综合实训大楼目前已竣工；配有300套住房的教职工集资宿舍楼也已交付使用。河池市职业教育中心学校新校区成为广西第一、全国一流的中等职业学校的校园。

（三）建成品牌职业教育

火车跑得快，全靠车头带。一所中职学校办得怎么样，在一定意义上来说取决于校长。河池市职业教育中心学校校长韦伟松，早年毕业于师范院校，担任过中学教师、乡党委书记、市教育局副局长、副县长、市委副秘书长等职，几十年多个岗位的历练，练就了他坚持改革创新的品质、质量第一的品质、创建品牌的品质，极具与时俱进的教育思想和先进的办学理念。他不负市委、市政府和河池人民的重托，把这所在职业教育攻坚中整合组建起来的中职学校,一步步地引向品牌职业教育的办学目标。2009年8月实现学校实质性整合;2009年11月,电子技术应用、会计、机电设备安装与维修三个专业被评为自治区示范专业,机械加工实训基地被评为自治区示范性(校内)实训基地;2010年10月,汽车应用与维修专业被评为自治区示范性专业,汽车维修技术实训基地和电工电子技术实训基地被评为自治区示范性(校内)实训基地。近年来,学校获得了多项荣誉:2010年1月,被评为自治区卫生优秀学校;2010年3月,在自治区重点中职学校教学水平评估中获得"优秀";2010年5月,被自治区教育厅评定为自治区示范性中职学校;2010年12月,被评为国家级重点中职学校;2011年,学校党委获得全区"先进基层党组织"称号、学校获得广西"职业教育攻坚先进单位"称号;2012年,成功申报国家中职示范校;2013年,成为教育部首批信息化教学试点单位;2014年,校长本人获得"全国职业教育先进个人"称号;2015年,成为国家中职教育改革发展示范学校;2016年,成为"全国中职德育活动课实验基地学校""陶行知教育思想实验学校""广西壮族自治区文明单位"、广西"五一巾帼标兵岗";2017年,成为教育部表彰的"国防教育特色学校";2018年,成为广西首批职业教育五星级学校。在2019年广西职业教育教学成果等次评定中,由梁朝益、韦国忠等研究的教学成果《民族地区中职学校精准式就业扶贫培训模式创新与实践》获得特等奖,由黄丹峻、覃志奎等研究的教学成果《欠发达地区薄弱中职学校跨越式发展的研究与实践》、唐启焕等研究的教学成果《提升民族地区中职学校人才培养质量"一平三端"信息化管理模式的研究与实践》、覃彩霞、黄丹峻等研究的教学成果《民族贫困地区中职学校"三维四元"文化育人模式研究与实践》分别获得一等奖,在广西职业院校同行中产生轰动效应。

二、特色德育,强大支撑

(一)立足河池实际,重构德育体系

1. 发扬韦拔群精神和河池精神

中职学校德育不仅把握着人才培养的方向,而且是学校发展的内生动力。在河池市这个经济社会欠发达地区、国家深度连片贫困的革命老区和少数民族地区,要把职业教育做大、做强、做优、做特,只依靠党和国家的职业教育政策是很难实现的,河池职教人深谙这个道理。河池市是革命老区、少数民族地区,韦拔群等革命先烈早在革命战争年代就已为河池人民树立了光辉的榜样。韦拔群精神、河池精神等已经成为革命老区人民战天斗地、摆脱贫困、建设小康、实现四个现代化的强大精神动力。河池职教人认为,韦拔群"敢于牺牲、艰苦奋斗、无私奉献"的精神和河池"逢山开路、遇水搭桥"的精神是河池这块土地特有的精神财富。从整合组建开始,河池市职业教育中心学校就把韦拔群精神、河池精神融入德育体系建设,重构面向全体师生的德育体系,号召全校师生认真学习韦拔群精神和河池精神,发扬艰苦奋斗、无私奉献的精神,把学校建设成为全区一流、全国先进的职业学校,办成让河池人民满意的职业教育。

2. 重构学校德育体系

在全区创新性地推行"三全育人"大德育模式。全程育人、全员育人、全时空性地全方位育人。国家教育部于2018年开展"三全育人"综合改革试点工作。作为民族地区的中职学校,河池职教人早在2013年就把"三全育人"列为学校德育工作的核心内容。前瞻性地实施"三全育人",把"三心四爱十育人"作为大德育的载体,拓宽"三全育人"的立

体场域：课程育人、科研育人、实践育人、文化育人、网络育人、心理育人、管理育人、服务育人、资助育人、组织育人，构建实施"三心四爱十育人"的大德育模式；在这个基础上，致力于思政课教学，把思政课程与课程思政有机结合，实施"六位一体"的思政课堂教学模式。将德育生活化、具体化、全时空化，把学校建设成为高效的育德育人场所，达到立德树人的育人效果。

3. 构建"立德、立行、立技、立业"的校园文化体系

"河池模式"把"为学生幸福铺路"作为办学理念，把"品德优良、技能精湛、人文扎实、身心健康"作为人才培养目标，并将目标具体化，让学生"立德：做最美好的自己；立行：做最规范的自己；立技：做最强大的自己；立业：做最幸福的自己"。围绕《中等职业学校德育大纲（2014年修订）》要求，通过理想信念教育、中国精神教育、道德品行教育、法治知识教育、职业生涯教育、心理健康教育、课程思政教育、创新创业教育、工匠精神教育，融入革命传统教育、中华优秀文化传统教育、民族文化教育、社会主义核心价值观教育、中国革命和建设历史教育、中职生文明公约教育、企业文化教育、产业文化教育、时事政治教育、中外最新科技成果教育、国防军事教育等。坚定道路自信、理论自信、制度自信和文化自信，立足河池，把学生培养成为"德行技业"全面发展的高素质技能型人才。

（二）特色德育提供强大动力支撑

在河池这个欠发达的少数民族地区能够办出一流的职业教育，学校的特色德育提供强大的动力支撑是一个非常重要的因素。我国著名的职业教育家姜大源教授、马树超教授、邰宪伟教授，《中国职业技术教育》杂志社主编赵伟先生等职业教育界名流先后应邀到河池市职业教育中心学校讲学，各位专业学者对学校德育工作业绩都给予充分肯定。

河池市职业教育中心学校坚持以德铸魂、以文育人，取得显著的育人效果。

1. 思政课教学叫好又叫座

全校重视德育建设、上好思政课的教育教学体制和风气已形成。学校高度重视德育建设和思政课教学，按规定开好、开足、开活思政课。思政课建设所涉及的"教师""教材""教法"三个关键要素得到了应有的重视。按思政专业科班出身标准配备思政课教师，对接习近平总书记关于"四有"好教师和"六个要"要求，加强思政课教师队伍建设，全校已建成一支"可信、可敬、可靠、乐为、敢为、有为"、充满活力的思政课教师队伍。统一按照教育部规定的"必修"教材、"选修"教材，规定补充的河池革命传统、民族文化、社会主义核心价值观、企业文化、产业文化、时事政治教育等校本教材，优化整合思政课教学内容。在教学模式与方法上，统一按"六位一体"的教学模式开展思政课堂教学。"以人为本、以爱为基"的思政课堂教学充满活力，吸引了绝大多数学生，思政课教学叫好又叫座，达到提高思想性、理论性、亲和力与针对性的育人效果。

2. 学校的德育工作跃升新台阶

"河池模式"构建、实施的"三全育人""三心四爱十育人"的大德育模式得到进一步的完善和提升。与此相适应，聚焦"文明校园""和谐校园""美丽校园""智慧校园""平安校园""文化校园""幸福校园"等"七个校园"建设。德育的体制机制是以文化人、立德铸魂的前提条件。2015年以来，全校紧扣"三全育人""三心四爱十育人"的大德育模式开展德育工作，学校党、政班子为大德育模式搭建了平台，并为大德育模式建立了相应的人力、经费、政策等支持机制，把德育建设列为学校工作的重点抓紧抓好，集中学校的人

力、物力、财力，加大对课程育人、科研育人、实践育人、文化育人、网络育人、心理育人、管理育人、服务育人、资助育人、组织育人的投入，集中精力来抓紧德育建设。打造"前沿阵地"——思政课程，着力构建梯次分明、有机统一、衔接有效的思政课体系。打造"互联阵地"——课程思政，培育选树一批"学科育人示范课程"，引导所有课程上出"思政味"。打造"互补阵地"——第二课堂，将学校原有的德育载体、模式、内容拓宽拓深，形成以校园文化为依托，思政课程浸润德育的浓厚育人氛围。打造"保障阵地"——多方协同机制，将思政课教学融入校企合作、产教融合，把德育建设延伸到企业、行业和社会各个有学生活动的领域，全面保障思政课健康有序。打造校内外共建思政课三大平台——结对共享、实践锻炼、教育体验，着力黏合好学校教育、社会教育、家庭教育。学校定期举行的每周一升旗活动、经典诵读、舞龙舞狮、板鞋舞等校园文化经典内容，吸引了国内许多知名中职学校领导前来参观学习。师生的精神面貌发生了根本性的变化，文明礼貌蔚然成风，近十年来，师生没有发生重大安全责任事故，遵纪守法、勤奋好学、团结和谐成为学校的主流。

3. 德育成果排名在广西前列

2011年河池市职业教育中心学校成为河池和谐单位，2013年成为河池市文明单位，2016年成为广西壮族自治区文明单位，同年，成为全国中职德育活动课实验基地学校，2017年4月，由教育部德育工作委员会举办的"全国中职学校思政成果交流研讨会"在这里举行，2017年学校成为全国国防教育特色学校，2018年12月广西壮族自治区成立60周年河池分会场庆祝活动在这里举行，2019年11月，广西中职德育交流会在这里举行。学生参加全国、全区文明风采比赛获得一等奖249项，二等奖370项，同时获得教育部颁发的"卓越组织奖"；2名学生被评为"全国最美中职生"，5名学生获"广西新时代刘三姐"称号。教师主持研究的自治区级德育课题有28项，撰写德育论文168篇，发表88篇，获全国全区及市级以上奖项的有66篇。教学成果《民族贫困地区中职学校"三维四元"文化育人模式研究与实践》荣获广西2019年职业教育教学成果一等奖。学校党委书记、思政课教师黄丹峻被评为广西壮族自治区特级教师、正高级讲师，黄丹峻思想政治课名师工作坊入选广西中等职业学校第二批名师工作坊建设项目；思政课教师韦国忠被河池市委、市政府评为"河池市第六批专业技术拔尖人才"。

三、教学质量，大幅提升

（一）专业和基地建设取得重大突破

在政府主导和推动的"校企合作、工学结合"办学模式下，对接河池市经济社会发展和产业转型升级需求，推进专业和实训基地建设。河池市是有名的"五乡"：中国有色金属之乡，全市已探明的有色金属储量达976万吨，价值人民币3 000亿元，其中铟储量名列世界第一，锑、铅、锌储量位居全国第二，锡储量占全国总储量三分之一，是中国的"锡都"；著名水电之乡，珠江40%以上水量流经河池，水电储量占广西总储量60%，是华南的能源中心之一，现有装机容量850万千瓦，年发电量排全国设区市前列；世界长寿之乡，全市健在的百岁以上老人共有838名，其中110岁以上老人28名，每10万人就有19.7名百岁以上老人，是中国首个地级世界长寿市；刘三姐故乡，宜州区下枧村是壮族歌仙刘三姐的故乡，"如今广西成歌海，都是三姐亲口传"已成为传世佳话；世界铜鼓之乡，是目前世界上民间传世铜鼓分布最为密集的地区。学校对原来专业进行"撤、补、建、强"改革，增设工业机器人、汽车车身修复、物流管理、高铁乘务、电子技术应用（无人机方向）、建筑装饰工程技术、学前教育、服装设计、航空服务等专业。建成汽车运用与维修、机电设备安装与维修、电子技术应用、会计、学前等5个自治区特色示范专业和5个自治区示范实训基地，教学设备总值达1.3亿元。

（二）校企模块式一体化教学彰显特色

建立和完善了产教融合、校企合作、工学结合的协同育人机制，构建和实施校企模块式一体化课程模式。各个重点专业群都先后构建实施工学结合的人才培养模式，汽车专业基于典型工作任务，构建"四双驱动"的课程模式。电子技术应用专业基于岗位职业核心能力，构建了专业与对口企业对接、专业方向与职业岗位对接、人才培养规格与岗位技术标准对接的"三对接、定岗式"课程模式。会计专业构建基于岗位职业能力需求的模块化课程体系，实施"四层双轨递进"系统化教学模式，形成"分阶段职业岗位递进式"工学结合人才培养模式。机电设备安装与维修专业构建"基于工作过程导向"的实践主导型课程体系，形成校企合作、工学结合"两段三层"人才培养模式。学前专业基于典型工作任务建立了"三层三进"行动导向课程模式。全校各个专业的培养模式和与之相对应的课程模式双向互动、同向同行，教学改革不断创新、精准发力，形成长效机制，毕业生的职场胜任力明显提高，彰显了"河池模式"的教育教学特色。

（三）"双师"建设，成效显著

职业院校的"双师型"教师，是指政治素质优良、教学能力强、精通专业理论知识、具备企业生产实践技能，有创新能力和较强的科研能力的教师。河池市职业教育中心学校认为，"双师型"教师队伍是新时期提高教育教学质量的核心因素之一。学校聚焦建立和完善"双师型"教师培养与激励机制，每年投入100多万元用于师资培训。一是提高教师信息化教育教学能力，硬性规定课堂教学信息化任务。二是通过产教融合、校企合作，"一师双岗"，培养"双师型"教师，分期分批选派教师到企业实践锻炼，参与企业新技术研发与科研，定岗定责。三是安排教师参加国内外培训和考证，列出每位教师培训和考证的时间安排表。每年两个期假，邀请职业教育名家到校对教师进行全员培训。四是校企互动，聘请企业、行业、社会优秀专家、专业技术人才参与教学，传授技术技巧和实践经验。五是建立科学合理的"双师"培育培训机制，实现教师个人职业生涯与学校师资发展对接、教师专业标准等级与工作岗位薪酬档次对接，形成"校—企—师"命运共同体，创新"双师型"教师持续发展体制机制，以职称评定为契机，变教师被动培养为主动要求培养，以技能竞赛为载体，建立"双师"实践培养激励机制，整合校外资源，实现教师资源扩充与能力培养的良好局面。目前，河池市职业教育中心学校有正高级讲师7人，副高级讲师107人，广西名师3人，广西特级教师1人，国家考评员48人，河池市技术能手2人，"双师型"教师170人。

（四）教学督导，四级抽查

从2010年开始，河池市职业教育中心学校实行教学督导制度。学校成立专职督导室，在学校党委纪委领导下，由学校党委书记分管，以学校党委纪委书记为第一责任人，进行专项教学督导。

1. 教学督导，保证教学执行力

再科学、再完善的管理制度，如不能贯彻落实，其实际效果也是零。河池市职业教育中

心学校的督查分为两方面：一是对学校全面管理制度的督查，包括各项制度落实情况、岗位工作情况、工作进度、办事效率、遵纪守法廉洁奉公等五个方面的系统督查；二是教学专项督查，包括教学部的教学规划、进度、总结，任课教师的备课教案、课堂教学、作业布置批改、考试、学习成绩评定、实训教学情况、见习实习、顶岗实习教学、第二课堂活动等环节的跟踪督查。通过督查，学生对学校的服务效果通过每月一次的全面测评满意度反馈出来。督查制度的实施，使全体教师的课堂教学水平整体提高，各教学部的教学管理水平明显提高，学校的教风、学风和考风得到根本性好转，学生对学校的各项工作的满意度大幅提升。同时，提高全体教职工的执行力，学校的各项工作有序推进，确保学校能够科学持续快速发展。

2. 技术技能，四级抽查

职业教育是服务大发展、促进大就业的教育。学校把"品德优良、技能精湛、人文扎实、身心健康"确定为人才培养目标，其中技能精湛是核心内容。河池职教人在多年的教学实践中总结、探索出学生技能"四级抽查法"。面对全校 18 个专业、100 多个教学班、5 000 多名在校学生，进行学生技术技能抽查。一是科任教师普查。根据职业资格标准与岗位技术标准及学校课程教学方案要求，任课教师编写学科技能试题库，对相关的所有学生在实训车间进行现场抽卷，在规定时间内进行技能测试。二是教学部抽查。试题由教学部主任从试题库中任选，随机抽取该专业 30% 的学生进行复查，检查任课教师普查的程序、内容与结果，实地了解本门课程学生技能掌握情况。三是学校分管领导抽查。分管教学的校领导从试题库中任选题目，随机抽查本专业 10% 的学生当场测试，了解各个专业学生的实践操作情况。四是校长抽查。由校长从试题库中任选题目，通过现场直播随机抽取各门课程 5 名学生，现场操作，现场评分，现场监督，确保抽查和测评结果公平、公正。促进全体师生重视技能教育与学习，提高学生技能训练的积极性与主动性。一般在学期末安排抽查。技能抽查具有全面性、基础性和不确定性，能全面反映教师的教学水平和学生的学习效果。实行技能抽查 6 年多来，学校的教育教学质量得到大幅提升。

3. 首创"一线工作法"和"马上办"学生服务中心

从 2013 年开始，河池市职业教育中心学校在广西中职学校首创"一线工作法"。所谓"一线工作法"，就是要求全校共产党员、管理干部带着"以生为本、质量第一、从严治校"的理念深入教学、管理、服务第一线，带着真心、真情深入师生中去，做到在一线发现问题、在一线解决问题，在一线化解矛盾、在一线落实措施，在一线体现成效。全校管理靠前、重心下移，狠抓落实，提高了管理干部的素质，改进了管理干部的工作作风，有效转变了部门的职能，让学生得到实惠，提高了学校精细化管理水平，提高了教育教学质量。

与"一线工作法"相匹配，学校建立服务学生的"马上办"服务中心。"马上办"服务中心由党员和科长轮流值班，24 小时有人坚守。学生随时随地可以反映问题和建议，渠道畅通；热情周到地接待学生、服务学生；及时处理学生所反映的问题和合理化建议；定期公布处理结果。"马上办"服务中心成立以来，共接到学生反映的问题 4 600 多个，处理了 4 370 个，办结率达 95%，为"七个校园"建设奠定良好的基础。

(五) 以赛促教，教赛相长

普高看分数、职教看技能。职业院校技能大赛是面向职业院校在籍学生和专任教师，由国家教育部、省教育厅牵头组织、联合相关部门共同举办，或受教育行政部门委托由相关部门行业独立举办，围绕职业教育相关专业和相应岗位技术要求，组织学生进行的职业技能竞赛活动或教师进行的教学技能竞赛活动。技能大赛可以充分展示职业教育改革发展的丰硕成果，展现职业院校师生的精神面貌和风采，更好地促进职业院校与行业、企业工学结合、产教融合，更好地促进职业院校赛教融合，更好地为地方经济建设和产业转型升级服务。河池市职业教育中心学校整合成立以来，高度重视学生和教师的技能大赛，制定《学生参加技能竞赛管理与奖励办法》，并取得显著成绩。学校抓紧抓好技能大赛，在以下几个方面促进了教学：引领专业建设，促进高技能人才培养；引领"双师型"教师队伍建设，促进高技能教师的迅速成长；引领课程建设，对校企模块式一体化课程的优化有较大的促进作用；引领校企加强生产性实训基地建设；引领产教融合、校企合作，将产教融合、校企合作纵深发展。据统计，从2010年至2019年，河池市职业教育中心学校学生参加全国全区技能大赛获奖360项（表6-1），教师参加全国全区信息化教学大赛获奖310项（表6-2）。

表6-1　2010年以来学生参加全国全区技能大赛获奖汇总表

类别	年度										
	2010	2011	2012	2013	2014	2015	2016	2017	2018	2019	合计
全国三等奖			1	2		2	1			1	7
全区一等奖	15	8	6	7	2	7	4	1	4	7	61
全区二等奖	3	12	15	13	7	11	9	31	13	11	125
全区三等奖	9	10	17	10	11	11	17	31	23	28	167
合计	27	30	39	32	20	31	31	63	40	47	360

表6-2　2010年以来教师参加全国全区信息化教学大赛获奖汇总表

类别		年度									
		2010	2011	2012	2013	2014	2015	2016	2017	2018	合计
全国	一等奖						3			2	5
	二等奖		1		3		6	7	15	1	33
	三等奖				1	2	8	5	1	6	23
	优秀奖		1			1	2			1	5
全区	一等奖		3	6	4	3	9	8	18	5	56
	二等奖	2	2	8	4	7	10	14	20	10	77
	三等奖	6	6	4	16	11	8	18	26	16	111
合计		8	13	18	28	24	46	52	80	41	310
优秀组织奖		2014至2018年，连续5年获自治区信息化教学大赛优秀组织奖									

（六）教研互动，硕果累累

中职学校教育科研的目的是解决教育教学活动中所遇到的问题，探索教育发展规律，为教育教学实践服务，为教育决策和教育发展服务。教育科研是教育改革与发展的需要，是全面提高教育教学质量的需要，是提高教师素质的需要。国家发展新时期，经济社会发展与产业转型升级，要求教师由经验型向科研型、学者型和专家型转变。广大教师应熟悉掌握教育规律，与时俱进，自觉提高教育思想与理念，提升教学技巧，通过教育科研实践，不断获取新知识、新工艺、新成果，探索新领域，在教育科研实践中逐步提高自身的综合素质。河池市职业教育中心学校坚持教学与科研并驾齐驱、科教相长、同向同行。从2010年起，学校制定《教职工科研奖励办法》，形成长效机制，鼓励教师积极、踊跃从事科研活动。校长、书记亲自主持自治区重大课题研究，全校形成全员科研的浓厚氛围。据统计，学校自整合成立以来，教师共主持承担国家、自治区和高级课题研究80项，其中，参与完成国家级课题2项，主持自治区重大课题8项，自治区重点课题27项，自治区一般课题38项，市级重点课题5项。荣获国家级教学成果二等奖1项，自治区教学成果特等奖1项，一等奖3项，二等奖3项，三等奖3项。教师发表学术论文700多篇，其中，中文核心期刊4篇，出版专著3本，教材41本。科研成果排名居广西中职学校前列。

四、优质就业，惠泽民生

教学质量是职业教育的核心，学生就业是职业教育的落脚点，技能竞赛是检验教育教学质量的标尺。经过多年的实践与探索，建立与完善独具河池特色、革命老区特色、民族特色的学校德育体系，校企合作、产教融合、工学结合的办学模式，创新人才培养方法，构建校企模块式一体化的课程模式，学生的道德品质、技术技能、人文素养、创业就业能力取得长足的发展。优质就业、惠泽民生体现了河池市职业教育中心学校的教育教学成果，而高就业率、对口就业和可持续发展就业则又充分说明了学校的优质就业。

高就业率。河池市职业教育中心学校2013届有毕业生1 626人，就业（含升学、参军）1 509人，就业率为92.8%；2014届毕业生1 678人，就业（含升学、参军）1 571人，就业率为93.6%；2015届毕业生1 713人，就业（含升学、参军）1 622人，就业率为94.7%；2016届毕业生1 788人，就业（含升学、参军）1 709人，就业率为95.6%；2017届毕业生1 810人，就业（含升学、参军）1 750人，就业率为96.7%；2018届毕业生1 834人，就业（含升学、参军）1 793人，就业率为97.8%；2019届毕业生1 894人，就业（含升学、参军）1 867人，就业率为98.6%。7年综合平均就业率达96%。河池市职业教育中心学校2013年以来毕业生就业跟踪统计见表6-3。

表6-3 河池市职业教育中心学校2013年以来毕业生就业跟踪统计表

年份	毕业人数/人	就业去向			就业率/%	对口率/%	稳定率/%	待业率/%	升学率/%	参军率/%	平均税前月薪/元	三年后平均税前月薪/元
		第一产业/%	第二产业/%	第三产业/%								
2013	1 626	3	32	65	92.8	68	60	7.8	18	2	2 600	3 600
2014	1 678	3	32	65	93.6	74	65	6.4	19	2	2 860	3 823
2015	1 713	2	36	62	94.7	75	69	5.3	21	1	3 318	4 413
2016	1 788	1	37	62	95.6	77	71	4.4	24	2	3 527	5 567

续表

年份	毕业人数/人	就业去向			就业率/%	对口率/%	稳定率/%	待业率/%	升学率/%	参军率/%	平均税前月薪/元	三年后平均税前月薪/元
		第一产业/%	第二产业/%	第三产业/%								
2017	1 810	1	37	62	96.7	79	75	3.3	26	3	3 679	5 869
2018	1 834	1	34	65	97.8	81	75	2.2	27	2	3 709	5 912
2019	1 894	1	33	66	98.6	82	78	1.4	28	2	4 668	5 986
合计	12 343	1.7	34	64	96	77	70	4	23	2	3 480	5 024

优质就业。优质就业是指毕业生在高就业率的前提下，实现"对口就业""高薪就业""可持续发展就业"。自2010年以来，河池市职业教育中心学校一直积极探索、实施产教融合、校企合作、工学结合人才培养模式，实现专业与产业、课程与职业岗位、教学过程与生产过程精准对接，教育教学质量大幅提升，学生的文化基础、专业知识和职业技能、职业素养等职场胜任力取得重大突破，毕业生对口就业率达77%，毕业生就业的薪酬较高，人均税前月工资达3 480元，就业稳定率达70%以上；能够立足于河池成功创业的学生有228人。2012年以来，河池市职业教育中心学校与广西现代职业技术学院等高职院校合作，2016年与广西师范大学等本科院校合作，为学生搭建升读高职、本科院校"立交桥"，这在全国的经济欠发达地区和落后民族地区，不可多得。建校10年来，共为社会输送合格人才14 000多人，升读高职、本科院校学生近5 000人，为河池市的脱贫攻坚、小康建设做出学校应有的贡献，提高了学校的社会影响力和知名度。

五、产教融合、工学结合

河池市职业教育中心学校经过10年的艰难跋涉、奋力拼搏，闯出一条政府主导、校企合作、产教融合、工学结合的特色之路，形成了"政行企校"协同育人的新体系新机制，形成了产教融合、校企合作、工学结合的人才培养模式，构建并实施了校企模块式一体化的课程模式，推行现代学徒制人才培养模式，从整体上提升学校的办学实力，带动学校品牌建设和发展，实现服务大发展、促进大就业的办学效果。坚持开门办学，创新"政行企校"合作机制，作为河池市职业教育的龙头学校，牵头组建河池职业教育集团，校企深度融合，与80多家知名企业建立合作关系，与优质企业在校内建成全国一流的家政培训中心，引进企业资金3 000多万元，在校内开办"校中厂"近10家，建成一流的汽车修理厂、汽车修复中心、幼儿园、会计服务有限公司、机械加工中心、电器维修公司、汽车驾驶员培训学校、电商基地等实体企业或生产性实训基地。职业教育集团内的各职业学校实现强强联合、教育教学资源共享，如与广西现代职业技术学院在汽车、智能制造、机器人、学前等专业教育教学资源共享；以强带弱，在专业骨干教师、教学设备、实训基地等方面扶持河池市内宜州区职教中心、都安县职教中心、环江县职教中心、东兰县职业技术学校等，携手共进，协同发展。

六、信息化建设成为示范

"信息化是指将信息人为构成某一系统、某一领域的基本要素，并对该系统、该领域中信息的生成、分析、处理、传递和利用所进行的有意义活动的总称，对信息的生成、分析、处理、传递和利用就是信息技术。教育信息化就是指在教育教学活动过程中以现代教育理论为指导，全面深入地运用现代教育技术促进教育现代化的过程"。信息化建设对于河池市职业教育中心学校的建设和发展有着非常重要的促进作用，它是学校师生通向信息社会的通行证。一是可以促进学校更好地应用社会教学资源。有利于学校加强网络教学资源体系建设，建立开放灵活的教育资源公共服务平台。二是可以促进学校提高综合治理能力。促进教学管理和学生管理水平的大幅提高。三是可以推动学校教育教学质量的提高。提升教师的信息化教学水平，增强学生学习能力，提高学生学习积极性、主动性。河池市职业教育中心学校的信息化建设和成果走在全国全区前列。坚持不懈地推进信息化建设，硬件建设、队伍建设取得显著成效。2013年1月学校成为国家教育部首批信息化试点单位，先后共投入资金2 000万元用于学校信息化建设，建成功能齐全的校园数据化系统，实现学校教学和管理信息化，学校实现教学、管理、培训等信息化，成为广西职业院校信息化办学的一大特色和亮点。教师队伍的信息化教育教学科研能力明显提高，教师参加全国全区信息化教学大赛获奖310项，学校自2014年至今连续获得全国全区信息化大赛"优秀组织奖"，在广西、在全国民族地区起到示范、引领、辐射作用。由学校副校长唐启焕主持的教学成果《提升民族地区中职学校人才培养质量"一平三端"信息化管理模式的研究与实践》荣获2019年广西职业教育教学成果一等奖。

七、社会化培训，服务大发展

社会化培训模式创新，体系机制保障到位。从2010年开始，在河池市政府的主导和推动下，河池市职业教育中心学校建立"政行企校、四方联动"的社会化培训体系，政行校企"四共建"是集"教学、经营、培训、鉴定、服务"功能于一体的生产性培训基地，构建、实施"四精准、四共同"的社会化培训服务模式，"四精准"即精准招生、精准培训、精准管理、精准就业。政校企联合，建立"政—校—企"培训合作模式，形成"政府主导、产教融合、政校企三方协同"的就业扶贫技能培训大格局。"教营训"一体，"四共"创新，政行校企"四共建"是集"教学、经营、培训、服务"功能于一体的多功能培训基地，河池市政府出台培训政策，河池市职业教育中心学校对接河池产业结构调整和工业企业布局，引企入校，建立"校中厂"，先后引资建立家政培训服务中心、加多利电器设备维保公司、机械加工中心、泰安职教中心汽车服务公司、会计服务公司、汽车驾驶员培训学校等8个"校中厂"和培训基地。培训"四精准"，模式创新，培训的社会效果好，受益面广。"四共同"即共建培训基地、共研培训计划和教材、共同组织管理、达到共赢。学校2017年起实施"党建+教育扶贫"培训，彰显培训特色，与市委组织部携手开办"党建+职业教育扶贫"培训班，党旗领航、电商扶贫，计划3年内完成精准脱贫3万人的培训计划。学校教育"五精准"，教学"职业化"，为了配合脱贫攻坚，我校学历教育做到"五个精准对接"：教学理念与技能实践精准对接、办学实践与企业行业精准对接、专业设置与市场需求精准对接、课程设置与岗位标准精准对接、职业素养与职业发展精准对接，突出学生的终身教育，把学生培养成为"爱农业、懂技术、善经营"的新时代新型职业农民,成为"中国制造2025"新一代工匠人才。10年间,学校共为社会输送高素质技能人才2万多人,培训农民工和企业待业人员3万多人次。学校为河池市经济社会发展和产业转型升级做出较大贡献,在广西产生重大的引领、示范、辐射作用,学校连续几年被评为广西"扶贫就业培训先进单位",由梁朝益、韦国忠等主持的教学成果《民族地区中职学校精准式就业扶贫培训模式创新与实践》荣获2019年广西职业教育教学成果特等奖。

八、校园文化建设,独具特色、特质、特点

以文化自信为引领,立足于河池革命老区特有的韦拔群精神、河池精神,构建具有河池民族特色的学校德育体系,建成以"立德、立行、立技、立业"为核心、广西一流的校园文化体系。基于立德树人根本任务,充分挖掘河池底蕴丰厚的红色革命文化资源,做足红色基因传承教育文章,结合河池内容丰富、形式多样的民族历史文化,围绕校园文化体系的核心建成有特色、美丽的环境文化,力推红色革命文化、民族文化、专业文化、产业文化、企业文化、社会主义核心价值观等进校园、进课堂、进车间、进脑入耳入心,创新创业文化陪伴终身,打造民族特色文化品牌,形成特色鲜明的校园文化体系。特色德育支撑学校品牌发展,文化育人推动河池老区职业教育产教融合,教育教学成果唱响河池、轰动广西。由覃彩霞、黄丹峻等主持的教学成果《民族贫困地区中职学校"三维四元"文化育人模式研究与实践》荣获2019年广西职业教育教学成果一等奖。

第二节 "河池模式"的价值

在河池市职业教育中心学校的发展过程中,广泛流传一首脍炙人口的七言诗:

> 匠心独运谋发展,
> 艰苦创业谱新篇。
> 功名利禄留身后,
> 耕耘无悔为学生。

一种模式的价值所在,就是因为它具有可学习、可借鉴、可复制的内容与价值,让后人从中感受到实实在在的道理。地处广西西北部、经济欠发达、全国闻名深度连片贫困的少数民族地区职业学校——河池市职业教育中心学校,以韦伟松校长为主的学校领导班子带领全体教职工,主动对接国家职业教育发展战略,立足于河池革命老区和少数民族地区,以"艰苦奋斗、无私奉献"的韦拔群精神和"逢山开路、遇水搭桥"的河池精神为内生动力,坚持职业教育文化自信,探索出一条少数民族地区职业学校跨越式发展的成功之路,取得丰硕的办学成果,积累了宝贵的经验,形成"河池模式"。"河池模式"是以习近平新时代建设中国特色社会主义思想为引领,以建立适应国家区域主导与市场治理的职业教育体系为核心,以"为学生幸福铺路"为理念,以"品德优良、技能精湛、人文扎实、身心健康"为培养目标,以产教融合、校企合作、工学结合为路径,以特色德育、文化育人为推动力量,

以体制机制建设为保障的民族地区职业教育发展模式。"河池模式"是习近平"道路自信、理论自信、制度自信、文化自信"思想的重要实践载体,是广西职业教育改革创新发展的又一重大成果,具有重要的理论价值、实践价值和推广应用价值。

一、"河池模式"的理论价值

(一)丰富、完善和发展了职业教育理论

构建中国特色社会主义现代职业教育体系是十九大提出"推进国家治理体系和治理能力现代化"的有益组成部分,也是中国特色社会主义理论实践和探索构建人类命运共同体的最新成果,其核心是服务现代产业和区域发展,建立集约、高效、可复制、可推广的技能人才培养体系。但从我国经济社会发展特点来看,现代职业教育体系的构建依然是以区域为主导、以市场有效治理为特征,服务产业转型和区域发展的人力资源开发体系。"河池模式"初探于2010年,早在党的十九大召开的7年之前,极具职业教育发展前瞻性的河池职教人就开始探索对职业教育具有核心影响力的区域主导与治理体系问题。主动对接国家职业教育发展战略,立足于河池革命老区、少数民族地区、国家深度连片贫困地区实际,构建、实施政府主导下的"产教融合、校企合作、工学结合"的人才培养模式,以"政行企校、四方联动"为载体,重构独具河池民族特色的学校德育体系,以德育体系和文化育人为推动力,实施校企模块式一体化的课程体系,培养"品德优良、技能精湛、人文扎实、身心健康"的高素质技能型人才。以河池特有的韦拔群精神和河池精神构建具有民族特色的学校德育体系,作为推动学校品牌特色发展的内驱动力,这是对民族地区职业教育发展的开拓与创新。"河池模式"的尝试与创新,是经过多年实践证明了的、符合职业教育可持续发展规律的、可借鉴、可复制的新型人才培养模式,在一定程度上,是对国家职业教育理论研究与理论成果的丰富、完善和创新。

(二)创新了欠发达地区职教发展的理念、动力和特色

职业教育是服务大发展、促进大就业的特殊的教育类型。习近平总书记提出,职业教育让人人皆可成才,人人都有人生出彩的机会。河池市职业教育中心学校把"为学生幸福铺路"作为办学理念,与习近平总书记的职教战略观一脉相承。

1. 新理念

"河池模式"提出"为学生幸福铺路"。理念决定思路,思路决定出路。为实现这一美好愿景,把"以生为本、育人为先、质量第一、从严治校"作为治校理念。深度连片贫困地区的老百姓最大的愿望是能够脱贫致富,过上美好生活。习近平总书记强调要突出人民群众的主体地位,让人民拥有更多更实在的获得感、幸福感。"河池模式"下的河池市职业教育中心学校把人民的愿望和习近平总书记的要求作为办学理念,一步一个脚印,办出让人民群众满意的职业教育,让立德树人根本任务落地生根。这是对职业教育办学理念的创新与发展。

2. 新动力

俗话说,"苦不苦,想想红军二万五"。在革命战争年代,中国共产党领导了红军二万五千里长征,红军战士克服了人类历史上罕见的重重困难,取得了革命的最后胜利。在河池这样地域偏僻、财政难、人才缺的少数民族地区,依靠什么来推动薄弱职业学校的发展?河池职教人依靠的是学习红军二万五千里长征精神,发扬河池特有的韦拔群精神和河池精神,构建具有河池人特质的学校德育体系,靠的是文化自信,在精神的感召和德育的支撑下,学

校领导班子高度团结、高度齐心、高度一致，成为学校坚强的指挥中心和强大的推动力量；全体教职工激发活力、凝心聚力，形成极强的执行力，形成"白+黑""5+2"的无私奉献行为，形成贫困地区学子"刻苦学习、奋发向上"的精神支柱。

3. 特色办学

十年艰苦创业，终于走出一条特色鲜明的发展之路。独特的品牌魅力对少数民族地区职业学校的发展有着广泛而深远的辐射示范作用。"河池模式"聚焦内涵式建设，加快发展步伐，在发展中打造特色、铸就品牌学校。通过制度建设、校风建设、队伍建设、专业与基地建设、校园文化建设、基础设施建设，全面提升办学综合实力；以红军长征精神、韦拔群精神和河池精神为底蕴打造特色德育体系，并以此为发展动力；通过政行企校合作，服务大发展、促进大就业，紧密对接国家发展战略，彰显学校办学特色。

（三）开辟了欠发达地区职业教育发展新路径

新路径，新在由政府主导、推动，构建"政行企校、四方联动"的校企合作协同育人新机制。能够使学校的领导班子、教职工队伍充满活力与希望，争取使政府、各部门及社会各界形成合力，构建政府主导、部门联合协同育人的新格局，搭建"四共同"育人平台。

新路径，新在以特色德育体系的构建与实施，坚定文化自信，推动学校走上品牌建设之路。立足于河池特点，建设符合职业教育发展规律、独具革命老区特质、民族文化特色的品牌职业教育，引导学生自觉立德：做最美好的自己；立行：做最规范的自己；立技：做最强大的自己；立业：做最幸福的自己，实现立德树人的教学目标。

新路径，新在按照人才培养和成长规律科学合理地构建校企模块式一体化课程模式，创新新时代职业教育人才培养模式，实现专业与产业、课程与岗位标准、教学过程与生产过程精准对接，培养高素质技能型合格人才。

新路径。新在校企合作、工学结合。河池经济欠发达，工业企业基础底子并不坚实。能够通过政府搭桥，成功引企入校、引资入校，建立"校中厂""订单培养班""企业冠名班"等，校企横向联合，实现学校与企业专业设置、课程优化整合、技术标准、新成果开发等的高度统一，从而保证教育教学质量，实现服务大发展、促进大就业的办学效果。

二、"河池模式"的实践价值

实践价值是指实践主体与客体双向对象化的能动活动及其成果对实践主体的发展与完善所产生的影响及意义，是客体对主体的效用关系，对于实践价值的考量，可以用实践价值的质的规定性和量的规定性来分析说明。实践价值的质的规定性是指实践的效益，量的规定性是指实践的效率。实践价值的质与量的辩证统一，形成实践价值的度，即一定效率的效益，也就是我们经常说的影响有多大的意思。

一所学校校长的办学理念需要回答三个问题：一是要办怎样的学校？二是学校要培养怎样的人才和为谁培养人才？三是怎样培养人才？校长需要办好五件事来实现其办学理念：一是出思想、定方向；二是定制度、建机制；三是抓班子、带队伍；四是抓教学；五是外引内联，抓好上下左右的协调。我国著名教育家陶行知先生说"校长是学校的灵魂"，说的正是这个道理。

"河池模式"对于我国少数民族落后地区职业教育的发展，具有普遍的指导意义。

（一）办学理念的可学性

河池职业教育中心学校校长韦伟松是一位学者型的职业教育专家、实践型的管理专家、脚踏实地的实干家。韦校长身兼多职——河池市委副秘书长、广西现代职业技术学院党委书记、河池市职业教育中心学校校长。他以广西现代职业技术学院和河池市职业教育中心学校跨越式发展为题材，于2019年8月主编出版了一本著作《民族地区职业院校跨越发展之路》，中国著名职业教育家、华东师范大学职业教育与成人教育研究所所长、中国职业技术教育学会副会长兼学术委员会执行主任石伟平教授为该著作作序，称"韦伟松校长具有谋划全局的大手笔、改革创新的大睿智、推进发展的大气魄、凝聚团队的大磁场、驾驭全局的大气场、团结队伍的大胸怀"。石伟平先生的评价一点也不为过。

韦校长认为，职业教育的意义远不止于职业教育本身。办职业教育，首先要研究职业教育的区域主导与治理体系问题，河池的职业教育要为河池市革命老区、少数民族地区的经济社会发展与产业转型升级输送足够的技能型人才，必须要与河池经济发展双向互动，同向同行。他的这一教育思想，转变成为"为学生幸福铺路"的办学理念，提出"以生为本、育人为先、质量第一、从严治校"的治校理念；在政府主导和推动下，构建"政行企校、四方联动"的办学机制；探索"引企入校""产教融合、校企合作、工学结合"的人才培养模式，实施"校企模块式一体化课程模式"，在广西职业教育界及全国职教同行中产生了较大影响。

1. 从"河池模式"中学习学校发展精准定位

所谓定位，就是确定某一事物在一定环境中的位置与作用。如企业产品在市场上的定位、任务在组织中的定位、物品在某一地理环境中的位置与作用等。对学校进行定位，基于学校办学的市场意义。研究河池市职业教育中心学校的办学定位，就是要研究河池职业教育中心学校在河池市经济社会发展与产业转型升级中的地位与作用，在河池市党委、市政府带领河池400多万民众大打脱贫攻坚战、全面建成小康社会和中国特色社会主义现代化建设中，河池市职业教育中心学校所处的地位与作用；研究学校在河池市、广西乃至全国中职学校中应处于一个怎样的位置。

通过市场调研与综合分析，早在学校整合组建成立之初，韦校长及学校领导班子就将学校定位为：办学规模，全日制在校学生2016年达到6 500人，2018年达到6 800人，2020年达到8 000人的稳定规模，年均培训5 000人次以上。以机电设备安装与维修、汽车维修、电子技术应用、财会商务及学前教育五大专业群为重点，中高职一体化，由政府办学，与河池市区域经济发展紧密结合，培养直接服务于社会经济的技能型人才，实现服务大发展、促进大就业，最终实现"立足河池、唱红广西、名扬全国、走向世界"的发展目标，把学校建成具有中国特色、世界水平的品牌学校。

2. 从"河池模式"中学习学校发展战略

"战略"原意是指导战争全局的计划与策略，相对于"战术"而言，现在比喻在一定的历史条件下、历史时期中指导全局的方略。河池市职业教育中心学校当然不能与全国性的战略相比，这里用的是比喻义，是指宏观上指导学校办学目标、推动学校发展的全局性的计划和策略，是学校发展的蓝图。2010年，河池市职业教育中心学校酝酿实施"大校战略"和"名校战略"，所针对和研究解决的主要问题是对国家、广西、河池职业教育形势的分析、判断和预测，对市内外、区内外中职学校发展状况及学校所在区域政治、经济、地理、科技等环境的分析，师资力量的组织和教学技术的研究，办学设施建设，管理体制的组建和完善等。确定学校办学规模，把河池市职业教育中心学校办成河池市第一、广西区排名前三的职业学校。力争用10年左右，把学校建设成为"唱红广西、名扬全国、走向世界"的国家级中等职业学校；同时，培养与造就一批名师、一批优秀学生，创建一批名牌专业，开设一批知名课程。

3. 从"河池模式"中学习搭建改革创新平台

河池市职业教育中心学校在办学探索实践中搭建的平台主要有两个：一个是政府主导推动的"政行企校"协同育人平台，另一个是河池市职业教育集团化办学平台。通过"政行企校"平台，实施"产教融合、校企合作、工学结合"协同育人模式，是学校发展的主要方向；通过组建河池市职业教育集团，实现校校、校企合作，搭建产教融合、校企合作的桥梁和纽带，起到行业的指导作用。两个平台错位发展、交叉互动，将产教融合、校企合作纵深推进，形成"河池模式"。

通过提炼学校的办学理念、凝练校训、校风、教风，形成学校期望的校风。学校校准国家职业教育办学方向与《中等职业学校德育大纲（2014年修订）》的航标，坚定文化自信，构建以河池革命老区、韦拔群精神、河池精神为底蕴的独特德育体系，作为学校发展的推动力量，确定"为学生幸福铺路"为办学理念，以"以生为本、育人为先、质量第一、从严治校"为治校理念，以"品德优良、技能精湛、人文扎实、身心健康"为培养目标，打造"团结包容、改革创新、敬业奉献、勇争一流"的学校精神，凝练"立德、立行、立技、立业"为校训，以"为人师表、教书育人"为教风，以"勤学苦练、精益求精"为学风，形成"厚德明理、奋发有为"的校风。通过构建以"立德、立行、立技、立业"为内核的校园文化体系，以德铸魂、以文化人，最终实现把学生教育、引导、培养成为"立德，做美好的自己；立行，做最规范的自己；立技，做最强大的自己；立业，做最幸福的自己"的合格人才，完成立德树人的根本任务。

（二）"河池模式"的可借鉴性

"河池模式"诞生在革命老区、少数民族深度贫困地区——河池，有些人也许会对它的可借鉴性产生怀疑。事实证明，"河池模式"可以向全国推广应用。"河池模式"所倡导的政府主导推动、"政行企校合作育人""产教融合、校企合作、工学结合""坚定文化自信、特色德育支撑""校部二级管理""校企模块式一体化课程模式"等都具有普遍性，都可以借鉴，但不可照抄照搬。

1. 政府主导推动，"政行企校、四方联动"协同机制可以借鉴

我国绝大部分中等职业学校实行的是政府办学体制。中职学校的办学体制和模式，都是属于国家治理体系创新和治理能力现代化的重要部分，由地方政府主导推动，政府、行业、企业、学校多方共建、协同育人，对于政府、行业、企业和学校都可以实现共赢。我国大多数欠发达地区的中职学校都可以借鉴"政府主导、推动，政行企校、四方联动"的协同育人模式，只要有心用心，敢于动真情，就一定会有希望和收获，何乐而不为？

2. "引企入校、校企合作、工学结合"可以借鉴

新时代，职业教育已成为党和国家重要发展战略，得到国家高度重视和高位发展。而我国职业教育发展70年的历史也充分证明了产教融合、校企合作、工学结合是中国职业教育发展的基本模式。只有开放办学、改革创新、产教融合、校企合作，构建职业教育与经济产业统筹融合发展的新格局，职业教育才有希望。国家近期印发的《国务院办公厅关于深化产教融合的若干意见》（国办发〔2017〕95号）、教育部等六部委联发《职业学校校企合作

促进办法》(教职成〔2018〕1号)、《国务院关于印发国家职业教育改革实施方案的通知》(国发〔2019〕4号)等系列重要文件,对这个方面均做出了具体的部署。"河池模式"只不过是前瞻性地操作和运用罢了。"河池模式"可以借鉴。

3. 构建特色德育为学校发展提供强大支撑和推动力可以借鉴

德育对于职业教育的发展和人才的培养,起到引领方向、筑牢基础和保持动力的作用。以习近平同志为核心的党中央提出坚持"四个意识"、坚定"四个自信"、做到两个"坚决维护",使中国这个东方大国能够坚定不移地在中国共产党的正确领导下,走中国特色的社会主义道路,使中国共产党永不变色,强军思想能够为中国人民的幸福生活提供国防保障。20世纪90年代末的苏联,在西方国家所谓的"人权、民主、改革"幌子之下,几百万苏联红军和让西方国家胆战心惊的强大国防力量,几年间化为乌有。前段时间的香港事件,也是香港回归前在英国百年统治之下,民众缺少"四个自信"教育所引起的。因此,在世界格局多元化的今天,我们必须坚决拥护以习近平同志为核心的中国共产党正确领导,维护习近平总书记的党中央绝对权威和军队统帅地位,坚定"四个自信"在职业教育发展中的领导地位,立足于地方教育资源重构学校德育体系,以特色德育支撑和推动学校的持续科学发展。"河池模式"的"坚定文化自信、构建德育支撑"的做法可以借鉴。

三、"河池模式"的推广价值

(一)广泛的正面影响力奠定了推广基础

河池市职业教育中心学校构建以"德、行、技、业"为内核的特色德育体系和校园文化体系,以培养高素质的职业公民为培养目标,培养学生做"最美好的自己、做最规范的自己、做最强大的自己、做最幸福的自己"。在思想上注重培养学生优良的道德品行;在行为上注重培养学生诚实守信的职业道德;在技术上注重培养学生的精湛技能、工匠技艺;在就业上注重培养学生的职业能力与职业素养,促进大就业,让学生获得幸福。经过十年艰苦努力,河池市职业教育中心学校培养的学生成为河池经济社会发展的重要生力军,桃李遍布祖国的大江南北,深得行业、企业、社会各界的好评,出现学校毕业生供不应求的局面,许多学生在二年级就被企业预定了,就业十分抢手。广泛的正面社会影响力为"河池模式"的推广奠定了坚实的基础。

(二)国内职教同行与企业的高度评价

河池市职业教育中心学校的办学成果吸引了广西区内外职教同行的热切关注。各校纷纷派人前来参观、交流、学习,有的学习政行企校联合办学,有的学习校企合作、工学结合,有的学习特色德育体系,有的学习"校部二级管理"体系,有的学习校企模块式一体化课程模式。十年来,先后有广西师范大学、广西科技大学、广西大学、广西交通职业技术学院、广西职业技术学院、南宁职业技术学院、广西理工学校、广西高级技师学校、广西银行学校、广西机电工程学校、柳州一职校、柳州二职校、来宾职业教育中心、桂林职业教育中心、钦州职业教育中心、崇左市职业教育中心、贺州职业教育中心、百色市职业教育中心、贺州市职业技术学院、江苏理工学院、北京昌平职业技术学校等50多所职业院校、700多人次到河池市职业教育中心学校参观、交流、学习。国内许多知名企业家也到学校实地考察"河池模式",江浙、福建、广东等发达地区的56家知名企业领导先后到学校参观、交流,加拿大华南商会还组织国外企业家考察团到学校参观、考察。来访学校领导、专家和企业界领导先后充分肯定了"河池模式"的办学前瞻性、成果特色创新性、可借鉴性、可操作性,来访的院校领导都对"河池模式"做出了高度评价。

（三）国家领导、职教专家的高度评价

"河池模式"的轰动效应,引起国家领导人的关注。2016年9月23日,国家教育部部长陈宝生到河池市职业教育中心学校视察,对办学成果、特色德育体系和品牌学校建设给予高度赞扬,并当场提笔题词"立足河池、唱红广西、名扬全国、走向世界"。2017年4月12日,全国人大常委会原副委员长顾秀莲到河池市职业教育中心学校视察,对"河池模式"给予充分肯定。2018年12月11日,第十三届人大常委会副委员长白玛赤林率领中央代表团到河池市职业教育中心学校慰问,对学校留下美好印象并给予高度评价。2011年5月24日,现任中央政治局委员、中央政法委书记郭声琨到河池市职业教育中心学校检查工作,对学校的高效整合给予充分肯定,称是广西职业教育成功整合的典范。前任广西教育厅厅长高枫、秦斌、现任教育厅厅长唐咸仅先后到校实地调研"河池模式"。我国著名的职业教育家姜大源教授、马树超教授、邬宪伟教授,《中国职业技术教育》杂志主编赵伟先生,华东师范大学职业教育与成人教育研究所所长、中国职业技术教育学会副会长兼学术委员会执行主任石伟平教授等职业教育界名流先后应邀到河池市职业教育中心学校讲学,实地调研了"河池模式",都给予客观的、高度的评价,认为"河池模式"创造了我国经济欠发达地区、少数民族地区发展职业教育的奇迹,一致认为"河池模式"应该向全国推广应用。

（四）国内主流媒体的广泛宣传与高度评价

"河池模式"在广西区内外引起了轰动效应,也引起了国内主流媒体的高度关注。《光明日报》《中国教育报》《中国职业技术教育》杂志、新华网、人民网、《广西日报》、广西八桂职教网、《河池日报》、河池电视台等重要主流媒体对"河池模式"先后做了宣传报道,见表6-4。

表6-4 国内媒体刊发的"河池模式"报道汇总

序号	标题名称	媒体名称及时间	推广形式
1	《倾力打造河池职教"航母"》（韦国忠）	《河池日报》（2008年12月30日第二版）	专版报道
2	《春风浩荡任翱翔》（韦国忠）	《河池日报》（2010年5月24日第二版）	专版报道
3	《创先争优结硕果 凝心聚力铸"国重"》（韦国忠）	《河池日报》（2011年6月28日第二版）	专版报道
4	《从"崩溃边缘"到国家级重点——广西河池市职业教育中心学校两年巨变探秘》	《光明日报》（2011年11月21日 第6版）	新闻报道
5	《职校整合的成功典范——广西河池市职业教育中心学校整合发展纪实》	《中国职业技术教育》（2014年综合版第16期）	专稿专访
6	《一腔热血担重任 殚精竭虑促发展——访广西河池市职业教育中心学校校长韦伟松》	《中国职业技术教育》（2017年综合版第10期）	专稿专访
7	《一颗来自桂西北的职教明珠——河池市职业教育中心学校的跨越发展解码》	《中国教育报》（2019年7月20日）	专版报道

续表

序号	标题名称	媒体名称及时间	推广形式
8	《河池市职业教育中心学校——桂西北"职教航母"满载希望起航》（韦国忠）	《广西日报》（2012年12月5日）	专版报道
9	《勠力同心创辉煌 不忘初心再启航——河池市职业教育中心学校十年发展纪实》	《广西日报》（2018年12月9日）	专版报道
10	《砥砺奋进创辉煌 改革创新谱新篇——河池市职业教育中心学校十年发展纪实》	《河池日报》（2018年12月21日）	专版报道
11	《校企联姻促教学 基地共建育技工》	《河池日报》（2014年4月18日）	专题报道
12	《红水河畔雄姿英发，"职教航母"踏浪而来》（韦国忠）	《河池日报》（2014年8月12日第一版）	专版报道
13	《凤凰涅槃大梦如虹 八桂明珠熠熠生辉》（韦国忠）	《河池日报》（2014年8月12日第二版）	专版报道

（五）"河池模式"可持续发展潜力展示了推广前景

可持续发展是指既满足当代人的需求，又不对后代人满足其自身需求的能力构成危害的发展。它们是一个密不可分的系统，既要达到发展经济的目的，又要保护好人类赖以生存的大气、淡水、海洋、土地和森林等自然资源和环境，使子孙后代能够永续发展和安居乐业。可持续发展与环境保护既有联系，又不等同。环境保护是可持续发展的重要方面。可持续发展的核心是发展，但要求在严格控制人口、提高人口素质和保护环境、资源永续利用的前提下进行经济和社会的发展。发展是可持续发展的前提；人是可持续发展的中心体；可持续的长久发展才是真正的发展。

2010年7月29日发布的《国家中长期教育改革和发展规划纲要（2010—2020年）》将"可持续发展教育"确定为国家教育改革发展中的一项重要内容，明确了新世纪新阶段我国教育事业的前进方向，可持续发展战略已纳入我国社会主义现代化建设的总体布局，教育必须立足于科教兴国、人才强国和可持续发展三大国家战略的全局。"河池模式"的可持续发展，本质上是根据可持续发展战略需要而推行的教育，其目标是教育、引导中等职业学校学生形成"可持续发展"需要的学习潜能、就业潜能、创新潜能、价值观念与生活方式，从而促进人本、社会、经济、文化和环境的可持续发展。河池职教人经过10年时间，用韦拔群精神、河池精神和民族文化，用心血、智慧和汗水打造出来的"河池模式"具有以下特色：

1. "河池模式"具有长效性

"河池模式"抓住职业教育发展的区域主导和治理体系与时俱进、改革创新这个核心内容。职业教育要发展则必须立足于当地经济、区域产业转型升级需求、准确定位、精准调整专业和优化课程结构、改革教学模式、培养高素质技能型人才，才有生命力。这是"河池模式"具有长效性最关键的因素。

"河池模式"基于"政行企校"协同育人体制机制，构建"校企合作、工学结合"的培养模式，实施校企模块式一体化的课程体系，严格按照职业教育发展规律、人才培养规律、民族地区经济发展与产业转型升级发展规律、青少年学生身心发展规律，按照"通识模块—专业基础与核心模块—职业能力与职业素养模块—专业化拓展能力发展模块"四个模块、四个阶段、错位交叉、综合培养高素质技能型人才，人才培养的供给侧结构性改革与需求侧结构性改革紧密结合，实现政府、行业、企业、学校四方共赢，破解校企利益共同链建设难的瓶颈，能够促进产教融合与产业统筹融合发展新格局的形成，精准对接国家产教融合发展战略的航标。经过10年的实践证明这一模式可行，且效果明显，具有可持续性、发展性和长效性。

2. "河池模式"具有发展性

"河池模式"具有与时俱进的特征。十年来，世界经济多元化，我国进入经济发展换挡动力接续关键时期，广西壮族自治区、河池市的经济社会与产业转型升级紧随全国的形势发展变化而动，"河池模式"能够抓住区域主导与治理体系改革创新的核心点，与时俱进，在发展中改进，在发展中成熟，在保证为区域经济发展培养高素质技能型人才的目标前提下，"河池模式"在发展中完善、在前进中提升。

3. "河池模式"具有特色性、创新性

政府主导推动、"政行企校合作育人""产教融合、校企合作、工学结合""坚定文化自信、特色德育支撑""校部二级管理""校企模块式一体化课程模式""校企多元化、立体式学生成绩考核体系"是"河池模式"的特色和创新点。在"政行企校、四方联动"的新型平台上，校企合作的运作机制、人才培养方案与计划、"双师型"队伍建设、专业与基地建设、校企模块式一体化课程体系、现代学徒制与企业新型学徒制的试点、职业教育集团的运作等，都得到当地政府财税、用地、资金等优惠政策的协同推进，以此作为强大保障支持措施。"河池模式"极具河池革命老区特色、民族特点，具有创新性。

综上所述，"河池模式"是一个动态的、发展的、由一系列人才培养创新模式构成的新型职业教育体系，具有可借鉴、可学习、可推广的广阔前景。可以借鉴参考一个模式，也可以借鉴参考多个模式，结合学校自身的实际情况和吸收能力，形成自己特色的职教模式，"河池模式"就能充分体现出其价值所在。

四、"河池模式"的前景展望

"河池模式"是经历了10年实践证明了的、符合职业教育发展规律、人才培养规律、民族地区经济发展与产业转型升级发展规律、青少年学生身心发展规律的新型职教模式，它具有与时俱进、改革创新、在发展中不断完善、在前进中进一步提升的特点。河池市职业教育中心学校正在高举桂西北职业教育"航母"大旗，沿着"一二三四五六七"新的发展思路奋勇前进。

确立一个目标："立足河池、唱红广西、名扬全国、走向世界"；

实施二大工程：德育工程+质量工程；

发扬三种精神：韦拔群精神+河池精神+学校精神；

践行四个勇于：勇于担当、勇于创新、勇于奉献、勇于争先；

做到五个不怕：不怕强、不怕难、不怕苦、不怕累、不怕挫；

实现六个突破：制度建设突破、德育工作突破、质量提升突破、队伍建设突破、校企合作突破、教育扶贫突破；

打造七个校园：文化校园、智慧校园、文明校园、平安校园、和谐校园、美丽校园、幸福校园。

References 参考文献

［1］习近平．决胜全面建成小康社会夺取新时代中国特色社会主义伟大胜利［M］．北京：人民出版社，2017．

［2］陈金清．文化自信研究综述［J］．社会科学动态，2017（12）：22－25．

［3］陈先达．深刻理解文化自信的丰富内涵［J］．群众，2018（3）：26－27．

［4］马克思．法兰西内战［M］．北京：人民出版社，1961．

［5］杨真珍．马克思主义文化思想与文化自信［J］．青年时代，2018（19）：92－93．

［6］刘小龙．马克思主义与文化自信的深层逻辑［EB/OL］．（2019－05－23）［2019－06－05］．https://www.sohu.com/a/315940059_48840? sec = wol．

［7］毛泽东．新民主主义的政治与新民主主义的文化［J］．解放，1940，2（第98－99合刊）．

［8］温家宝．大力发展中国特色的职业教育［R/OL］．（2005－11－13）［2019－06－07］．http://www.gov.cn．

［9］国务院．关于加快发展现代职业教育的决定［Z］．（2014－06－22）［2019－06－10］．www.gov.cn．

［10］蓝蔚锃．开发利用河池红色文化加快推进富民强市新跨越进程［J］．传承，2012（23）：46－47．

［11］韦伟松．民族地区职业院校跨越发展之路［M］．桂林：广西师范大学出版社，2018．

［12］中国共产党第十七次全国代表大会文件汇编［M］．北京：人民出版社，2007．

［13］季红．高职院校职教特色校园文化建设研究［J］．合作经济与科技，2017（7）：122－123．

［14］黄磊．中职学校校园物质文化建设研究［D］．西安：西北农林科技大学，2016．

［15］WENDAD．东莞校园文化建设如何打造学校制度文化：学校制度文化的含义与功能［EB/OL］．（2014－03－21）［2019－06－28］．http://shop.epweike.com/41250221art/gbook4519.html．

［16］韦红彤．美丽河池，水乡南方［M］．北京：电子工业出版社，2018．

［17］王成荣，龙洋．深化"三教"改革，提高职业院校人才培养质量［J］．中国职业技术教育，2019（7）：26－29．

［18］郭晓明．关于课程模式的理论探讨［J］．课程·教材·教法，2001（2）：27－31．

[19] 杨萍. 浅析"双师型"教师在职业教育中的重要性 [J]. 山西青年, 2018 (20): 164-165.

[20] 朱俊, 吴磊. 新时代中国特色现代职业教育体系建设的核心内容 [J]. 高等职业教育探索, 2019 (5): 49-57.